Brandes
Telearbeit und Mitarbeiterführung

GABLER EDITION WISSENSCHAFT

Annette Brandes

Telearbeit und Mitarbeiterführung

Mit einem Geleitwort
von Prof. Dr. Horst G. Carus

Deutscher Universitäts Verlag

Die Deutsche Bibliothek - CIP-Einheitsaufnahme

Brandes, Annette:
Telearbeit und Mitarbeiterführung / Annette Brandes.
Mit einem Geleitw. von Horst G. Carus.
- Wiesbaden : Dt. Univ.-Verl. ; Wiesbaden : Gabler, 1999
(Gabler Edition Wissenschaft)
Zugl.: Koblenz, Wiss. Hochsch. für Unternehmensf., Diss., 1999
ISBN 3-8244-6942-1

Alle Rechte vorbehalten

© Betriebswirtschaftlicher Verlag Dr. Th. Gabler GmbH, Wiesbaden, und
Deutscher Universitäts-Verlag, Wiesbaden GmbH, 1999
Lektorat: Ute Wrasmann / Monika Mülhausen

Der Gabler Verlag und der Deutsche Universitäts-Verlag sind Unternehmen der
Bertelsmann Fachinformation GmbH.

Das Werk einschließlich aller seiner Teile ist urheberrechtlich geschützt. Jede
Verwertung außerhalb der engen Grenzen des Urheberrechtsgesetzes ist
ohne Zustimmung des Verlages unzulässig und strafbar. Das gilt insbesondere für Vervielfältigungen, Übersetzungen, Mikroverfilmungen und die
Einspeicherung und Verarbeitung in elektronischen Systemen.

http://www.gabler-online.de
http://www.duv.de

Höchste inhaltliche und technische Qualität unserer Werke ist unser Ziel. Bei der Produktion und
Verbreitung unserer Bücher wollen wir die Umwelt schonen. Dieses Buch ist deshalb auf säurefreiem und chlorfrei gebleichtem Papier gedruckt. Die Einschweißfolie besteht aus Polyäthylen
und damit aus organischen Grundstoffen, die weder bei der Herstellung noch bei der
Verbrennung Schadstoffe freisetzen.

Die Wiedergabe von Gebrauchsnamen, Handelsnamen, Warenbezeichnungen usw. in diesem
Werk berechtigt auch ohne besondere Kennzeichnung nicht zu der Annahme, dass solche Namen im Sinne der Warenzeichen- und Markenschutz-Gesetzgebung als frei zubetrachten wären
und daher von jedermann benutzt werden dürften.

Druck und Buchbinder: Rosch-Buch, Scheßlitz
Printed in Germany

ISBN 3-8244-6942-1

Geleitwort

Telearbeit findet heute immer größere Beachtung, da man sich hiervon eine größere Flexibilität der Arbeitsorganisation, eine höhere Arbeitsproduktivität durch motiviertere Mitarbeiter sowie neue und vor allem dezentral organisierte Arbeitsplätze verspricht. Die dynamische Entwicklung der benötigten Kommunikations- und Computertechnologie schafft die notwendigen Voraussetzungen und bietet ein entsprechendes Kostensenkungspotential. Nebeneffekte wie die Vermeidung oder Entzerrung von Verkehrsproblemen spielen ebenfalls eine Rolle. Es ist daher verständlich, daß einer stärkeren Nutzung der Telearbeit wirtschaftspolitisch eine große Bedeutung beigemessen wird und entsprechende Förderprogramme bestehen, wobei Deutschland in der Nutzung vergleichsweise noch rückständig ist. Das Potential wird in Deutschland für die nächsten Jahre auf 1-3 Millionen Telearbeitsplätze geschätzt. Mit dem Übergang von einer Produktions- zu einer Wissensgesellschaft gewinnen diese Überlegungen zusätzlich an Bedeutung und vergrößern das mögliche Spektrum der Telearbeit.

Die Arbeit von Frau Brandes befaßt sich neben einem Gesamtüberblick über Art, Umfang und Probleme der Telearbeit schwerpunktmäßig mit den Fragen der Führung von Telearbeitern und den spezifischen Anforderungen an die Führung; nach den bisherigen Erfahrungen ist dies der entscheidende Engpaß für einen stärkeren Einsatz. Auch im Hinblick hierauf kommt der Arbeit größere Bedeutung zu. Die durchgeführte empirische Untersuchung bei einem Unternehmen der Versicherungswirtschaft, bei dem in erheblichem Umfang Telearbeitsplätze eingesetzt werden, soll die theoretischen Überlegungen stützen. Ziel der Arbeit war es, neben einer theoretischen Fundierung konkrete Lösungsansätze für die Führung von Telearbeit zu erarbeiten.

Die sehr sorgfältig durchgeführte empirische Untersuchung enthält viele wichtige Details und macht das zentrale Thema deutlich, das in der Führungsaufgabe und in den Führungsqualitäten des mittleren Managements liegt. Ein wesentlich besseres Verständnis dieser Führungsaufgabe und eine spezielle Vorbereitung hierauf sind die entscheidenden Voraussetzungen für eine stärkere Verbreitung der Telearbeit. Telearbeit kann für die Organisation im Unternehmen kein isoliertes, für einen bestimmten Bereich abgegrenztes Thema bleiben. Sie muß integraler Bestandteil der Führung und

Organisation und einer ganzheitlichen Unternehmenskultur sein. Hierfür gibt die Autorin viele Einsichten, wichtige Erkenntnisse und konkrete Anregungen sowohl für die Praxis als auch für weitere Forschungsarbeiten auf diesem auch gesellschaftspolitisch wichtigen Gebiet.

Prof. Dr. Horst G. Carus

Vorwort

Flexible Formen der Arbeitsorganisation und -zeitgestaltung gewinnen heute angesichts einer angespannten Arbeitsmarktsituation an Bedeutung. Flexibilität ist der Wunsch vieler Arbeitnehmer, die ihren Beruf möglichst optimal mit ihrem Privatleben, dem eine immer größere Bedeutung zugemessen wird, vereinbaren möchten. Telearbeit ist eine flexible Form der Arbeitsorganisation, die den Anforderungen unserer Gesellschaft in Gegenwart und Zukunft gerecht wird und vielfältige Vorteile für Arbeitgeber, Arbeitnehmer und die Gesellschaft bietet.

Die bislang vornehmlich technisch-organisatorische Betrachtungsweise der Telearbeit, scheint angesichts einer sehr leistungsfähigen Informations- und Kommunikationstechnologie heute nicht mehr ausreichend zu sein. Vielmehr rückt die Bedeutung der Mitarbeiterführung in den Vordergrund. Unsicherheiten und Ängste in diesem Bereich führen dazu, daß insbesondere das mittlere Management die Einführung von Telearbeit fürchtet und teilweise sogar blockiert. Die vorliegende Arbeit analysiert die neuen Anforderungen, die die Telearbeit an die Mitarbeiterführung stellt und versucht, sie durch neue Ansätze zu überwinden.

Ich danke meinem Doktorvater Herrn Prof. Dr. Horst G. Carus sehr herzlich für die engagierte inhaltliche und persönliche Betreuung meiner Dissertation und die großen Freiräume, die er mir bei der Erstellung der Arbeit ließ.

Weiterhin gilt mein Dank dem Vorstand der LVM Versicherung in Münster für die Möglichkeit meiner empirischen Untersuchungen. Insbesondere danke ich Herrn Prokurist Rüdiger Keller und Herrn Direktor Helmut Arz für ihre tatkräftige Unterstützung.

Vor allem aber gilt mein herzlicher Dank meiner Familie, ohne deren Unterstützung diese Arbeit nicht entstanden wäre.

Annette Brandes

Inhaltsverzeichnis

VERZEICHNIS DES ANHANGS XIII
ABBILDUNGSVERZEICHNIS XV
TABELLENVERZEICHNIS XIX
ABKÜRZUNGSVERZEICHNIS XXI

EINLEITUNG 1
1. Problemstellung 1
2. Zielsetzung und Vorgehensweise 4

I. TEIL: ERSCHEINUNGSFORMEN UND ABGRENZUNGEN 7
1. Telearbeit 7
    1.1. Definition 7
    1.2. Erscheinungsformen 9
2. Führung 14
    2.1. Managementbegriff 15
    2.2. Aufgaben- und mitarbeiterorientierte Aspekte 15
3. Teleführung 17
    3.1. Definition 18
    3.2. Transaktionskostentheoretischer Ansatz 19

II. TEIL: VERBREITUNG UND BEDEUTUNG DER TELEARBEIT 21
1. Ursprung und Entwicklung 21
    1.1. Anfänge in den USA und in Deutschland 21
    1.2. Entwicklungen in der Praxis 25
    1.3. Zusammenfassung 39
2. Bedeutung der Telearbeit 41
    2.1. Zukünftige Entwicklung 41
    2.2. Bewertung 44
    2.3. Zusammenfassung 49

III. TEIL: MITARBEITERFÜHRUNG - THEORIE UND PRAXIS 51
1. Das Menschenbild 51
    1.1. Grundlage der Führung 51
    1.2. Darstellung ausgewählter Menschenbilder 52
2. Das Mitarbeiterverhalten 56
    2.1. Bestimmungsfaktoren 56
    2.2. Inhaltstheorien 60
    2.3. Prozeßtheorien 67
3. Die Mitarbeiterführung 71
    3.1. Eigenschaftstheorie 72
    3.2. Verhaltenstheorie 73
    3.3. Situationstheorie 74
    3.4. Interaktionstheorie 76
    3.5. Führungstheorien aus der Sicht der Telearbeit 80
4. Ansätze der Praxis 81
    4.1. Harzburger-Modell 81
    4.2. Management By Objectives 83
    4.3. Praxisbeispiel Oracle - Führungsansatz eines wissensbasierten Unternehmens 89
5. Zusammenfassung 98

IV. TEIL: FÜHRUNG VON TELEARBEITERN IN FOLGE VERÄNDERTER INFORMATIONS- UND KOMMUNIKATIONSTECHNOLOGIEN 100
1. Begriffsbestimmung Informations- und Kommunikationstechnologie 100
2. Entwicklung der IuK-Technologie 101
    2.1. Batch-Verarbeitung 101
    2.2. Dialoglösungen 103
    2.3. Personal Computer 104
    2.4. Entwicklung in den neunziger Jahren 106

3. Informations- und Kommunikationstechnologieentwicklung und
   Mitarbeiterführung 108
   3.1. Abwechslungsreiche Tätigkeitsfelder 108
   3.2. Erhöhte Qualifikationsanforderungen 109
   3.3. Umfassende Information 110
   3.4. Persönlicher Kontakt 111
   3.5. Einbezug in die Systemgestaltung 113
   3.6. Strategische Architektur 113
   3.7. Zusammenfassung 114

V. TEIL: TELEARBEITSINDUZIERTE ANFORDERUNGEN AN FÜHRUNG 116
1. Aufgabenorientierter Ansatz 116
   1.1. Auswahl des Arbeitsplatzes und Vorbereitung des potentiellen
        Telearbeiters 117
   1.2. Arbeitsorganisation und Koordination 120
   1.3. Führen mit Zielvereinbarungen 123
   1.4. Zielorientierte Kontrolle 126
   1.5. Information und Wissen 129
   1.6. Kommunikation 130
2. Mitarbeiterorientierter Ansatz 131
   2.1. Leistungsorientierte Vergütung 132
   2.2. Intrinsische Motivation und Produktivitätssteigerung 136
   2.3. Motivation durch Identifikation 138
   2.4. Bedeutung der Unternehmenskultur und des Betriebsklimas 139
   2.5. Verhältnis zwischen Telearbeiter und Televorgesetztem 141
   2.6. Bedeutung der Unternehmensführung 142
3. Zusammenfassung 143

VI. Teil: Empirische Untersuchung: Telearbeit bei der LVM Versicherung in Münster 145

1. Design der Untersuchung 145
   - 1.1. Untersuchungsziel, -art und -objekt 145
   - 1.2. Vorgehensweise der Untersuchung 148
2. Untersuchungsergebnisse 154
   - 2.1. Basisdaten 154
     - 2.1.1. Telearbeiter 154
     - 2.1.2. Televorgesetzte 156
   - 2.2. Aufgabenorientierter Aspekt der Führung 158
     - 2.2.1. Vorbereitung 158
     - 2.2.2. Umsetzung 166
     - 2.2.3. Zusammenfassung der Ergebnisse 181
   - 2.3. Mitarbeiterorientierter Aspekt der Führung 182
     - 2.3.1. Allgemeine Motivationsanalyse 182
     - 2.3.2. Motivationsquellen 189
     - 2.3.3. Verhältnis von Büromitarbeitern zu Telearbeitern 193
     - 2.3.4. Führungseigenschaften des Televorgesetzten 196
     - 2.3.5. Analyse der Vor- und Nachteile 201
     - 2.3.6. Zusammenfassung der Ergebnisse 205

VII. Teil: Perspektiven und Lösungsansätze für die Führungspraxis 207

1. Kritische Gegenüberstellung der empirischen und theoretischen Untersuchungsergebnisse 207
2. Lösungsansätze 211

Schluß 213

1. Ergebnisse 213
2. Schlußfolgerungen 216
3. Zusammenfassung 217

Anhang 219

Literaturverzeichnis 244

Verzeichnis des Anhangs

Anhang 1:   Telearbeit bei der Telekom AG 219

Anhang 2:   Telearbeit bei der BMW AG 222

Anhang 3:   Telearbeit bei der IBM Deutschland GmbH 224

Anhang 4:   AbAp-Mitarbeiter Fragebogen der empirischen Untersuchung 226

Anhang 5:   Vorgesetzten Fragebogen der empirischen Untersuchung 235

Abbildungsverzeichnis

Abbildung 1: Vorgehensweise der Arbeit 4

Abbildung 2: Entwicklungsstadien der Dezentralisation 10

Abbildung 3: Einschätzung der Telearbeit als Wettbewerbsfaktor 42

Abbildung 4: Die zunehmende Bedeutung des Informationsbereiches 43

Abbildung 5: Einfaches Motivationsmodell 57

Abbildung 6: Bedürfnishierarchie nach A.Maslow 61

Abbildung 7: Zwei-Faktoren-Theorie nach Herzberg 65

Abbildung 8: Erwartungswerttheorie von Vroom 70

Abbildung 9: Weg-Ziel-Theorie von Neuberger 78

Abbildung 10: Grundmodell eines Management By Objectives 84

Abbildung 11: Tätigkeitsstruktur des mittleren und höheren Managements 105

Abbildung 12: Zielsystem eines Unternehmens 124

Abbildung 13: Leistungsbeurteilungsproßeß mit Zielvereinbarung 128

Abbildung 14: Verhältnis von Motivation, Motivieren und Identifikation 139

Abbildung 15: Telearbeitsinduzierte Führungsanforderungen 144

Abbildung 16: Vorgehensweise der Untersuchung 148

Abbildung 17: Welche Einstellung hatten die Vorgesetzten zur Einführung von AbAps in ihren Abteilungen? 158

Abbildung 18: Vorbereitung der Vorgesetzten auf AbAps 159

Abbildung 19: Gab es bei der Einführung von AbAps Probleme aus Sicht der Vorgesetzten? 161

Abbildung 20: Art der aufgetretenen Probleme 162

Abbildung 21: Bedeutung der Auswahl der AbAp-Teilnehmer für den Vorgesetzten 163

Abbildung 22: Wie bewerten die AbAp-Mitarbeiter die Fairneß ihres Vorgesetzten bei der Genehmigung der AbAps? 164

Abbildung 23: Bewertung der anfänglichen Mitarbeiterschulung zur Vorbereitung auf einen AbAp 165

Abbildung 24: Instrumente der Arbeitsplatzkoordination 166

Abbildung 25: Rolle der Teamarbeit 167

Abbildung 26: Organisation von Teambesprechungen 168

Abbildung 27: Art der Arbeitszuteilung für den AbAp 170

Abbildung 28: Auswirkung von AbAp auf Kontrollmöglichkeit bzw. –häufigkeit 171

Abbildung 29: Sollte der Tarifvertrag näher auf den AbAp eingehen? 172

Abbildung 30: Einfluß von AbAp auf unterschiedliche Führungsaspekte aus Sicht der Televorgesetzten 176

Abbildung 31: Einfluß von AbAp auf unterschiedliche Führungsaspekte aus Sicht der AbAp-Mitarbeiter 176

Abbildung 32: Art der Verbesserungsvorschläge 179

Abbildung 33: Bewertung der Erfahrungen mit AbAp 182

Abbildung 34: Wie schätzen die AbAp-Mitarbeiter die Einstellung ihres Vorgesetzten zu AbAps ein? 183

Abbildung 35: Beurteilung der Möglichkeit, einen AbAp zu bekommen 185

Abbildung 36: Entwicklung der zukünftigen Bedeutung von AbAps 186

Abbildung 37: Wunsch der AbAp-Mitarbeiter hinsichtlich Anzahl der AbAp-Tage 187

Abbildung 38: Telearbeitsteilnahme der Vorgesetzten 187

Abbildung 39: Einfluß von AbAps auf unterschiedliche Motivatoren aus Sicht der Televorgesetzten 189

Abbildung 40: Einfluß von AbAps auf unterschiedliche Motivatoren aus Sicht der AbAp-Mitarbeiter 190

Abbildung 41: Wie sehen die Büro-Kollegen folgende Aspekte?..................... 194

Abbildung 42: Gibt es Spannungen zwischen Büro- und AbAp-Kollegen?............ 195

Abbildung 43: Art der Spannungen zwischen Büro- und AbAp-Kollegen............... 195

Abbildung 44: ApAp-Führungskompetenz des Vorgesetzten aus Sicht
der AbAp-Mitarbeiter.. 197

Abbildung 45: Einschätzung der eigenen AbAp-Führungsqualität..................... 197

Abbildung 46: Verhältnis zwischen AbAp-Mitarbeitern und Vorgesetztem 198

Abbildung 47: Einfluß von AbAp auf unterschiedliche Führungseigenschaften aus Sicht der Televorgesetzten.................... 199

Abbildung 48: Einfluß von AbAp auf unterschiedliche Führungseigenschaften aus Sicht der AbAp-Mitarbeiter 200

Abbildung 49: Zusammenfassende Beurteilung der AbAps 204

Tabellenverzeichnis

Tabelle 1:	Die „Theorie X - Y" von McGregor	64
Tabelle 2:	Funktion und Geschlecht der befragten Telearbeiter	155
Tabelle 3:	Vergleich der Funktionsverteilung der Probanden mit jener der Gesamtbelegschaft	156
Tabelle 4:	Verteilung der Televorgesetzten auf die Merkmale „Alter" und „Anzahl der betreuten Mitarbeiter"	157
Tabelle 5:	Funktion der von den befragten Vorgesetzten betreuten Telearbeiter	158
Tabelle 6:	Altersgruppenspezifische Analyse der Frage nach der Vorbereitung der Vorgesetzten auf AbAps	160
Tabelle 7:	Abteilungsgrößenspezifische Analyse der Frage nach den Einführungsproblemen von AbAp aus Sicht der Vorgesetzten	161
Tabelle 8:	Analyse der Frage nach den Einführungsproblemen von AbAp aus Sicht der Vorgesetzten hinsichtlich der Anzahl der betreuten Telearbeiter	161
Tabelle 9:	Altersgruppenspezifische Analyse der Frage nach der Bedeutung der Auswahl der AbAp-Teilnehmer für den Vorgesetzten	164
Tabelle 10:	Bewertung einzelner Aspekte des AbAp	173
Tabelle 11:	Ergebnis des Aspektes „Erreichbarkeit am AbAp"	173
Tabelle 12:	Einfluß von AbAp auf unterschiedliche Aspekte der Führung	177
Tabelle 13:	Image der Abap-Mitarbeiter	184
Tabelle 14:	Einfluß von AbAp auf unterschiedliche Motivatoren	190
Tabelle 15:	Gründe für die Teilnahme an AbAp	192
Tabelle 16:	Einfluß von AbAp auf unterschiedliche Führungseigenschaften	200
Tabelle 17:	Vorteile von AbAp	202
Tabelle 18:	Nachteile von AbAp	203

Abkürzungsverzeichnis

Abb.	:	Abbildung
Aufl.	:	Auflage
bzw.	:	beziehungsweise
ca.	:	circa
EDV	:	elektronische Datenverarbeitung
et al.	:	et aliter
etc.	:	et cetera
EU	:	Europäische Union
f.	:	folgende Seite
FF	:	Französische Francs
H.	:	Heft
Hrsg.	:	Herausgeber
IuK	:	Information und Kommunikation
Mio.	:	Millionen
Mrd.	:	Milliarden
Nr.	:	Nummer
OECD	:	Organisation for Economic Co-Operation and Development
s.	:	siehe
S.	:	Seite
Tab.	:	Tabelle
u.a.	:	unter anderem
USA	:	United States of America
usw.	:	und so weiter
Vgl.	:	Vergleiche
Vol.	:	Volume
z. B.	:	zum Beispiel

Einleitung

1. Problemstellung

Moderne Informations- und Kommunikationstechniken überbrücken Raum und Zeit in einem noch vor wenigen Jahren kaum für möglich gehaltenen Ausmaß. Dadurch entstehen neue Möglichkeiten der Arbeitsorganisation. Die gemeinsame Arbeit vieler Personen in einem zentralen Betrieb ist immer weniger erforderlich. Die Technik ermöglicht zudem eine früher nicht gekannte Vernetzung der Arbeit. Telearbeit ist die Konsequenz dieser Flexibilisierung der Arbeitsorganisation[1].

Die gegenwärtige Verbreitung der Telearbeit in Deutschland ist im Vergleich mit dem Ausland - sowohl in Europa als auch weltweit - noch gering und nimmt nur relativ langsam zu[2]. Dabei werden wichtige **Ziele** verfolgt[3].

- Aus *Unternehmenssicht* liegen sie in der Steigerung der Flexibilität und Produktivität und damit in der Wettbewerbsfähigkeit. Unternehmen versprechen sich eine motiviertere Belegschaft und dadurch beschleunigte Reaktionsfähigkeiten, eine Stärkung ihrer Innovationskraft und eine bessere Qualität der Produkte[4]. Auch das nachhaltige Kostensenkungspotential durch reduzierten Büroraumbedarf in oft zentraler Lage ist ein wichtiger betriebswirtschaftlicher Aspekt der Telearbeit, der die Wettbewerbsfähigkeit erhöht[5].

- Aus der Perspektive der *Arbeitnehmer* vergrößern sich die Freiräume ihrer Arbeitstätigkeit und erhöht sich ihre Eigenständigkeit. Die freiere Zeiteinteilung, die häusliche Arbeitsatmosphäre, die Vereinbarkeit von Beruf und Familie und die Verringerung von Wegezeiten sind maßgebliche Beweggründe für ein großes Arbeitnehmerinteresse[6].

---

[1] Vgl. Schade, O. (1996), S. 27.
[2] Vgl. Harms, J. (1996), S. 26; Hoose, A. (1996), S. 142f; Hönicke, I. (1994).
[3] Vgl. u.a. Bundesministerium für Wirtschaft (Hrsg.) (1996), S. 8f, 30-39; Büssing, A.; Aumann, S. (1996), S. 457-459; Büssing, A.; Aumann, S. (1997), S. 67-73; Ewert, D. (1996), S.750f.
[4] Vgl. Bernardino, A. (1996), S. 9f; Berth, R. (1995), 37-39.
[5] Vgl. o.V. (1994a).
[6] Vgl. Gbezo, B. (1995), S. 4-7; Mc Quarrie, F. (1994), S. 79-83; Brocklehurst, M. (1989), S.8-10.

- Durch flexible Arbeitsmodelle werden Arbeitsplätze geschaffen oder erhalten[7], was die soziale Unzufriedenheit und die Kosten der sozialen Sicherung für die *Gesamtgesellschaft* reduziert.

Technisch ist die Telearbeit als dezentrale Form der Arbeitsorganisation heute problemlos möglich[8]. Die entscheidenden Gründe, die die Ausbreitung von Telearbeit behindern, sind organisatorische Faktoren[9]. Die in den meisten Unternehmen vorhandenen Strukturen, Verhaltensweisen und Führungsstile sind im Zeitalter der standardisierten Massenproduktion entstanden. Sie widersprechen oft den Zielen und Erfordernissen der Telearbeit. Die gegenwärtig praktizierten Führungsstile beziehen sich meist auf die in der Arbeitswelt derzeit vorherrschenden Bedingungen: Arbeitskräfte sind an bestimmten Orten zusammengefaßt; die Beziehungen zwischen den Beteiligten sind hierarchisch strukturiert. Weisungsbefugnisse und ausführende Funktionen sind entsprechend verteilt.

Führung und Management stützen sich vorrangig auf unmittelbare Beaufsichtigung und direkte Kommunikation meistens von oben nach unten. Die jeweilige Position der Organisationsmitglieder in der Hierarchie vermittelt sozialen Status und eine Position in der Einkommenshierarchie. Hierdurch und durch das tagtägliche gemeinsame Arbeiten in diesem Ordnungsgefüge wird „Unternehmenskultur" begründet und stabilisiert sowie die Identifikation und die Loyalität aller Mitarbeiter mit der Firma hergestellt.

Telearbeit hingegen bedeutet Führung auf Distanz. Herkömmliche Führungstechniken werden in Frage gestellt und müssen angepaßt werden[10]. Es gilt zu klären wie eine Führungskraft Mitarbeiter, die nicht im Unternehmen präsent sind, führen und motivieren kann. Wie sich Teamprojekte realisieren lassen, wie arbeitsteilige Prozesse koordiniert werden können und nicht zuletzt wie Kontrolle ausgeübt werden kann[11].

---

[7] Vgl. Höfler, N.; Lange, M. (1996), S. 37f.
[8] Vgl. Frank, H. (1996), S. 17; Brettreich-Teichmann, W. (1996), S. 81; Ritterrath, S. (1995).
[9] Vgl. Weißenbach, H.; Lampe, N.; Späker, G. (1997), S. 7f.
[10] Vgl. Peschanel, D. (1994); Steinle, C.; Bruch, H.; Unruhe, A. (1995); Gray, M. (1994), S.39f; DeMarco, A. (1996), S. 25; Champy, J. (1996), S. 76.
[11] Vgl. Manella, J. (1995), S. 1-4.

Pilotprojekte weisen auf die Notwendigkeit einer Untersuchung dieser Problemstellung hin, denn sie belegen, daß derzeit die Dynamik der Telearbeitsprojekte vielfach von interessierten Mitarbeitern ausgeht und hauptsächlich durch Ängste und Zweifel der Führungskräfte des mittleren Managements gebremst wird[12]. Unsicherheiten beziehen sich zum einen auf den eigenen sozialen Status und das Gehalt - beide ließen sich bisher aus der Leitung und der Größe einer Führungseinheit ableiten, die nun zum Teil „unsichtbar" wird. Zum anderen entstehen Zweifel, die den Nutzen der Führungskraft für das eigene Unternehmen betreffen: Managen sich Telearbeiter selbst, so möchte sich unter Umständen der Bedarf an Leitungskräften reduzieren. Die größten Unsicherheiten bestehen aber hinsichtlich der neuen, die Koordination, Kontrolle und Motivation von Telearbeitern betreffenden, Führungsanforderungen.

Die Führungskraft muß den Mitarbeitern generell Vertrauen schenken. Dem Telearbeiter speziell muß ein noch viel höheres Maß an Vertrauen entgegengebracht werden, da der Telearbeiter weit mehr Verantwortung für die eigene Arbeitsorganisation übernimmt als sein Kollege im zentralen Büro. Der Vorgesetzte muß eine egalitärere Beziehung zu dem von ihm betreuten Telearbeiter akzeptieren, als das bei Arbeit in der Zentrale der Fall ist. Er muß endgültig die Rolle des „Anweisers und Kommandeurs" zugunsten der Rolle des „Förderers und Unterstützers" aufgeben[13].

Es wird sich zeigen, daß die herauszuarbeitenden Führungsanforderungen der Telearbeit auch eine Bedeutung für die klassisch-zentralisierte Organisation besitzen[14]. Damit deckt die vorliegende Analyse der Telearbeit Defizite auch in der gegenwärtigen Mitarbeiterführung auf.

---

12 Vgl. Roland Berger & Partner (Hrsg.) (1995); Klotz, U. (1997), S. 14f; Vieser, S. (1998), S. 17.
13 Vgl. Houghton, J. (1996), S. 573f.
14 Vgl. Gebert, D.; Ulrich, J. (1991), S. 749-760.

2. Zielsetzung und Vorgehensweise

Damit sich Telearbeit in der Praxis durchsetzen kann, bedarf es einer Überwindung des Führungsproblems. Dazu einen Beitrag zu leisten, ist das Ziel der vorliegenden Arbeit. Im Zentrum des Interesses stehen die Aufgaben des mittleren Managements, dessen Unsicherheit und Ängste bezüglich der Führung von Telearbeitern die Ausbreitung in Deutschland noch wesentlich erschweren[15]. Die Vorgehensweise der Arbeit wird in Abbildung 1 graphisch dargestellt.

Abbildung 1:
Vorgehensweise der Arbeit

Erscheinungsformen und Abgrenzungen
Verbreitung und Bedeutung der Telearbeit

SOLL		*IST*
	Mitarbeiterführung Theorie und Praxis	Empirische Untersuchung: Telearbeit bei der LVM Versicherung in Münster
	Führung in Folge veränderter IuK-Technologien	
	Telearbeitsinduzierte Anforderungen an Führung	

Vergleich

Perspektiven und Lösungsansätze für die Führungspraxis

Quelle: eigene Erstellung

Die Erschließung der Themenstellung beginnt mit begrifflicher Definition und inhaltlicher **Abgrenzung**. Im Zentrum steht hier zum einen die Telearbeit mit ihren unterschiedlichen **Erscheinungsformen**, zum anderen wird der Führungsbegriff bezogen

---

[15] Vgl. Klotz, U. (1997), S. 14f.

auf seine aufgaben- und mitarbeiterorientierten Aspekte definiert und abgegrenzt. Darauf aufbauend erfolgt schließlich die inhaltliche Abgrenzung der Teleführung.

Die Darstellung von Ursprung, Entwicklung und **Bedeutung der Telearbeit** bildet den Inhalt des zweiten Teils. Es ist notwendig zu klären, welches **Potential** Telearbeit in Deutschland hat. Dazu wird die im europäischen und internationalen Vergleich noch geringe Verbreitung von Telearbeit in Deutschland verdeutlicht. Anschließend wird die Bedeutung von Telearbeit in sozialer, betriebswirtschaftlicher und gesamtgesellschaftlicher Hinsicht beleuchtet.

Eine kritische Bestandsaufnahme der Führungsanforderungen bei Telearbeit erfolgt im dritten, vierten und fünften Teil.

Gegenstand des dritten Teils ist die Darstellung und Diskussion der **Mitarbeiterführung in Theorie und Praxis**, die im Hinblick auf ihre Implikationen für Telearbeit untersucht wird. Alle hier behandelten Ansätze sind dadurch gekennzeichnet, daß sie noch keine umfassende Lösung für die Führungsproblematik bei Telearbeit bieten, ihre Inhalte jedoch wichtig für die weitere Analyse sind.

Telearbeit ist die konsequente Fortsetzung der Flexibilisierung der Arbeitsorganisation unter Nutzung der in den vergangenen Jahrzehnten entwickelten Möglichkeiten moderner Informations- und Kommunikationstechnologie. Deshalb erfolgt im vierten Teil zunächst eine Analyse der - durch **die Entwicklung der Informations- und Kommunikationstechnologie** - **veränderten Führungsanforderungen**, die im Hinblick auf Telearbeit relevant sind.

Auf Teil drei und vier aufbauend folgt im fünften Teil die Analyse der **telearbeitsinduzierten Anforderungen an Führung** aus der Sicht der Führungskräfte und der Mitarbeiter. Dazu wird zwischen den aufgaben- und den mitarbeiterorientierten Aspekten der Führung unterschieden.

Diese kritische Bestandsaufnahme der Anforderungen an die Teleführung arbeitet den „**Soll-Zustand**" heraus, der hinsichtlich der Führung von Telearbeitern erreicht werden muß, damit sich Telearbeit in der Praxis stärker verbreiten kann.

Eine **empirische Untersuchung der Führungsanforderungen** von Telearbeit beim **Landwirtschaftlichen Versicherungsverein Münster a.G.** (LVM) stellt den Kern des sechsten Teils und damit eine Bestandsaufnahme des „**Ist-Zustandes**" der Führung von Telearbeitern in der **Praxis** dar.

Im letzten Teil der Arbeit erfolgt eine Gegenüberstellung der theoretisch existierenden und praktisch umgesetzten Führungsanforderungen bei Telearbeit. Bei diesem „**Soll-Ist-Vergleich**" werden erhebliche Lücken deutlich, auf die die zurückhaltende Verbreitung von Telearbeit in der Praxis zurückgeführt wird. Zur Überwindung dieser Defizite werden anschließend **Perspektiven und Lösungsansätze** dargestellt.

Die Arbeit endet mit einer Zusammenfassung der Ergebnisse und abschließenden Schlußfolgerungen.

I.Teil: Erscheinungsformen und Abgrenzungen

1. Telearbeit

1.1. Definition

Weder im allgemeinen Sprachgebrauch noch in der Literatur existiert eine einheitliche Terminologie für die Arbeitsform, die als Telearbeit bezeichnet werden soll. Für das aus den USA stammende Konzept wird im angelsächsischen Sprachraum meist der Terminus „telecommuting" verwandt[16], der mit Telependeln übersetzt werden könnte. Aber auch Begriffe wie „work-at-home" und „telework" werden häufiger benutzt[17]. In den deutschsprachigen Veröffentlichungen wird von „Fernarbeit"[18], „Teleheimarbeit"[19], „elektronischer Heimarbeit"[20], „dezentralen Arbeitsplätzen"[21] oder „Telearbeit"[22] gesprochen. Anhand neuerer Publikationen läßt sich der Trend erkennen, daß sich im Deutschen die Bezeichnung Telearbeit durchsetzt. Das Präfix „Tele" kennzeichnet hierbei die Abhängigkeit der Arbeitsform von einem Bildschirm oder Terminal und erleichtert die Assoziation mit modernen Informations- und Kommunikationstechnologien[23].

Eine eindeutige Definition des Begriffs Telearbeit hat sich bisher nicht durchgesetzt. Der Sachverhalt kann aber durch bestimmte konstitutive Merkmale eingegrenzt und erklärt werden[24]:

Telearbeit
• ist eine regelmäßig durchgeführte Erwerbsarbeit;
• bedarf der Nutzung von Hilfsmitteln der modernen Informations- und Kommunikationstechnologien;

---

[16] Vgl. Nilles et al. (1976).
[17] Vgl. Gray, M. (1994), S. 39; Felstead, A.;Jewson, N. (1995), S.95.
[18] Vgl. Sandvoss, J. (1989).
[19] Vgl. Goldmann, M.; Richter, G. (1991); Fischer, U. (1991); Schwohnke, A.; Wicke, H.-G. (1986).
[20] Vgl. Bahl-Benker, A. (1984), S. 61ff; Bieri, L.; Dürrenberg, G.; Jaeger, C. (1985).
[21] Vgl. Gitter, W. (1985), S. 26.
[22] Vgl. Huber, J. (1987); Lenk, T. (1989); Maciejewski, P. (1987); Godehardt, B. (1994).
[23] Vgl. Lenk, T. (1989), S. 22.
[24] Vgl. Hoose, A. (1994), S. 53.

- ist räumlich flexibel, d.h. eine von einer zentralen Arbeitsstätte (teilweise) getrennte, dezentralisierte Arbeit;
- findet konkret zu Hause oder in der Nähe des Wohnortes der Arbeitskräfte statt und
- stellt eine neue Form der Arbeitsorganisation dar.

Diese Definition ist wie bereits erwähnt nicht eindeutig, versucht aber eine Abgrenzung von Telearbeit zu den vielen existierenden Formen der flexiblen Arbeit. So fallen die freien Berufe nicht in die Kategorie der Telearbeit, obwohl viele Künstler, Architekten oder Notare von zu Hause aus arbeiten. Sie stellen aber weder eine neue Form der Arbeitsorganisation dar, noch bedarf ihre Arbeit notwendigerweise die Nutzung der modernen Informationstechnologie. Ähnliches gilt beispielsweise für viele Arbeitskräfte, die zusätzlich zu ihrer normalen Arbeitszeit im Büro gewissermaßen „freiwillig" Arbeit mit nach Hause nehmen, um dort am Wochenende oder abends zu arbeiten.

Auch Außendienstmitarbeiter, die neuerdings mittels Notebook die Möglichkeit haben, mit ihrer Zentrale Kundendaten und -informationen über telefonische Verbindungen auszutauschen, fallen nicht unter die Bezeichnung Telearbeiter. Die technische Unterstützung ändert an der eigentlichen Arbeit des Außendienstmitarbeiters wenig und stellt keine wesentliche Veränderung der inhaltlichen Arbeitsorganisation dar. Koordiniert hingegen der Bezirksdirektor des Außendienstes seine Mitarbeiter von einem Heimarbeitsplatz über Kommunikationstechnik, hat dies deutliche Auswirkungen auf die inhaltliche Arbeitsorganisation des Gesamtunternehmens[25]. Dann fällt er unter die Definition eines Telearbeiters.

Die zwei vorangegangenen Erklärungsbeispiele zeigen, wie schwer im Einzelfall eine klare Zuordnung sein kann. Um einen Grenzfall handelt es sich auch bei der im nächsten Abschnitt behandelten „mobilen Telearbeit". Sie bietet insbesondere Führungskräften die Möglichkeit, ihre Arbeit effizient und flexibel zu organisieren. Auf der anderen Seite findet sie aber nicht notwendigerweise in der Nähe des Wohnortes oder im Haus der jeweiligen Person statt.

1.2. Erscheinungsformen

Ein wichtiges Merkmal der Telearbeit ist die räumliche Entfernung des Arbeitsplatzes vom ursprünglichen Organisationsmittelpunkt. Bereits 1976 entwickelte Nilles ein Dezentralisierungskonzept[26], das wie in Abbildung 2 gezeigt, im Sinne eines Kontinuums vier wesentliche Entwicklungsstadien aufzeigt:

Centralisation (Zentralisation)
war die zum damaligen Zeitpunkt vorherrschende Organisationsform der Unternehmen. Mitarbeiter gehören zwar unterschiedlichen Funktionsgruppen an und sind unter Umständen auch auf Zweigwerke aufgeteilt, die Verwaltungs- und strategischen Entscheidungsträger sitzen jedoch alle zentral „unter einem Dach" und sind nicht auf die Unterstützung der Telekommunikation angewiesen.

Fragmentation (Teilung, Zerstückelung)
beschreibt den ersten Schritt der Dezentralisierung, bei dem kleinere Einheiten aus der zentralen Organisation herausgelöst werden und an anderer Stelle entweder als kleine Kopien der Zentrale oder als funktionsorientierte Abteilungen fungieren. In der Praxis handelt es sich dabei um Zweigstellen oder Filialen bzw. um die Auslagerung von ganzen Funktionen, wie zum Beispiel Buchhaltung oder Textverarbeitung. Der Kommunikationsanteil innerhalb dieser Einheiten ist dabei größer als der zwischen Zentrale und dezentraler Einheit.

Dispersion (Ausbreitung)
geht einen Schritt weiter in der Dezentralisierung und macht die Telekommunikation zu einem unverzichtbaren Bestandteil der Arbeitsorganisation. Geschaffen werden mehrere kleine dezentrale Organisationseinheiten, die in der Nähe der Mitarbeiterwohnungen liegen. Dort wird unabhängig von Tätigkeit, funktionaler Zuordnung und Abteilung gearbeitet. Zur problemlosen Koordination und Abstimmung werden höchste Anforderungen an die Kommunikationsmedien gestellt.

---

[25] Vgl. Wilson, A. (1991), S. 9.
[26] Vgl. Nilles et al. (1976).

Diffusion (Zerstreuung, Vermischung) ist das letzte Dezentralisierungsstadium und geht über die Grenzen einzelner Unternehmen hinaus. Einzelne Personen oder kleinere spezialisierte Servicebüros bieten ihre Dienste den Unternehmen an, welche selbst nur noch mit einer kleinen Stammbelegschaft auskommen. Als extremer Fall der Vermischung kann das Zusammenfallen von Arbeitsplatz und Wohnung gelten. In einer solchen Organisationsform ist eine qualitativ hochwertige Telekommunikation mit ausgebautem Netzwerk, umfassenden Diensten und entsprechenden Endgeräten zwingende Voraussetzung.

Abbildung 2:
Entwicklungsstadien der Dezentralisation

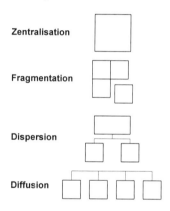

Quelle: eigene Erstellung

In Anlehnung an dieses frühe Stufenmodell der Dezentralisierung haben sich in der Literatur[27] und Praxis verschiedene Formen der Telearbeit entwickelt, die im folgenden beschrieben werden.

Satellitenbüros

Satellitenbüros[28] stellen den Dezentralisierungstyp dar, den Nilles mit Fragmentation beschrieben hat. Die Standortwahl der aus der Zentrale eines Unternehmens heraus-

---

[27] Vgl. u. a. Diebold Group Inc. (Hrsg.) (1981); Fink, D.; Meyer, N. (1996), S. 15-18; Olson, M. (1981); Bumiller, J.; Stupperich, M. (1996), S. 19-21.

[28] Vgl. u. a. Jaeger, C.; Bieri, L. (1989); Kristoffy, A. (1994), S. 31f.

gelösten Funktionseinheiten orientiert sich primär an räumlichen Aspekten des Arbeitsmarktes bzw. an den Wohnorten der Mitarbeiter[29].

Die Einrichtung von Satellitenbüros erfolgt häufig aufgrund der knappen Gewerbefläche in Ballungszentren, dem Angebot des regionalen Arbeitsmarktes und aufgrund der Interessen der Mitarbeiter. Gewerbeflächen in Ballungszentren sind häufig durch hohe Mieten und eine hohe Verkehrsdichte gekennzeichnet. Die Mitarbeiter leben zum großen Teil in den Randgebieten der Großstädte und fahren täglich in die Zentren. Die Errichtung von Satellitenbüros am Stadtrand bietet einerseits die Möglichkeit, die Raum- und Mietkosten für die Unternehmen und andererseits die Wegezeit und -kosten der Mitarbeiter zu senken. Darüber hinaus kann das Arbeitskräftepotential in ländlichen Gebieten von Unternehmen erschlossen werden. Das Tätigkeitsspektrum im Satellitenbüro kann grundsätzlich alle Qualifikationsstufen umfassen.

Für die Mitarbeiter bestehen die Vorteile dieser Organisationsform der Telearbeit darin, daß sie räumlich entfernt von ihren Vorgesetzten und in der Nähe ihres Wohnortes tätig sind, wobei sie nicht isoliert, sondern eingebunden in den Betrieb und mit einem Team von Kollegen arbeiten.

Nachbarschaftsbüros

Diese Organisationsform entspricht nach Nilles der Stufe der Dispersion. In Kooperation von mehreren Trägerorganisationen, wie z.B. Unternehmen, öffentlichen Institutionen, Behörden oder Ministerien, werden dezentrale Arbeitsplätze in gemeinsamen Räumlichkeiten eingerichtet[30]. Es ist auch denkbar, daß mehrere selbständige Telearbeiter gemeinsame Räumlichkeiten anmieten und eine sog. Nachbarschaftskooperative bilden, in der sie für verschiedene Auftraggeber tätig sind. Ein weiteres Kennzeichen von Nachbarschaftsbüros besteht darin, daß sich diese in Wohngebieten befinden und für die Mitarbeiter dadurch Pendelzeiten und -kosten entfallen. Die Standortwahl von Nachbarschaftsbüros orientiert sich - ebenso wie bei Satellitenbüros - sehr stark an räumlichen Kriterien und regionalen Arbeitsmarktbedingungen.

---

[29] Vgl. Fischer, U. (1992), S. 7f.
[30] Vgl. Brettreich-Teichmann, W.; Abele, K. (1995), S. 44-46; Hillman, J. (1993), S. 15-18.

Diese Organisationsform der Telearbeit bietet die Möglichkeit, die technische Infrastruktur gemeinsam zu nutzen. Werden die Arbeitszeiten der Mitarbeiter aufeinander abgestimmt, kann der Auslastungsgrad der Endgeräte optimiert werden. Besonders für kleine Unternehmen erscheint dies sehr interessant. Die gemeinsame Nutzung der Infrastruktur erfordert jedoch weitreichende organisatorische, rechtliche und datenschutzbezogene Vereinbarungen zwischen den beteiligten Parteien. Dieses mag sicherlich auch ein Grund für die bisher geringe praktische Relevanz der Nachbarschaftsbüros sein.

Die besonderen Anforderungen an die Koordination und Kommunikation zwischen einem Telearbeiter in einem Nachbarschaftsbüro und der jeweilig übergeordneten zentralen Funktionseinheit können nur durch leistungsfähige Informations- und Telekommunikationsstrukturen und durch die damit verbundene Technik erreicht werden.

Für den Mitarbeiter stellt sich die Arbeitsumgebung in einem Nachbarschaftsbüro positiv dar. Es gibt Kontaktmöglichkeiten zu Mitarbeitern anderer Auftraggeber, wodurch eine soziale Isolation vermieden wird.

Eine Weiterentwicklung der Nachbarschaftsbüros sind die sogenannten Nachbarschaftszentren (auch Telecottages[31] genannt), die neben dezentralen Arbeitsplätzen der verschiedenen Unternehmen auch soziale, kulturelle und gastronomische Einrichtungen umfassen (z.B. Restaurants, Bibliotheken, Kindergärten etc.). Zielsetzung ist hier vor allem die Förderung sozialer Kontakte in Vororten oder Wohn-Stadtteilen. Wie der Abschnitt 1.2. aus Teil II - „Entwicklungen in der Praxis" - zeigt, sind die Pilotprojekte der Nachbarschaftsbüros weitgehend durch öffentliche Institutionen gefördert worden. Bei der Einrichtung von Nachbarschaftszentren ist diese Tendenz noch stärker ausgeprägt, da solche Zentren weitgehend öffentliche und regionalpolitische Interessen betreffen.

Isolierte Telearbeit

Bei dieser extremsten Form der dezentralen Tätigkeit, die sich nach Nilles in das Stadium der Diffusion einordnen läßt, arbeitet der Mitarbeiter permanent und ausschließlich an einem Arbeitsplatz in seiner Wohnung, der durch moderne Informations- und Kommunikationstechnik an den Zentralcomputer des Arbeitgebers angeschlossen ist. Der Kontakt zum Arbeitgeber besteht meist nur im Rahmen des Austauschs von Arbeitsunterlagen oder Aufgabenzuweisung. Aufgrund dieser Tatsache wird in diesem Zusammenhang häufig auf die Gefahren der sozialen Isolation hingewiesen[32]. Für die isolierte Telearbeit eignen sich besonders Aufgaben, die eindeutig abgrenzbar und klar definiert sind. Persönliche Absprachen („face-to-face Kommunikation"), die nicht per Telefon oder Datenleitung durchgeführt werden können, müssen auf ein Minimum reduzierbar sein.

Alternierende Telearbeit

In jüngster Zeit gewinnt eine neue Variante der Telearbeit an Bedeutung - die alternierende Telearbeit[33]. Hierbei arbeitet der Mitarbeiter zeitweise zu Hause und die übrige Zeit zentral im Unternehmen. Die alternierende Telearbeit bietet sich daher für einen weitaus größeren Tätigkeitsbereich an als die isolierte Telearbeit. Auch komplexe Arbeiten, die die Zusammenarbeit mit Kollegen voraussetzen, können im Rahmen dieser Arbeitsform durchgeführt werden. Für Arbeitsphasen mit hohem Konzentrationsbedarf kann die ungestörte Arbeitsatmosphäre zu Hause genutzt werden, während die Kommunikation mit Vorgesetzten und Kollegen sowie die Koordination der Aufgaben im Rahmen der Büroarbeitszeiten erfolgen kann. Auch die Probleme der sozialen Isolation, die bei permanenten isolierten Telearbeit auftreten, werden bei der alternierenden Telearbeit durch den weiterhin bestehenden Kontakt zu Kollegen vermieden.

Mobile Telearbeit

Unter mobiler Telearbeit versteht man eine Organisationsform der Telearbeit, die durch eine umfangreiche Ausstattung mit mobilen Informations- und Kommunikationsendgeräten das Arbeiten an beliebigen Orten (z.B. beim Kunden, unterwegs, im Hotel oder im Heimbüro) ermöglicht. Besonders starke Verbreitung findet diese Form der Arbeitsorganisation bei Unternehmen mit ausgeprägten Außendienststrukturen, wie z.B. Versicherungen. Aber auch Manager profitieren von dieser Form der flexiblen

---

[31] Vgl. Denbigh, A, (1994).
[32] Vgl. u. a. Goldmann, M.; Richter, G. (1991); Kubicek, H. (1988); Förster, G.; Apenburg, E. (1996), S. 28-30.

Arbeit, die es ihnen ermöglicht, immer und überall erreichbar zu sein und neue Informationen, Ergebnisse oder Entscheidungen der Zentrale sofort mitteilen zu können.

Da die mobile Telearbeit nicht an den Wohnort oder die Nähe zum Wohnort des Mitarbeiters gebunden ist und somit auch von der Definition in Abschnitt 1.1. nicht erfaßt wird, soll im weiteren Verlauf dieser Arbeit auf mobile Telearbeit nicht weiter eingegangen werden.

2. Führung

Das Führungsphänomen zeichnet sich zum einen durch seine Komplexität, zum anderen durch das interdiziplinäre Interesse an diesem Thema aus. So beschäftigten sich neben der Betriebswirtschaftslehre die Soziologie, die Psychologie und die Philosophie ebenso mit diesem Thema wie die Entscheidungs- und die Systemtheorie[34]. Insbesondere auf diesen Sachverhalt ist es zurückzuführen, daß es keine allgemein akzeptierte Definition von Führung gibt.

Etymologisch betrachtet, geht der Begriff Führung auf ein germanisches Ursprungswort zurück und bezeichnet eine Person, die den Weg weist, wonach sich andere richten[35]. Führung hat also eine Wegweisungs- bzw. Orientierungsfunktion. „Seine eigentliche Bedeutung, die der von leiten sinnverwandt ist, hat führen erst innerhalb des Deutschen entwickelt. Dabei denken wir nicht mehr in erster Linie an das Hervorrufen einer Bewegung, sondern an das Weiterschaffen in einer bestimmten Richtung"[36].

---

[33] Vgl. Huber, J. (1987), S. 21.
[34] Vgl. Staehle, W. (1994), S. 71.
[35] Vgl. Rühli, E. (1996), S. 60.
[36] Vgl. Mitzka, W. (1970).

2.1. Managementbegriff

Zur Definition und Abgrenzung des Begriffs „Führung" muß zunächst der Managementbegriff eingeführt werden. Dieser wird in der anglo-amerikanischen Literatur heute in zwei **Bedeutungsvarianten** verwendet[37]:

- Der *funktionale Aspekt* des Managements beschreibt die Prozesse und Funktionen, die in arbeitsteiligen Organisationen notwendig sind (wie Planung, Organisation, Führung und Kontrolle).

- Der *institutionale Aspekt* des Managements umfaßt die Personen, die Managementaufgaben wahrnehmen.

Das **Managementwissen** läßt sich in drei Bereiche untergliedern[38]:

1. Die *(Personal-)Führung* deckt den verhaltenswissenschaftlichen Teil des Managementwissens ab.
2. Die *Unternehmensführung* beschäftigt sich mit den betriebswirtschaftlichen Aspekten des Managements einer Institution.
3. Die *Unternehmensforschung* ist auf Verfahren bezogen und stellt somit den formalwissenschaftlichen Teil des Managementwissens dar.

Damit ist Management der übergeordnete Begriff, der stets Führung beinhaltet, umgekehrt ist dies nicht notwendigerweise immer der Fall[39].

2.2. Aufgaben- und mitarbeiterorientierte Aspekte

Der Schwerpunkt dieser Arbeit liegt auf der Führung, das heißt auf der personen- und verhaltensbezogenen Komponente des Managements. Die Konzentration auf diesen Aspekt folgt der grundlegenden Überzeugung, daß erfolgreiches Management nur über die Auseinandersetzung mit menschlichen Verhaltensweisen möglich ist.

---

[37] Vgl. Staehle, W. (1994), S. 67.
[38] Vgl. Staehle, W. (1994), S. 70.
[39] Vgl. Kirsch, W. (1976), S. 103f.

> Unter Führung wird „die Beeinflussung der Einstellungen und des Verhaltens von Einzelpersonen sowie der Interaktionen in und zwischen Gruppen, mit dem Zweck, bestimmte Ziele zu erreichen"[40] verstanden.

Führung beschäftigt sich demnach mit Themen der Motivation, Führung von Gruppen, Machtausübung, Konfliktlösung und der (sozialen) Kontrolle.

Nach Stogdill lassen sich folgende elf grundlegenden Auffassungen von Führung unterscheiden[41]:

- Führung als Ausdruck der Persönlichkeit,
- Führung als Mittelpunkt von Gruppenprozessen,
- Führung als Willensdurchsetzung,
- Führung als Verhalten oder Handeln,
- Führung als Resultat von Interaktionen,
- Führung als eine Form der Überzeugung,
- Führung als Instrument der Zielerreichung,
- Führung als Rollendifferenzierung,
- Führung als Initiierung von Strukturen,
- Führung als Machtbeziehung und
- Führung als Ausübung von Einfluß.

Die unterschiedlichen Aufgaben der Führung lassen sich in zwei Komponenten zerlegen[42]. Zum einen dient Führung der Erfüllung des jeweiligen Sachziels der Gruppe. Diese Lokomotionsfunktion läßt den Vorgesetzten zum Planer, Entscheider, Koordinator und Kontrolleur werden. Die andere Aufgabe eines Führers liegt im Zusammenhalten der Gruppe und in der Gruppenstärkung. Diese Komponente wird als Kohäsionsfunktion der Führung bezeichnet. Durch sie wird der Führer zum Integrierer,

---

[40] Vgl. Staehle, W. (1994), S. 308.
[41] Vgl. Stogdill, R. (1974), S. 7ff.
[42] Vgl. Cartwright, D.; Zander, A. (1968), S. 306ff.

Bedürfnisbefriediger, Motivierer und Förderer. Führung hat also immer einen aufgaben- und einen mitarbeiterorientierten Ansatz[43].

Wunderer/Grunwald arbeiten ebenfalls elf Merkmale heraus, die sie für eine Beschreibung und Erklärung des Führungsphänomens heranziehen[44]. Dabei soll jedes Merkmal einen Problembereich darstellen, der einen Aspekt der Führung charakterisiert. Auch in dieser Aufstellung wird deutlich, daß sowohl die Aufgaben- als auch die Mitarbeiterorientierung Merkmale der Führung sind:

- Ziel-, Ergebnis- und Aufgabenorientierung
- Gruppenprozesse
- Rollendifferenzierung
- Einflußprozesse (Macht)
- Soziale Interaktion
- Wert- und Normbildung
- Persönlichkeitseigenschaften, Fähigkeiten und Fertigkeiten
- Konfliktprozesse
- Informations- und Kommunikationsprozesse
- Entscheidungsprozesse
- Entwicklungsprozesse (Zeitdimension).

3. Teleführung

Nachdem eine Definition der Telearbeit und der Führung erarbeitet wurde, sollen diese zwei Komplexe in den neu geschaffenen Zusammenhang der „Teleführung" einfließen. Die Führung der Telearbeiter stellt die Führungskräfte des mittleren Managements vor eine völlig neue Aufgabe, die mit der bisherigen Mitarbeiterführung nur wenig gemein zu haben scheint. Die Herausforderung für die Führungskräfte liegt in der räumlichen Entfernung des Telearbeiters, die die Anwendung klassischer Führungsmethoden der Anwesenheits- und Arbeitskontrolle weitgehend unmöglich macht. Die

---

[43] Vgl. Albach, H.; Gabelin, T. (1983), S. 26ff.
[44] Vgl. Wunderer, R.; Grunwald, W. (1980), S. 57f.

damit entstehenden neuen Anforderungen an die Führung von Telearbeitern werden in dieser Arbeit unter dem Begriff der „Teleführung" untersucht.

3.1. Definition

Der Begriff der Führung ist facettenreich und qualitativ (vgl. Abschnitt 2. „Führung"). Eine konkrete inhaltliche Abgrenzung im Rahmen einer wissenschaftlichen Untersuchung ist gleichzeitig notwendig und einschränkend. Es wird die Absicht verfolgt, die wesentlichen Aspekte der Teleführung intensiv zu untersuchen und Lösungsansätze sowie -anforderungen in der Art aufzuzeigen, daß das Untersuchungsgebiet trotz Einschränkungen für die Wissenschaft greifbar und für die Praxis anwendbar wird.

Unter diesen Voraussetzungen orientiert sich die Analyse von Teleführung an den zwei bereits herausgearbeiteten Aspekten der Führung:

- **Aufgabenorientierte Führung**

Die Aufgabenorientierung verpflichtet die Führungskraft, alle Maßnahmen zu ergreifen, die einen reibungslosen Geschäftsablauf gewährleisten. Dabei ist das vorrangige Ziel dieser hauptsächlich in den Bereich der Koordination fallenden Maßnahmen, die gestellte Aufgabe zu bewältigen.

- **Mitarbeiterorientierte Führung**

Das Verständnis des menschlichen Verhaltens in Organisationen und seine Beeinflussung fällt unter den mitarbeiterorientierten Aspekt der Führung. Die Analyse der Bestimmungsfaktoren des Mitarbeiterverhaltens führt zum Begriff der Motivation. Sie bestimmt das Verhalten von Menschen in Organisationen und ist eine der wichtigsten Führungsaufgaben im Hinblick auf die Zufriedenheit und Leistung von Arbeitnehmern.

Unter Teleführung wird die Beeinflussung der Einstellungen und des Verhaltens von Telearbeitern sowie der Interaktionen unter Telearbeitern und zwischen Telearbeitern und Nicht-Telearbeitern, mit dem Zweck bestimmte Ziele zu erreichen verstanden. Die Teleführung hat aufgaben- und mitarbeiterorientierte Aspekte.

3.2. Transaktionskostentheoretischer Ansatz

Mit Hilfe von Transaktionskosten läßt sich seit Coase (1937)[45] die Existenz von Unternehmen erklären, die bestimmte Transaktionen effizienter durchführen als dies am Markt möglich wäre. Der Grund hierfür sind die sogenannten Transaktionskosten, die durch Unsicherheit, beschränkte Rationalität und durch Opportunismus (moral hazard) der am Leistungsaustausch beteiligten Akteure entstehen. Beispiele für Transaktionskosten sind Such-, Anbahnungs- und Verhandlungskosten, Informations- und Kontrollkosten. Ein Teil der ökonomischen Tauschbeziehungen läuft deswegen nicht über den Markt, weil die hierarchische Organisation einer Unternehmung die Transaktionskosten reduzieren kann[46].

Der transaktionskostentheoretische Ansatz kann auch für die Auswahl effizienter Organisationsstrukturen dienen[47]. Diejenige Organisationsform ist dann zu wählen, deren Transaktionskosten minimal sind. Bezogen auf die Effizienz der Organisationsform Telearbeit gilt es also die Transaktionskosten zu minimieren. Dazu werden im Folgenden die telearbeitsspezifischen Kosteneinflußgrößen dargestellt. Diese Kosteneinflußgrößen sind Ursprung aller Führungsanforderungen der Telearbeit. Aufgabe der Teleführungskräfte muß es sein für diese Anforderungen möglichst optimale Lösungen zu finden. Andernfalls könnten die Transaktionskosten der Telearbeit dazu führen, daß ihre dargestellten Vorteile neutralisiert werden.

1. Bei den telearbeitsspezifischen Kosteneinflußgrößen ist zunächst die **Häufigkeit** der Telearbeit zu beachten. Es muß insbesondere die isolierte mit der alternierenden Telearbeit hinsichtlich ihrer Vorteilhaftigkeit verglichen werden.
2. Die **telearbeitsspezifischen Investitionen** müssen bei der Auswahl des Telearbeitsplatzes berücksichtigt werden.
3. Die **Vorbildungsnotwendigkeit** der Telearbeiter muß überprüft werden.
4. Die **Arbeitsergebnisse** bei Telearbeit müssen **meßbar** sein oder durch geeignete Führungsmaßnahmen meßbar gemacht werden.

---

[45] Vgl. Coase, R. (1937).
[46] Vgl. Milgrom, P.; Roberts, J. (1992), S. 28-33.
[47] Vgl. Picot, A. (1982), S. 271.

5. Die **Unsicherheit**, die bezüglich der Telearbeit auf seiten der Telearbeiter und der Teleführungskräfte besteht muß überwunden werden. Dabei spielt vor allem die Motivation eine große Rolle. Auch Aspekte der Kontrolle und Vergütung gilt es zu berücksichtigen.

6. Die **Kommunikation** als Austausch von Information ist ebenfalls von besonderer Bedeutung bei Telearbeit. Wissen muß anders organisiert werden, als es bei zentralisierten Organisationsformen der Fall ist.

Die **aufgabenorientierte Teleführung** muß folglich die Auswahl des Arbeitsplatzes und Vorbereitung des potentiellen Telearbeiters, die Analyse der Koordinationsinstrumente zwischen Arbeitsplätzen, die Führung durch Zielvereinbarungen und die diesbezügliche Kontrolle, das Management von Informationen und Wissen sowie die Kommunikation beinhalten.

Bei der **mitarbeiterorientierten Teleführung** richten sich die Untersuchungen insbesondere auf die Motivationswirkung von Zielvereinbarungen und Vertrauen, leistungsorientierter Vergütung, Produktivitätssteigerungen und der Identifikation mit dem Unternehmen. Außerdem muß die motivationale Bedeutung der Unternehmenskultur und des Betriebsklimas sowie der Unternehmensführung und des Verhältnisses zwischen Telearbeiter und -vorgesetzten untersucht werden.

II. Teil: Verbreitung und Bedeutung der Telearbeit

1. Ursprung und Entwicklung

Im folgenden wird zunächst ein kurzer Überblick über die Anfänge der Telearbeit in den USA und in Deutschland gegeben; die wesentlichen Studien werden jeweils kurz dargestellt. Anschließend folgt eine Darstellung der internationalen Situation und Verbreitung der Telearbeit.

1.1. Anfänge in den USA und in Deutschland

Die Energieknappheit, die in den **USA** 1973 in der Ölkrise gipfelte, bewog Nilles[48] bei seinen Untersuchungen (1976) zu dem unkonventionellen Gedanken, die Arbeit zu den Menschen zu bringen und nicht umgekehrt. Dies war der Ausgangspunkt der Diskussion um innovative, informationstechnisch gestützte Dezentralisierungskonzepte. Der von Nilles geprägte Begriff des „Telecommutings" (Telependeln), der heute noch in der amerikanischen Literatur verwendet wird, läßt die verkehrspolitische und damit gesamtgesellschaftliche Zielsetzung des revolutionären Gedankens deutlich werden. So fügte Nilles seiner Untersuchung umfangreiche Modellrechnungen in bezug auf Energie- und Benzinkosten sowie Einsparungspotentiale beim Pendelverkehr bei. Besonders aufschlußreich scheint in dieser Hinsicht Nilles Modellergebnis zu sein, „daß, wenn 1975 auch nur 12 bis 14 % des städtischen Pendelverkehrs durch Telekommunikationssysteme ersetzt worden wären, die Vereinigten Staaten annähernd 75 Millionen Barrel Benzin eingespart hätten - und damit vom Benzinimport vollkommen unabhängig gewesen wären"[49]. Insgesamt war die Studie primär gesamtwirtschaftlich ausgerichtet. Organisatorische Aspekte und Potentiale der Telearbeit standen nicht im Mittelpunkt.

Das änderte sich auch nicht bei der Veröffentlichung der Studien von Alvin Toffler, der mit seinem Buch „The Third Wave"[50] 1980 an die Öffentlichkeit trat. Toffler prognostizierte revolutionäre Veränderungen der Gesellschaft und geht in diesem Zusammenhang auf die Auswirkungen der elektronischen „Heimarbeit" auf die

---

[48] Vgl. Nilles et al. (1976).
[49] Siehe Nilles et al. (1976), S. 87.
[50] Vgl. Toffler, A. (1989).

Familienstrukturen ein. Er beschreibt die Entwicklung bis hin zu einer „elektronischen Großfamilie", die als Produktionsteam zusammenarbeitet[51]. Vorrangig diskutiert aber auch Toffler die Energie-, Verkehrs- und Umweltprobleme sowie die damit verbundenen Kosten.

Im Jahr 1981 setzte sich eine Diebold Studie erstmals das Ziel, die charakteristischen Aspekte der Arbeitsplätze und Tätigkeiten sowie die Gründe für die Einführung von Telearbeit sowohl aus Sicht der Unternehmen als auch aus der Sicht der Mitarbeiter zu untersuchen[52]. Die Studie, die die ersten Pilotprojekte zum Thema Telearbeit in den USA analysiert, kommt zu dem Ergebnis, daß Telearbeit bei den Mitarbeitern zu einer höheren Motivation und Arbeitszufriedenheit führen kann. Dadurch wiederum ist es einem Unternehmen möglich, eine höhere Produktivität zu realisieren sowie eine langfristige Bindung von qualifiziertem Personal zu erreichen.

Es läßt sich feststellen, daß die Diskussion um Telearbeit in den USA bereits sehr früh begonnen hat, wobei zunächst vorrangig umwelt- und energiepolitische und somit gesamtwirtschaftliche Ziele verfolgt wurden. Bereits ab 1981 untersuchte man dann konkrete Pilotprojekte, was zur Folge hatte, daß nun auch unternehmens- und mitarbeiterbezogene Aspekte in den Blickpunkt der Telearbeit rückten.

Ausgangspunkt für die Diskussion um Telearbeit in **Deutschland** bildete die Studie des Bundesministeriums für Forschung und Technologie von 1980[53]. Die Studie über „Auswahl, Eignung und Auswirkungen von informationstechnisch ausgestatteten Heimarbeitsplätzen" kommt zu dem Ergebnis, daß es 1981 in Deutschland keine informationstechnisch gestützten Heimarbeitsplätze gibt. Insgesamt zeigt die Studie ein pessimistisches Bild der Entwicklung der Telearbeit auf, primär bedingt durch die technischen Restriktionen in bezug auf die verfügbaren Kommunikationsdienste und Endgeräte.

In den 80er Jahren folgten folgende weitere Studien über Telearbeit in Deutschland, die im folgenden vorgestellt werden:

---

[51] Vgl. Toffler, A. (1989), S. 230.
[52] Vgl. Diebold Group Inc. (Hrsg.) (1981).
[53] Vgl. Ballerstedt, E. et al. (1982).

- „Telearbeit: Schaffung dezentraler Arbeitsplätze unter Einsatz von Teletex[54]",
- „Zukunft der Telearbeit. Empirische Untersuchung zur Dezentralisierung und Flexibilisierung von Angestelltentätigkeiten mit Hilfe neuer Informations- und Kommunikationstechnologien[55]" und
- „Teleheimarbeit von Frauen in der Druckindustrie[56]".

Mit dem 1984 begonnenen und auf zwei Jahre befristeten Modellversuch zur „Schaffung dezentraler Arbeitsplätze unter Einsatz von Teletex"[57] wollte die baden-württembergische Landesregierung erproben, ob sich Teletex für die dezentrale Erbringung von Schreibleistungen eignet. Darüber hinaus sollte festgestellt werden, welche organisatorischen, technischen, wirtschaftlichen und sozialen Auswirkungen sich aus dieser Arbeitsform ergeben und ob in strukturschwachen Gebieten durch die Anwendung neuer Kommunikationstechniken Arbeitsplätze geschaffen werden können. Der Modellversuch nutzte als Medium für die Arbeit das Teletex-System. Die zu schreibenden Texte wurden per Telefondiktat, durch Boten oder per Postversand an die Telearbeitsplätze übermittelt.

Am Modellversuch hatten sich insgesamt nur 14 Anbieter beteiligt, die zumeist aus dem öffentlichen Bereich stammten. Beschäftigt wurden dabei 21 Telearbeiter, von denen sieben ausschließlich zu Hause, zwei in Nachbarschaftsbüros und zwölf in betrieblichen Zweigstellen tätig waren[58]. Ergebnis der vom Fraunhofer-Institut für Arbeitswissenschaft und Organisation, Stuttgart, durchgeführten wissenschaftlichen Begleitstudie war, daß die Einrichtung von Teleheimarbeitsplätzen zur Texterstellung keine umfassende Verbreitung finden wird, sondern vielmehr auf Einzelfälle beschränkt bleiben wird[59]. Der Modellversuch blieb für die Praxis ohne Konsequenzen und zog keine weiteren Folgeprojekte nach sich.

---

[54] Vgl. Bullinger, H.-J.; Fröschle, H.-P.; Klein, B. (1987).
[55] Vgl. Kreibich, R. et al. (1990).
[56] Vgl. Goldmann, M.; Richter, G. (1991).
[57] Vgl. Bullinger, H.-J.; Fröschle, H.-P.; Klein, B. (1987).
[58] Vgl. Bullinger, H.-J.; Fröschle, H.-P.; Klein, B. (1987), S. VIII.
[59] Vgl. Bullinger, H.-J.; Fröschle, H.-P.; Klein, B. (1987), S. XVII.

Die Dezentralisierung von Angestelltentätigkeiten mit Hilfe neuer Informations- und Telekommunikationstechnologie war Mittelpunkt einer mehrjährigen Forschungsarbeit, die 1985 von Rationalisierungs-Kuratorium der Deutschen Wirtschaft (RKW) beim Institut für Zukunftstechnologien in Auftrag gegen wurde[60]. Im Rahmen der Studie wurde zunächst 1985 eine Unternehmensumfrage zur Telearbeit gestartet. Von den 2260 befragten Unternehmen schickten 819 einen verwertbaren Fragebogen zurück. Nur 21 Unternehmen (= 2,6%) hatten bereits dezentralisierte Arbeitsplätze[61].

In einer zweiten, wesentlich weniger auf Telearbeit konzentrierten Umfrage wurden 1987 weitere 208 Unternehmen erfaßt, die mit Hilfe von Informations- und Kommunikationstechnologien dezentralisiert wurden. Die Teleheimarbeit war in diesem wesentlich allgemeiner gefaßten Ansatz nun nur noch eine von den folgenden sieben beobachteten dezentralen Arbeitsformen:

1. Dezentralisierung innerhalb der bestehenden Betriebsstätte,
2. Verlagerung von Aufgaben auf bestehende Filialen, Tochtergesellschaften etc.,
3. Auftragsvergabe an Fremdfirmen,
4. Aufgabenerweiterung und/oder funktionale Stärkung des Außendienstes,
5. Neuschaffung von Zweigstellen, etc.,
6. Übertragung von Aufgaben an Teleheimarbeiter und
7. Übertragung von Aufgaben an den Kunden[62].

Ein wesentliches Ergebnis dieser Studie ist, daß ein starker Trend zur Dezentralisierung festgestellt worden ist. Dabei hat die isolierte Telearbeit von unqualifizierten Beschäftigen deutlich weniger Zukunft als die sogenannten Mischformen der dezentralisierten Arbeit (Arbeit zu Hause, unterwegs und im Büro) insbesondere für qualifizierte Angestellte des Kundendienstes, der Produktgestaltung, der Sachbearbeitung und des Managements[63].

---

[60] Vgl. Kreibich, R. et al. (1990).
[61] Vgl. Kreibich, R. et al. (1990), S. 24.
[62] Vgl. Kreibich, R. et al. (1990), S. 18f und 25.
[63] Vgl. Kreibich, R. et al. (1990), S. 19f.

Die Studien von Goldmann/Richter (1991)⁶⁴ konzentrieren sich auf die isolierte Teleheimarbeit von Frauen. Die Anwendungsbeispiele stammen aus der Druck- und Softwareindustrie und aus dem Bereich der Übersetzungstätigkeiten. Die Studie kommt zu dem Ergebnis, daß die Kosten sowohl für Endgeräte als auch für die Telekommunikation ein Hemmnis für die Ausbreitung der Telearbeit darstellen. Zudem wurden der persönliche Kommunikationsbedarf, Datenschutzprobleme sowie der Widerstand der Gewerkschaften als weitere Faktoren dafür angeführt, daß sich in Deutschland die Dezentralisierung von Arbeitsplätzen kaum durchsetzten werde.

Die Forschungsaktivitäten in den 80er Jahren stellen insbesondere technische Probleme bei Telekommunikationsdiensten und Endgeräten als Hinderungsgründe für die Einführung von Telearbeit in den Vordergrund. Darüber hinaus konzentrieren sich die Studien stark auf einfach strukturierte Anwendungstätigkeiten wie die Texterfassung und untersuchen hauptsächlich Formen von isolierter Teleheimarbeit. Die Studien beleuchteten somit nur einen kleinen Ausschnitt der Möglichkeiten der Telearbeit.

1.2. Entwicklungen in der Praxis

Im folgenden Abschnitt stehen konkrete Entwicklungen der Telearbeit in der Praxis im Vordergrund.

USA

Die Vereinigten Staaten sind das Ursprungsland der Telearbeit. Die Zahl der Telecommuter variiert jedoch von Autor zu Autor erheblich⁶⁵. Nach Linnenkohl ist sie innerhalb von fünf Jahren von zehn Millionen auf 34,5 Millionen angestiegen; im Jahr 1995 rechnete man mit (unrealistisch scheinenden) 51 Millionen Telearbeitern⁶⁶. Eine 1997 im Internet veröffentlichte Untersuchung spricht hingegen lediglich von elf Millionen Telearbeitern im Jahr 1997 im Vergleich zu acht Millionen 1995⁶⁷. Die generell zu beobachtenden großen Unterschiede in den Prognosen bzw. Schätzungen der Anzahl von Telearbeitsplätzen hat mehrere Ursachen. Zum einen kommen die großen Abweichungen sicherlich durch eine unterschiedliche Definition von Telearbeit

---

[64] Vgl. Goldmann, M.; Richter, G. (1991).
[65] Vgl. o.V. (1995a), S.12; Hoose, A. (1995); La Plante, A. (1995), S. 133-138.
[66] Vgl. Linnenkohl, K. (1996), S. 53.
[67] Vgl. FIND,SVP (Hrsg.) (1997); o.V. (1997m), S. 26.

zustande. So werden teilweise Mitarbeiter als Telearbeiter eingestuft sobald sie über ein Notebook verfügen oder zeitweise Arbeit mit nach Hause nehmen. Andere Untersuchungen setzen zum Beispiel durchschnittlich mindestens einen Heimarbeitstag pro Woche voraus. Ein anderes Problem ist die generelle Erfaßbarkeit von Telearbeitsplätzen, die unternehmensintern eingerichtet und besetzt werden und somit einen internen Arbeitsmarkt betreffen, über den keine Zahlen veröffentlicht werden[68]. Eine weitere Rolle bei der Quantifizierung von Telearbeitsplätzen spielt zudem die persönliche Einschätzung des jeweiligen Autors bezüglich der Zukunftsperspektiven von Telearbeit.

Die in jedem Fall sehr große Zahl von Telearbeitern läßt sich in zwei Kategorien unterteilen: Qualifizierte Fachkräfte auf der einen Seite und Datenerfasser ohne besondere Ausbildung oder Qualifikation auf der anderen Seite. Eine zusätzliche interessante Entwicklung sind Telearbeitsprogramme für Behinderte bzw. soziale Randgruppen.

Eine Vielzahl von Unternehmen bietet mit großem Erfolg Telearbeitsprogramme an[69], denn die von den Unternehmen gemachten Erfahrungen sind so positiv, daß sich die Anzahl der angebotenen Telearbeitsplätze kontinuierlich erhöht. Anbieter qualifizierter Telearbeitsplätze sind beispielsweise[70]:

- Hewlett Packard Laboratories (Programmentwickler und Ingenieure),
- IBM USA (verschiedene Tätigkeiten),
- Equitable Life (Programmierung),
- Chase Manhattan (DV-Spezialisten),
- Olivetti (Softwareentwicklung),
- Control Data Corporation (Systemberatung und -entwicklung),
- Mountain Bell (Entwicklung von Schulungskursen),
- Rising Star (Systementwicklung),
- Concept Systems Inc. (Softwareentwicklung),

---

[68] Vgl. o.V. (1997n).
[69] Vgl. Godehardt, M. (1994), S. 30.
[70] Vgl. Diebold Group Inc. (Hrsg.) (1981); Heilmann, W.(1987); Huber, J. (1987), S.28; Huws, U. (1984), S. 16f; Huws, U.; Korte, W.; Robinson, S. (1990), S.79; Sandvoss, J. (1989), S.104f.; Schmidt, A. (1997).

- Heights Information Technology Service (DV-Spezialisten) oder
- Interactive Systems Corporation (Softwareentwicklung).

Folgende Unternehmen bieten Beispiele für vorrangig unqualifizierte Telearbeit[71]:

- Continental Illinois Bank (Texterfassung),
- Blodgett Computer Information Systems (Datenerfassung),
- Freight Data Systems (Datenerfassung),
- Investor's Diversifies Services (Texterfassung),
- Management Contens Database (Datenerfassung) und
- Medical Transcription Corporation (Datenerfassung).

Das Interesse an vorrangig kostengünstiger Datenerfassung ließ folgende Unternehmen Telearbeitsplätze per Satellitenverbindungen in weit entfernten Billiglohnländern einrichten[72]:

- American Airlines (Datenerfassung auf Barbados),
- Saztec (Datenerfassung in Singapore),
- Satellite Date Corporation (Datenerfassung in der Karibik) und
- A.C. Nielsen Magazin (Datenerfassung in Irland).

Ein besonders interessantes Beispiel stellt die hundertprozentige Telearbeitsorganisation der Werbeagentur Chiat/Day in New York dar[73]. Im Juni 1994 sind die Büros aller Chiat/Day Mitarbeiter aus Manhattan in die Wohnungen der Mitarbeiter verlegt worden. In der Zentrale gibt es nur noch ein sogenanntes „Team Office", das mit einem Billardtisch, Fernsehen und Musik ausgestattet ist und wo es, um die gemütliche Atmosphäre noch zu steigern, Popcorn und Kaffee gratis gibt. Hier sollen sich die Mitarbeiter zum Brainstorming treffen und soziale Kontakte pflegen. Gearbeitet wird von zu Hause, von unterwegs oder auch mal vom Strand aus mit Hilfe moderner

---

[71] Vgl. Ballerstedt, E. et al. (1982), S.72;); Huber, J. (1987), S.28; Huws, U. (1984), S. 16f; Huws, U.; Korte, W.; Robinson, S. (1990), S.79; Sandvoss, J. (1989), S.104f.

[72] Vgl. Huber, J. (1987), S. 27; Huws, U.; Korte, W.; Robinson, S. (1990), S.17 und 79; Sandvoss, J. (1989), S.102.

[73] Vgl. Gloger, S. (1994).

Telekommunikationstechnologien[74]. Die Arbeitszeit ist somit für jeden Mitarbeiter total flexibel („They were allowed to work any time, any way, any place[75]").

Die Unternehmen Allstate Insurance, American Express, Lift Incorporation und Control Data boten Möglichkeiten der Telearbeit nicht nur für einfache Tätigkeiten, sondern auch für den qualifizierten Einsatz von Behinderten[76]. Eine Ausbildung ermöglicht den Behinderten eine qualifizierte Tätigkeit in den Unternehmen im Rahmen der Telearbeit.

Die Best Western Gruppe, die größte Hotelkette der Welt, hat in den USA ein Telearbeitsprojekt für eine soziale Randgruppe durchgeführt[77]. So wurden 30 Arbeitsplätze des telefonischen Reservierungsdienstes in einem Frauengefängnis für leichtere Delikte eingerichtet. Für ihre Tätigkeit bekommen diese Frauen den gleichen Stundenlohn wie Mitarbeiterinnen anderer Reservierungsdienste. Trotz der Abgabe in Höhe von 30%, die an das Gefängnis geleistet werden muß, liegen die Einkünfte dieser Frauen immer noch über dem Lohnniveau, das für Tätigkeiten im Gefängnis sonst üblich ist.

In jüngerer Vergangenheit erlebte die Verbreitung der Telearbeit in den USA erneut einen Sprung nach oben. Das Erdbeben, das am 17. Januar 1994 Los Angeles erschütterte, legte wochenlang die sonst verstopften Motorways lahm. Mitarbeiter konnten nicht zum Arbeitsplatz kommen. Außerdem waren viele Bürogebäude einsturzgefährdet. Der Betriebsausfall kostete einige Milliarden US$. Zu dem Zeitpunkt entschlossen sich viele Unternehmen, Telearbeitsplätze einzurichten[78].

Telearbeit wird sich in den USA auch in Zukunft immer weiter behaupten: Das 1997 in Kraft getretene Bundesgesetz zum Schutz der Luft („Clean Air Act") verlangt von Großunternehmen, daß sie die Zahl ihrer Mitarbeiter, die mit dem Wagen zur Arbeit fahren, drastisch reduzieren. Auch Steuererleichterungen, wie sie die kalifornische

---

[74] Vgl. Brockmann, M. (1997).
[75] Vgl. Buijsman, L.; Mulder, F. (1995), S. 19.
[76] Vgl. Wedde, P. (1994), S. 28.
[77] Vgl. Huber, J. (1987), S. 26.
[78] Vgl. Kristoffy, A. (1994), S. 31.

Regierung anbietet, sollen Unternehmen animieren, Arbeitsplätze nach Hause zu verlegen[79].

Japan

Aufgrund der bekannten räumlichen Enge und hohen Büropreise sind erste Anfänge von Telearbeit auch in Japan zu beobachten. Allerdings schränkt eben diese räumliche Enge die Verbreitung der Telearbeit auch wieder ein, denn die wenigsten Angestellten haben zu Hause den Raum für ein separates Arbeitszimmer[80]. Telearbeit wird in Japan daher zumeist aus Satelliten- oder Nachbarschaftsbüros heraus betrieben. So eröffnete bereits 1984 die Firma Nippon Electronic Company NEC ein Satellitenbüro in einem Vorort von Tokio[81]. Dort arbeiten ca. zehn Mitarbeiter unter Einsatz elektronischer Medien einschließlich Videokonferenzen, die eine Verbindung über die japanische Variante des ISDN mit der Zentrale ermöglichen. Dieses sehr fortschrittliche Beispiel von Telearbeit in Japan ist allerdings teilweise verknüpft mit einer eher bedenklichen Umsetzung: die Telearbeiter verbindet das wachsame Auge einer Video-Fernüberwachung „Tele-Eye" mit ihrem Boß[82], was den motivations- und produktivitätsfördernden Aspekt der größeren Eigenständigkeit und Selbstverantwortung möglicherweise zu Nichte macht. Diese Lösung kann nach europäischen Maßstäben kaum als vorbildlich bezeichnet werden.

Ein für japanische Verhältnisse seltenes Telearbeitsprojekt führt IBM durch. In der Zentrale in Tokyo werden den 3.800 IBM Mitarbeitern nur 700 Arbeitsplätze zur Verfügung gestellt. „Wer nicht von zu Hause arbeitet, wo ihm ein Telearbeitsplatz zur Verfügung steht, bekommt vom Computerprogramm einen Arbeitsplatz im Firmengebäude zugeteilt, den er zusammen mit seinem Rollcontainer (rollender Schrank mit persönlichen Arbeitshilfsmitteln und Akten; Anm. d. Verf.) aufsuchen kann. Zu diesem Platz werden für die Dauer des Aufenthalts automatisch der Datennetzanschluß und das Telefon geschaltet.[83]"

---

[79] Vgl. Malden, T. (1995), S. 97.
[80] Vgl. Mokhtarian, P.; Sato, K. (1994), S. 651.
[81] Vgl. Wedde, P. (1994), S. 40.
[82] Vgl. Mokhtarian, P.; Sato, K. (1994), S. 651.
[83] Siehe Wedde, P. (1994), S. 37.

Aufgrund der japanischen Kultur, in der die Firma eines Arbeitnehmers eine Rolle spielt, die bei uns der Bedeutung der Familie gleich kommt, ist die Anwesenheit im Büro für die Japaner von essentieller Bedeutung. Es steht daher zu bezweifeln, daß der Verbreitung von Telearbeit – auch abgesehen von der räumlichen Enge der Privatwohnungen – in näherer Zukunft eine große Bedeutung zukommen wird[84].

Europa

Bereits heute sollen in den Ländern der EU insgesamt 1,25 Millionen Telearbeitsplätze existieren, ermittelte die *empirica* Gesellschaft in Befragungen (vor dem Beitritt von Finnland, Schweden und Österreich zur EU). Nur 150.000 befänden sich davon in Deutschland, Großbritannien sei mit 560.000 Telearbeitern an der europäischen Spitze, gefolgt von Frankreich mit 220.000 Telearbeitsplätzen. Den letzten Rang belegen Spanien und Italien mit jeweils ca. 100.000 Telearbeitern[85].

Großbritannien ist innerhalb Europas das Land mit den meisten Telearbeitsplätzen[86], deren Bedeutung sich auch schon daran zeigt, daß es bereits eine spezielle Zeitschrift „The Teleworker" gibt, die sich mit 20.000 Exemplaren im Markt etabliert hat. Das bekannteste und älteste Telearbeitsprojekt in Großbritannien läuft bei der Firma F. International[87]. Diese 1962 gegründete Beratungs- und Softwareentwicklungsgesellschaft beschäftigt qualifizierte Frauen mit DV-Ausbildung, denen aufgrund familiärer Verpflichtungen eine Bürotätigkeit nicht möglich ist. Die Mitarbeiterinnen arbeiten zu ca. 60% beim Kunden und den Rest der Zeit zu Hause.

Es gibt eine Reihe weiterer Telearbeitsbeispiele von Unternehmen in Großbritannien[88]. Besonders hervorzuheben wäre dabei der Typ von Telearbeit, der auf die Erschließung des ländlichen Raums und die Regionalentwicklung abzielt. Ein Beispiel hierfür ist die Highland Initiative. Hierbei handelt es sich um ein Joint-Venture zwischen privatem und öffentlichem Sektor[89]. Das Ziel der 1990 gestarteten Initiative war die Schaffung

---

[84] Vgl. Mokhtarian, P.; Sato, K. (1994), S. 652.
[85] Vgl. Kordey, N.; Korte, W. (1995), S. 74.
[86] Vgl. Huws, U. (1994), S. 51-59.
[87] Vgl. Huws, U. (1984), S. 52; o.V. (1994b), S. 33.
[88] Vgl. Felstead, A.; Jewson, N. (1995), S. 95-99.
[89] Vgl. Commission of the European Community (Hrsg.) (1992).

von Telearbeitsplätzen in den weitläufigen Highlands von Schottland[90]. Die Firma Crossaig bildete den Kern der Initiative, indem sie 28 Telearbeitsplätze im Verlagswesen stellte. Die Erfahrungen des Projektes haben gezeigt, daß sich im Verlagswesen dezentrale Arbeitsplätze insbesondere für die Mitarbeiter eignen, die die Katalogisierung von Artikeln für Datenbanken vornehmen. In bezug auf diese Tätigkeiten war das Projekt sehr erfolgreich und zu den anfänglichen Telearbeitsplätzen sind weitere hinzugekommen. Alle anderen Telearbeitsplätze sind nach Ablauf des Projektes nicht weitergeführt worden, da der zusätzliche Nutzen durch den Verwaltungsaufwand und die Kosten der Informations- und Kommunikationstechnologie kompensiert wurde.

Ein aktuelles Beispiel für innovative Konzepte dezentraler Arbeitsorganisation in Großbritannien stellt das Telearbeitsplatzprojekt der British Telecom dar[91]. Nachdem ein Telearbeits-Pilotprojekt mit zehn Mitarbeitern der Telefonauskunft erfolgreich verlaufen ist, bietet die British Telecom nun insgesamt 1.000 Mitarbeitern die Telearbeit in diesem Bereich an.

Die Erfolgsaussichten für Telearbeitsprojekte werden auch in **Frankreich** sehr positiv bewertet. Dort sind sie mit Ausnahme von Telearbeitsplätzen von Softwarehäusern oder dem Versandhandel weitgehend geprägt durch vielfältige Aktivitäten des Staates sowie regionaler Ministerien und der französischen Telefongesellschaft. Man fördert überwiegend Telecenter, so auch in dem Projekt in Marne-la-Vallée, in dem über 100 Arbeitsplätze für zehn verschiedene Unternehmen eingerichtet wurden. Allerdings konnte, trotz positiver Erfahrungen in der Einführungsphase, das Projekt wegen organisatorischer Probleme der beteiligten Unternehmen langfristig nicht fortgesetzt werden[92]. Das öffentlich geförderte Telearbeitsprojekt in Lot-et-Garonne, das ebenfalls in Form eines Telezentrums durchgeführt wird, ist hingegen von Erfolg gekrönt. Das Telezentrum bietet Kleinunternehmen und Handwerksbetrieben für 2000 FF im Monat Büroräume mit ISDN-Anschluß und Sekretariatsservice[93]. France Télécom und die Raumordnungsbehörde DATAR unterstützen insgesamt 26 Telezentren in Frankreich.

---

[90] Vgl. Stürze, M. (1997).
[91] Vgl. Williams, J. (1992).
[92] Vgl. Wedde, P. (1994), S. 29.
[93] Vgl. Langlet, R. (1993).

Die Tatsache, daß in Frankreich ca. 80% der Bevölkerung auf nur ca. 20% der Fläche des Landes konzentriert sind und Lohnunterschiede bis zu 20% herrschen, macht die intensiven Förderungsprojekte im Hinblick auf die Kosteneinsparungspotentiale verständlich. In den nächsten fünf Jahren sollen weitere 40 Telezentren zur Entlastung des Ballungsraums Paris eingerichtet werden.

Auch in **Skandinavien** ist Telearbeit besonders in Form von Telezentren bzw. Nachbarschaftsbüros stark ausgeprägt. Ähnlich wie in Frankreich initiierten oft staatliche und regionale Institutionen und Behörden der Wirtschaftsförderung die Telearbeitsprojekte zur Strukturförderung in den weiten ländlichen Gebieten. Am bekanntesten ist das Beispiel des Nachbarschaftsbüros in Nykvarn[94]. Diese typische „Schlafstadt" liegt ca. 50 km von Stockholm entfernt und beherbergt rund 6.000 Einwohner. 1982 wurde hier ein Nachbarschaftsbüro im Rahmen des Forschungsprojektes „Neighbourhood 90" gestartet, das mit finanzieller Unterstützung privater Sponsoren und öffentlicher Institutionen insgesamt elf Arbeitsplätze auswies. Ähnliche Projekte gibt es auch in Dänemark und Norwegen, was dazu führte, daß sich 1986 der Interessenverband zur Förderung der Zusammenarbeit zwischen den Projekten in den skandinavischen Ländern und des Aufbaus weiterer Nachbarschaftszentren gebildet hat[95].

Der Hörgeräte-Hersteller Oticon aus Dänemark wurde durch radikale Umstellung auf eine flexible Arbeitsorganisation wieder konkurrenzfähig. Heute haben alle 160 Mitarbeiter vom jüngsten Lehrling bis zum Chef ein Notebook, ein Handy und einen Rollcontainer mit den persönlichen Schreibtischunterlagen, sie haben aber keinen festen Arbeitsplatz mehr. Durch die Abschaffung sämtlicher Hierarchien gestaltete sich das Arbeiten bei Oticon flexibler. Es entstanden sich selbst organisierende Gruppen und Telearbeit. Ein Innovationsschub war die Folge, der die Zeitspanne von der Innovation bis zur Markteinführung halbieren konnte. Die Belegschaft stieg bei verdoppelter Produktivität seit 1991 von gut 1000 auf 1450 an[96].

Ein Beispiel für Telearbeit in Schweden bietet das Unternehmen Canon. Mit der neuen Form der Arbeitsorganisation konnten 45% Raumkosten eingespart werden. Die

---

[94] Vgl. Godehardt, B. (1994), S. 35.
[95] Vgl. Jaeger, C.; Bieri, L. (1989).

Zeitersparnis liegt zwischen 15% und 47%, da Techniker und Kundendienstmitarbeiter nur noch selten in die Zentrale zu kommen brauchen und auch andere Mitarbeiter einen Teil ihrer Arbeit von zu Hause aus erledigen können. Hinzu kommt die gestiegene Motivation und Produktivität der Mitarbeiter, die die höheren Kosten für Telekommunikation, Hardware und Schulungen bei weitem ausgleichen[97].

Einen Spezialpreis überreichte König Carl Gustav von Schweden der dortigen Siemens-Nixdorf-Tochtergesellschaft für ihr Telearbeitskonzept „Flexlive". Im Rahmen eines EU-Wettbewerbs waren Städte eingeladen worden, innovative Projekte vorzuweisen, bei denen die neuen Informationstechnologien bereits belegbaren Verbrauchernutzen stiften. Etwa 200 Angestellte - das sind rund 80% der Belegschaft von Siemens-Nixdorf Schweden- arbeiten auf freiwilliger Basis durchschnittlich zwei bis drei Tage pro Woche von zu Hause oder vom Kunden aus. In der Zentrale gibt es keinen persönlichen Schreibtisch mehr. Das Konzept „Flexlive" hat sich im Laufe der Zeit zu einer marktreifen Lösung entwickelt und soll in dem vom Siemens-Nixdorf neu zu gründenden Kompetenzzentrum für Telearbeit international vermarktet werden[98].

In **Österreich** wurde im Mai 1997 das erste Mal Telearbeit in einem Kollektivvertrag fixiert. Für etwa 6000 Beschäftigte der Erdölindustrie regelt der Vertrag unter anderem, daß der Arbeitgeber die Arbeitsmittel zur Verfügung stellen muß und die Telearbeiter wie ihre Kollegen in den Betriebsstätten haftpflichtversichert sind. Weiter sind genaue Bestimmungen über die Arbeitszeit an außerbetrieblichen Arbeitsstellen und die Bezahlung der Telearbeiter geregelt[99].

Bisher gab es über Telearbeit nur eine Betriebsvereinbarung bei IBM Österreich für 50 alternierende Telearbeiter, deren Zahl bis 1998 auf 350 steigen soll[100]. Die Telearbeiter sind für 15 Stunden der betriebsbestimmten wöchentlichen Zeit im Unternehmen und für 15 weitere Stunden zu Hause erreichbar. Diese Zeiten sind in einem elektronischen

---

[96] Vgl. Brockmann, M. (1997).
[97] Vgl. Königes, H. (1997).
[98] Vgl. o.V. (1997b); Stürze, M. (1997a).
[99] Vgl. o.V. (1997c).
[100] Vgl. o.V. (1997c); Gerhäuser, H.; Kreilkamp, P. (1995).

Kalender erfaßt und jederzeit einsehbar. Weitere 8,5 Stunden pro Woche sind frei einzuteilen[101].

Die Erfahrungen mit Telearbeit in der **Schweiz** beziehen sich hauptsächlich - sicherlich auch durch die teilweise regionale Struktur des Landes - auf Satelliten- und Nachbarschaftsbüros[102]. Es gibt aber auch andere Formen der Telearbeit. So können über 150 Servicetechniker und Verkaufsmitarbeiter der Firma Digital Equipment Corporation AG (DEC) seit 1996 mit Hilfe von mobilen PCs und Handys sowohl beim Kunden als auch von zu Hause aus arbeiten[103]. Heute teilen sich durchschnittlich drei bis vier Mitarbeiter einen Schreibtisch und sparen so erhebliche Raumkosten ein. Dies belegt eine interne Digital Studie, nach der bei herkömmlicher Organisation eine Arbeitsplatzbesetzung von nur 35% durchschnittlich erreicht wurde. Das heißt konkret, daß zu jeder Zeit nur ein Drittel der Arbeitsplätze belegt war; die restliche Zeit verbrachten die Mitarbeiter in Meetings, waren bei Kunden, in den Ferien, krank oder unterwegs[104]. Die Investitionen für die neue Form der Arbeitsorganisation beliefen sich auf rund zwei Milliarden Schweizer Franken, sie sollen sich auf Grund der erzielten Einsparungen an Platz- und Unterhaltskosten jedoch schon in weniger als drei Jahren amortisiert haben[105].

In den **Niederlanden** wurden besonders die Telearbeitsprojekte der IBM und des niederländischen Verkehrsministeriums bekannt[106]. Bei diesen Projekten wurde die alternierende Form der Telearbeit realisiert. Rund 10% der 5.000 Mitarbeiter können bei der IBM hauptsächlich im Vertrieb als (mobile) Telearbeiter tätig sein. Das Verkehrsministerium hatte Mitte 1991 insgesamt 200 Telearbeitsplätze eingerichtet und finanziert. Einzige Bedingung war, daß die Telearbeiter an mindestens zwei Tagen in der Woche im Büro arbeiten, damit der Kontakt zu den Kollegen nicht verloren geht.

---

[101] Vgl. o.V. (1997d).
[102] Vgl. Godehardt, B. (1994), S. 36f.
[103] Vgl. o.V. (1997e).
[104] Vgl. Vogt, G. (1997).
[105] Vgl. o.V. (1997f).
[106] Vgl. Hetzel, H. (1991), S. 3.

Zur Förderung **grenzüberschreitender Telearbeitsanwendungen** hat die Kommission der Europäischen Union Mitte 1993 eine Ausschreibung zur „Förderung der Stimulierung fortschrittlicher Telekommunikationsentwicklungen" durchgeführt[107]. Gefördert werden soll die grenzüberschreitende Telearbeitsanwendung sowie Studien zur Beurteilung der daraus folgenden sozialen, umweltbezogenen und ökonomischen Auswirkung der Telearbeit. Unter 122 Angeboten sind insgesamt 28 Projekte und begleitende Maßnahmen zum Thema „transborder telework" ausgewählt und Anfang 1994 gestartet worden.

Deutschland

Eine im September 1997 vorgelegte Studie des Fraunhofer-Instituts für Arbeitswirtschaft und Organisation (IAO)[108], die im Auftrag des Bundesarbeitsministeriums angefertigt wurde, setzt der bisherigen Schätzung von etwa 150.000 Telearbeitsplätzen[109] in Deutschland wesentlich positivere Zahlen entgegen. Bei der Befragung von Managern und Betriebsräten aus 3.500 Unternehmen kam heraus, daß es zur Zeit 500.000 mobile Telearbeiter und rund 350.000 alternierende Telearbeiter in Deutschland gibt. Darüber hinaus arbeiten 22.000 Telearbeiter ausschließlich von zu Hause aus und 3.500 Personen in Satelliten- und Nachbarschaftsbüros[110].

Bis zur Jahrtausendwende schätzt die Gesellschaft für Kommunikations- und Technologieforschung mbH *empirica* das „realistische Potential" in Deutschland auf eine Anzahl von 2,5 Millionen Menschen, die ihrer Arbeit voll- oder teilweise von zu Hause oder unterwegs aus nachgehen. Das Institut der deutschen Wirtschaft rechnet sogar mit knapp drei Millionen Menschen[111]. Andere Schätzungen belaufen sich auf realistischere 800.000 bis eine Million Telearbeitsplätze bis zum Jahr 2000[112].

Es gibt in Deutschland viele Unternehmen, die bereits Telearbeitsplätze eingerichtet haben und ihre Erfahrungen mit dieser flexiblen Form der Arbeitsorganisation

---

[107] Vgl. Godehardt, B. (1994), S. 38.
[108] Vgl. o.V. (1997g).
[109] Vgl. Kordey, N.; Korte, W. (1995), S. 74.
[110] Vgl. Königes, H. (1997a).
[111] Vgl. o.V. (1995), S. 24.
[112] Vgl. Post, H. (1997), S. 13; vgl. o.V. (1997), S.17.

machen[113]. Genannt seien hier als Beispiele die nach der Anzahl der Telearbeitsplätze größten Unternehmen:

- **LVM Versicherungen Münster,**
- **Deutsche Telekom AG,**
- **BMW AG und**
- **IBM Deutschland GmbH.**

Die **LVM Versicherung** wird als Fallbeispiel in dieser Arbeit ausführlich empirisch untersucht. Die Telearbeitsprojekte der Unternehmen Deutsche Telekom AG, BMW AG und IBM Deutschland GmbH werden im Anhang detailliert dargestellt.

Die **politischen Gegebenheiten** in Deutschland sind im Hinblick auf die weitere Verbreitung und Förderung von Telearbeit positiv, dem zentralen Problem der Führung wird hingegen bisher wenig oder keine Bedeutung beigemessen. Die Bundesregierung hat den Wandel zur Informationsgesellschaft erkannt und in ihrem Bericht „Info 2000 - Deutschlands Weg in die Informationsgesellschaft" bereits einen Aktionsplan vorgelegt, der Maßnahmen auf den verschiedensten Handlungsfeldern - auch auf dem Gebiet der Telearbeit - vorsieht[114]. Außerdem ist im Bundestag eine Enquête-Kommission zum Thema „Zukunft der Medien in Wirtschaft und Gesellschaft" eingerichtet worden, die sich ebenfalls u.a. mit dem Thema Telearbeit beschäftigt. Im Zeitraum von 1996 - 1998 läuft unter Schirmherrschaft des Bundeswirtschaftsministeriums ein Projekt zur Schaffung von Telearbeitsplätzen in Schleswig-Holstein. Ziel des Projektes ist es,

- „Telearbeitsplätze in Schleswig-Holstein zu schaffen und dabei volkswirtschaftliche, betriebswirtschaftliche und gesamtgesellschaftliche Konsequenzen zu beurteilen,
- Chancen und Risiken bei der Einführung von Telearbeitsplätzen aufzuzeigen,
- technische, organisatorische und finanzielle Anforderungen zu spezifizieren sowie

---

[113] Vgl. Weißkopf, K.; Korte, W.; Nikutta, R. (1996), S. 22-25; Roßbach, P.; Lerch, C.; Styppa, R. (1996), S. 310-312; Petrik, C. (1996), S.12; Fili, W. (1995); Böndel, B.; Peters, R. (1995); o.V. (1994); Büssing, A.; Aumann, S. (1997).
[114] Vgl. Bundesministerium für Wirtschaft, Referat Öffentlichkeitsarbeit (Hrsg.) (1996).

- durch die praktische Erprobung dieser Arbeitsform Erkenntnisse zu gewinnen, die als Grundlage für die weitere Entwicklung dieses Bereichs dienen können[115]".

An dem Projekt beteiligen sich derzeit 17 Unternehmen, darunter die Deutsche Telekom AG, das Dänische Bettenlager aber auch ein Krankenhaus, ein Maschinenbauunternehmen und eine Bildungseinrichtung[116]. Das Projekt wird von der Technologie-Transfer-Zentrale Schleswig-Holstein durchgeführt und von Vertretern des Unternehmerverbandes, des DGB, des Frauen- und des Sozialministeriums sowie der Deutschen Telekom AG begleitet[117]. Verlaufen die Projekte weiter planmäßig, so entstehen bis Mitte 1998 90 Telearbeitsplätze mit einem Frauenanteil von etwa 60 %[118].

Um das Interesse an Telearbeit weiter zu stärken, hat das Bundesforschungsministerium (BMBF) gemeinsam mit der Deutschen Telekom AG im Frühjahr 1997 das Förderprogramm „Telearbeit im Mittelstand" ins Leben gerufen[119]. Es hat zum Ziel, in rund 500 kleinen und mittelständischen Unternehmen eine Vielzahl von Telearbeitsplätzen einzurichten. Das Forschungsministerium und die Telekom stellen je zehn Millionen DM bereit, weitere 20 Millionen DM sollen aus mittelständischen Unternehmen mobilisiert werden. Damit sollen rund 2500 Telearbeitsplätze geschaffen werden. Mit dieser Maßnahme wollen das BMBF und die Deutsche Telekom AG die Erprobung und Verbreitung der Telearbeit vor allem in mittelständischen Unternehmen anstoßen und beschleunigen, um die erforderliche Anpassung an die härtere internationale Wettbewerbssituation zu begleiten. Die Ergebnisse sollen durch eine vorgesehene Begleitforschung allen mittelständischen Unternehmen zur Verfügung gestellt werden.

Insgesamt haben sich fast 1.300 Unternehmen um Fördergelder aus diesem Programm beworben. Über 70% der Ideenskizzen sind von kleinen Firmen mit weniger als 20 Arbeitsplätzen eingereicht worden. Die meisten Firmen wollen drei bis fünf Tele-

---

[115] Siehe unveröffentlichte Unterlagen der Technologie-Transfer-Zentrale Schleswig-Holstein GmbH vom Februar 1996 zum Projekt „Telearbeit in Schleswig-Holstein", S.2.
[116] Vgl. Keil, M. (1997).
[117] Vgl. Unveröffentlichte Unterlagen der Technologie-Transfer-Zentrale Schleswig-Holstein GmbH vom Februar 1996 zum Projekt „Telearbeit in Schleswig-Holstein".
[118] Vgl. Keil, M. (1997).
[119] Vgl. o.V. (1997), S. 17.

arbeitsplätze einrichten[120]. Zu den häufigsten Antragstellern gehörten Ingenieurbüros, Werbe- und Nachrichtenagenturen, Handelsbetriebe, Softwareunternehmen, Unternehmensberatungen sowie Firmen im Kultur- und Bildungsbereich. Drei Viertel der Unternehmen hatten bislang keine Erfahrung mit Telearbeit. Die Auswahl der 500 als förderungswürdig anerkannten Unternehmen richtet sich nach der Zahl der neu geschaffenen Telearbeitsplätze, der Mitarbeiterzahl insgesamt, einer möglichst breiten Branchenverteilung sowie der Originalität des Projekts[121].

Die Maßnahme ist Teil der „Initiative Telearbeit" der Bundesregierung[122], bei der unter anderem eine Informations- und Motivationskampagne initiiert, Rechtsunsicherheiten beseitigt, benutzer- und anwendungsfreundliche Tarife geschaffen sowie steuerliche Rahmenbedingungen verbessert werden sollen. Sie ergänzt die bereits begonnenen Modellversuche zur Telearbeit im BMBF und anderen Teilen der öffentlichen Verwaltung. Auch ist sie eingebettet in die Strategie der Europäischen Kommission, kleine und mittlere Unternehmen zum Umgang mit den neuen Informations- und Kommunikationstechniken zu befähigen[123].

In Nordrhein-Westfalen (NRW) hat das Wirtschaftsministerium im Rahmen der Initiative „Infocity NRW" zusammen mit der TA Telearbeit GmbH bereits 1995 das Projekt „Telearbeit in NRW - Das virtuelle Büro" gestartet. Dabei sollen bis zu 1000 Telearbeitsplätze in Nordrhein-Westfalen entstehen. Anfang 1997 waren bereits 480 Telearbeitsplätze in rund 20 Unternehmen eingerichtet[124].

Das Ministerium für Arbeit, Gesundheit und Soziales NRW hat 1996 seinerseits ebenfalls die TA Telearbeit GmbH mit einer Studie zur Akzeptanz sowie zum Bedarf und zur Nachfrage nach Telearbeit, Telekooperation und Teleteaching in NRW

---

[120] Vgl. o.V. (1997i).
[121] Vgl. Stürze, M. (1997b).
[122] Vgl. Rexrodt, G. (1997), S. 10.
[123] Vgl. Bundesministerium für Bildung, Wissenschaft, Forschung und Technologie; Deutsche Telekom AG (Hrsg.) (1997), S. 3-5.
[124] Vgl. Borstel, S. von (1997), S. 26; o.V. (1997j); Klinge, C. (1996), S. 35.

beauftragt. Der empirische Teil der Studie besteht aus einer Befragung von 272 Unternehmen aus NRW, von denen 22,1% Telearbeit bereits realisieren[125].

Eine weitere Studie wurde 1996/97 vom Telehaus Wetter im Auftrag der Europäischen Union durchgeführt. Das Telehaus, das auf drei Standorte verteilt ist und etwa 17 Mitarbeiterinnen Arbeit verschafft, bietet seit drei Jahren Dienstleistungen rund ums Büro, Marketing sowie Public Relations an[126]. Die Studie mit dem Namen „TAF - Telearbeit in der Familienphase" untersucht die Vereinbarkeit von Beruf und Familie für Frauen und Männer im Rahmen von innovativen Informations- und Kommunikationstechnologien[127].

Als ein deutliches Zeichen des zunehmenden Interesses an Telearbeit in Deutschland kann neben der steigenden Zahl von Veranstaltungen und Workshops zum Thema Telearbeit auch das Erscheinen der ersten deutschen Telearbeits-Zeitschrift gewertet werden. Seit April 1997 erscheint „TeleWorx - Das Magazin für Telearbeit und Telelearning" sechsmal im Jahr im IWT-Verlag in Vaterstetten. Die Zeitschrift beleuchtet alle Aspekte rund um das Thema Telearbeit: rechtliche Voraussetzungen, personalpolitische Konsequenzen und betriebswirtschaftliche Rahmenbedingungen. Außerdem soll TeleWorx die Wahl der Hard- und Software erleichtern. Die Auflage liegt zur Zeit bei 70.000 bis 100.000 Exemplaren[128].

1.3. Zusammenfassung

Die Entwicklung der Telearbeit läßt sich historisch in zwei Abschnitte gliedern: einen ersten in den 80er Jahren, in dem die technischen Voraussetzungen für diese Art der Arbeit noch höchst unzureichend und teuer waren und deshalb ihrer großflächigen Ausbreitung entgegenstanden, und einen zweiten in den 90er Jahren, in dem sowohl die Technik als auch komplexe Anwendungszusammenhänge keinen Hinderungsgrund mehr darstellen, um die bestehenden Möglichkeiten optimal zu nutzen. Telearbeit hat sich seit Mitte der 90er Jahre in vielen Bereichen bereits etabliert.

---

[125] Vgl. TA Telearbeit GmbH (Hrsg.) (1996), S. 6f.
[126] Vgl. Post, H.-J. (1997).
[127] Vortrag von Dr. I. Troltenier (Telehaus Wetter), Online Cooperation Berlin - International Conference on Teleworking, Berlin 23.-24.6.1997.
[128] Vgl. Pauke, M. (1997).

In den letzten zehn Jahren hat das internationale Interesse an Telearbeit stetig zugenommen. Fest steht, daß es sich bei Telearbeit um keine Modeerscheinung handelt, die in wenigen Jahren in Vergessenheit geraten wird. Das zeigt sich insbesondere auch daran, daß sich die Unternehmen ebenso wie die Politik und die Wissenschaft mit dem Thema auseinandersetzen, Erfahrungen sammeln und Projekte starten. In vielen Unternehmen sind diese Projekte bereits Alltagsgeschäft geworden - Telearbeit wird nicht mehr in Frage gestellt, sondern als Wettbewerbsfaktor verstanden und weiter ausgebaut. In diesem Zusammenhang bedarf es der neuen Strukturierung der Führungsanforderungen bei Telearbeit.

Die aktuellen Telearbeitsprojekte der Unternehmen lassen sich in zwei Gruppen aufteilen: Zum einen sind viele Unternehmen angetrieben von der Bestrebung, den Einstieg in die Telearbeit nicht zu verpassen. Sie machen eher vorsichtige Pilotversuche mit wenigen Arbeitnehmern und lassen das Projekt tendenziell langsam angehen. Zu diesen Unternehmen gehören insbesondere die klein- und mittelständischen Unternehmen, die aufgrund der Größe ihrer Gesamtbelegschaft und ihrer finanziellen Ressourcen nur wenige Telearbeitsplätze einrichten können. Auf der anderen Seite stehen die großen Unternehmen, für die Telearbeit dann interessant wird, wenn sich Büroraumkosten in größerem Umfang einsparen lassen. Diese Unternehmen haben einhundert bis mehrere Tausend (mobile) Telearbeiter, und unter dem starken Einfluß der Arbeitnehmervertretungen kommen diese Projekte überhaupt nur zustande, wenn in Betriebsvereinbarungen die Details der Umsetzung festgeschrieben werden. Diese Regelungen sind größtenteils starr und widersprechen oft der geforderten Flexibilität der Telearbeit.

Die Telearbeit läßt sich zusätzlich in qualitativer Hinsicht strukturieren. In der praktischen Anwendung ist zunächst zwischen Telearbeit im Angestelltenverhältnis und in der beruflichen Selbständigkeit zu unterscheiden. Auf das dabei anzutreffende Phänomen der Scheinselbständigkeit wird im nächsten Abschnitt eingegangen. Aufgrund der Führungsthematik dieser Arbeit wird die selbständige Telearbeit im folgenden nicht weiter berücksichtigt.

Die Telearbeit im Angestelltenverhältnis deckt in qualitativer Hinsicht das gesamte Spektrum betrieblicher Funktionen ab. Es werden einfache Unterstützungs- und Schreibtätigkeiten ebenso dezentralisiert wie Sachbearbeitertätigkeiten und komplexe, anspruchsvolle Arbeitsgänge von Experten und Fachleuten (vgl. Teil V. Abschnitt 1.1. „Auswahl des Arbeitsplatzes und Vorbereitung des potentiellen Telearbeiters"). Die qualitative Komponente unterscheidet auch die Telearbeitsprojekte der Praxis (vgl. Anhang). So praktiziert zum Beispiel die BMW AG die Telearbeit hauptsächlich in der Forschung und Entwicklung und damit im Bereich der hochqualifizierten Aufgaben. Die IBM Deutschland GmbH bezeichnet vorrangig Außendienstmitarbeiter als (mobile) Telearbeiter; die alternierenden Telearbeiter sind größtenteils Experten der Softwareentwicklung. Der Landwirtschaftliche Versicherungsverein Münster (LVM) hingegen praktiziert Telearbeit hauptsächlich im Bereich der Sachbearbeitung (vgl. Teil VI. Abschnitt 1.1. „Untersuchungsziel, -art und -objekt").

Aufgrund der eher geringeren Relevanz der Führung bei hochqualifizierten Telearbeitern, ist die Realisierung solcher Projekte wesentlich einfacher. Die in Deutschland in dieser Form einmalige Umsetzung von Telearbeit im Bereich der Sachbearbeitung führte zur Auswahl des LVM als Untersuchungsobjekt dieser Arbeit (vgl. Teil VI „Empirische Untersuchung: Telearbeit bei der LVM Versicherung in Münster").

Der Überblick über die Entwicklung der Telearbeit macht weiterhin deutlich, daß die alternierende Form die größte Zukunft hat. Im folgenden soll nun die Bedeutung der Telearbeit herausgestellt werden. Damit wird gleichsam auch der Einfluß der Telearbeit auf die unterschiedlichsten Bereiche unserer Gesellschaft und der sich ihr stellenden Herausforderungen deutlich.

2. Bedeutung der Telearbeit

2.1. Zukünftige Entwicklung

Telearbeit wird zu einem immer wichtigeren Wettbewerbsfaktor. Zu diesem Ergebnis kommt eine Studie von Roland Berger & Partner, die 1995 rund 250 meist größere Unternehmen unterschiedlicher Branchen zu praxisrelevanten Fragen der Telearbeit befragt hat[129]. Welche Bedeutung Telearbeit als Wettbewerbsfaktor dabei zukommt, zeigt die folgende Abbildung:

**Abbildung 3:
Einschätzung der Telearbeit als Wettbewerbsfaktor[130]**

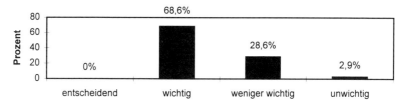

Trotzdem ist die Telearbeit in Deutschland im Vergleich zum Ausland bisher nur relativ gering verbreitet. So sind nur 4,8% aller bundesdeutschen Arbeitsplätze Telearbeitsplätze, während der Anteil in den USA 14%, in Großbritannien 7,4% und in Frankreich 7,0% beträgt[131]. Dieser Rückstand ist wenig verständlich. Deutschland ist technisch ein Zukunftsland: Es hat das engmaschigste Glasfaserkabel- und das größte digitale Mobilfunknetz der Welt, Zugriff auf modernste Satelliten und Internet-Server[132]. Dank ISDN[133] ist Deutschlands Infobahn laut Telekom die bestausgebaute der Welt[134]. Allein aufgrund dieser Situation in Deutschland ist davon auszugehen, daß die Bedeutung von Telearbeit in den nächsten Jahren stark zunehmen kann[135].

Telearbeit stellt einen der wichtigsten Anwendungsbereiche der modernen Informations- und Kommunikationstechnik dar. Die **Kommunikation** wird für die wirtschaftliche und gesellschaftliche Entwicklung moderner Volkswirtschaften immer wichtiger. Telekommunikation, also die Verarbeitung und Verteilung von **Informationen** mit

---

[129] Vgl. Roland Berger & Partner (Hrsg.) (1995), S. 3.
[130] Vgl. Roland Berger & Partner (Hrsg.) (1995), S. 11.
[131] Vgl. Bundesministerium für Bildung, Wissenschaft, Forschung und Technologie; Deutsche Telekom AG (Hrsg.) (1997), S. 5.
[132] Vgl. Becker, C. (1997), S. 25.
[133] Im ISDN (Integrated Services Digital Network) können über eine Rufnummer alle Kommunikationsformen gleichzeitig oder alternativ genutzt werden. Konkret kann ISDN für die Sprach-, Text-, Daten- und Bildkommunikation genutzt werden und ermöglicht außerdem die Vernetzung von Arbeitsplatzrechnern. Das ISDN erfüllt damit die Forderung nach der idealen kommunikationstechnischen Ausstattung für Telearbeit.
[134] Vgl. Becker, C. (1997), S. 25.
[135] Vgl. Heller, M. (1996), S. 23.

Hilfe elektronischer Medien, wird als Individual- und Massenkommunikation in unserer Informationsgesellschaft den entscheidenden Wirtschaftsfaktor der Zukunft bilden[136]. Zunehmend wird der klassische Produktwettbewerb durch einen Kommunikationswettbewerb ersetzt oder zumindest ergänzt. Die Konsequenz: Kommunikation wird zu einem immer wichtigeren strategischen Erfolgsfaktor. Während andere Elektronikbereiche wie beispielsweise die Unterhaltungselektronik vor gesättigten Märkten stehen, in denen durchschlagende Innovationen nicht absehbar sind, hat der Austausch von Informationen heute bereits eine solche Bedeutung erlangt, daß dieser vielfach mit den drei klassischen Produktionsfaktoren Arbeit, Kapital und Boden gleichgesetzt wird. Angesichts des zunehmenden Gewichtes des kommunikationsintensiven Dienstleistungssektors wird die qualitative und quantitative Ausstattung der Kommunikationswege eines Landes mehr und mehr zum Maßstab für dessen technologischen Entwicklungsstand[137]. Die Wachstumsraten der Telekommunikationsbranche werden damit deutlich über denen anderer Branchen liegen, wie dies Abbildung 4 illustriert. Plakativ wird vielfach von einer „dritten technologischen Revolution" (nach der Industriellen- und der Dienstleistungsrevolution) oder auch vom „Informationszeitalter" gesprochen.

Abbildung 4:
Die zunehmende Bedeutung des Informationsbereiches [138]

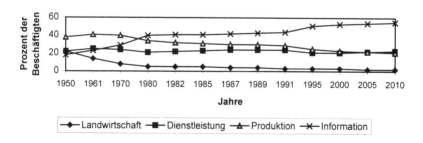

Auf individueller und gesellschaftlicher Ebene hat sich ein **Wertewandel** vollzogen, der die Voraussetzung für die Zukunft der Telearbeit schafft. Selbstentfaltung und

---

[136] Vgl. Königes, H.; Renkes, V. (1996).
[137] Vgl. o.V. (1997k).
[138] Vgl. Wilhelm, G. (1997), S. 11.

Freizeit gewinnen gegenüber Werten wie Leistung und Unterordnung stetig an Bedeutung[139]. Maslow beschreibt in seiner Bedürfnispyramide die verschiedenen Hierarchiestufen der Bedürfnisse[140], wobei die nächste Stufe erst erreicht werden kann, wenn die vorherige befriedigt ist (vgl. Teil III Abschnitt 2.2.2. „Inhaltstheorien"). Große Teile der Gesellschaft haben heute die physischen Bedürfnisse wie Sicherung der Ernährung und der Wohnung und das Bedürfnis nach Sicherheit befriedigt und streben ebenfalls nicht mehr vorrangig nach sozialer Anerkennung. Sie wollen sich vielmehr selbst verwirklichen. Dafür scheint ihnen die Freizeit oft geeigneter als die Arbeit im Büro. Die Menschen streben deshalb nach mehr Freiheit und Flexibilität im Beruf. Dem entgegen stehen teilweise feste, teilweise gleitende Arbeitszeiten der Unternehmen, die von Arbeitnehmern als einengend empfunden werden. Die Telearbeit kommt hier den präferierten Werten der berufstätigen Menschen entgegen und ermöglicht eine Neuorientierung zwischen Privatleben und Beruf. Die Arbeitszufriedenheit wird steigen und sich auch in der Produktivität positiv niederschlagen[141].

2.2 Bewertung

Die Bewertung der Telearbeit erfolgt aus Sicht der Unternehmen, der Telearbeiter und der Gesamtgesellschaft.

Unternehmenssicht

Aus betriebswirtschaftlicher Sicht[142] birgt die Telearbeit zunächst ein Kostensenkungspotential durch Einsparungsmöglichkeiten in den beiden Hauptkostenblöcken der Miet- und Raumkosten sowie der Personalkosten. Noch wichtiger als diese quantitativen Vorteile können jedoch die qualitativen Potentiale der Telearbeit aus Unternehmenssicht sein. So kann eine signifikante Steigerung der Produktivität, Flexibilität und Arbeitsqualität nicht nur die Ertragssituation eines Unternehmens verbessern, sondern sich direkt auf die Wettbewerbsfähigkeit auswirken. Damit kann die erfolgreiche Umsetzung von Telearbeit ein strategischer Erfolgsfaktor sein, der in Zukunft das Wachstum und den Erfolg von Unternehmen entscheidend mitbestimmt. Um so

---

[139] Vgl. Rosenstiel, L. von (1987), S. 47.
[140] Vgl. Maslow, A. (1954).
[141] Vgl. Heller, M. (1996), S. 27ff.
[142] Vgl. Imeyer, A. (1996), S. 31-54.

wichtiger ist es für die Unternehmen, die Hemmnisse, die für die erfolgreiche Implementierung der neuen Form der Arbeitsorganisation bestehen, so schnell wie möglich zu beseitigen. Von besonderer Bedeutung ist hierbei der Widerstand des mittleren Managements. Das Aufzeigen von Möglichkeiten der Schaffung und Anwendung neuer Führungs-, Kontroll- und Motivationsinstrumente für Telearbeitsvorgesetzte ist Thema dieser Arbeit (vgl. Teil VII „Perspektiven und Lösungsansätze für die Führungspraxis").

Sicht der Telearbeiter

Aus Sicht der Telearbeiter muß nach den unterschiedlichen Dezentralisierungsformen der Arbeitsplätze differenziert werden. Die isolierte Telearbeit weist nur im Einzelfall mehr Vor- als Nachteile für die Arbeitskraft auf. Die soziale Isolation am Heimarbeitsplatz, die auch eine Abschottung von der internen Kommunikation im Unternehmen bedeutet, und die wahrscheinlichen negativen Auswirkungen in bezug auf die Karrierechancen können durch den Zeitgewinn und die eingesparten Kosten der wegfallenden Pendelfahrten sowie die Präsenz zu Hause nicht kompensiert werden. Eine aus sozialer Sicht vorteilhaftere Variante ist die alternierende Telearbeit. Sie verbindet die Vorteile der Flexibilität des Arbeitsortes, die in den meisten Fällen familienorientiert sind, mit der nach wie vor bestehenden Integration in die Organisation des Unternehmens. Der Gewinn an Lebensqualität äußert sich in der Arbeitszufriedenheit und Motivation des Telearbeiters und schlägt sich in seiner Produktivität nieder. Die Organisationsformen der Satelliten- und Nachbarschaftsbüros sind aus Sicht des Telearbeiters meistens positiver zu beurteilen als die isolierte Telearbeit. Durch die Integration in ein Team von Kollegen im Falle der Satellitenbüros bzw. in eine Gruppe von Mitarbeitern unterschiedlicher Unternehmen im Falle der Nachbarschaftsbüros wird die soziale Isolation des Telearbeiters verhindert. Allerdings entfällt die Flexibilität des Arbeitsortes insofern, als der Telearbeiter zwar in der Nähe seines Wohnortes, aber nicht mehr zu Hause arbeitet und somit die von vielen Telearbeitern hervorgehobenen Vorteile der Präsenz in der Familie entfallen.

Ein anderer Entwicklungsprozeß unserer Gesellschaft betrifft die Gleichberechtigung der Frau im Beruf. Der Wunsch vieler Frauen nach Berufstätigkeit und Karriere läßt sich bis heute nur schwer mit den klassischen Familienaufgaben einer Frau und Mutter verbinden. Die negativen gesellschaftlichen Folgen sind bekannt: Abnehmende Geburtenraten, mehr kinderlose Ehen und ein tendenzieller Rückgang der Familie. Mit Telearbeit läßt sich der Anspruch der Frauen auf Selbstverwirklichung im Beruf einerseits und auf Familie andererseits verbinden.

Gesamtgesellschaftliche Sicht
Der **Standort Deutschland** steht heute im Spannungsfeld unterschiedlicher Interessen und Strömungen. Es gilt, seine Wettbewerbsfähigkeit zu verteidigen und gleichzeitig die sozialen Kosten und Lasten zu tragen, die das soziale Netz verursacht. Gleiches gilt für die Situation vieler Unternehmen, die Arbeitsplätze erhalten wollen, aber Kosten einsparen müssen. Telearbeit kann dazu beitragen, diese unterschiedlichen Ziele zu vereinen und zu realisieren.

Der eigentliche Ursprung des Telearbeitsgedankens war –wie bereits dargestellt - die Energieknappheit Anfang der 70er Jahre in den USA[143] (vgl. Teil II Abschnitt 1.1. - „Anfänge in den USA und in Deutschland"). Heute ist die **Verkehrssituation** zwar nicht mehr direkt durch eine Energieknappheit gefährdet, allerdings ist in den Ballungsgebieten der verkehrstechnische Infarkt zu befürchten. Die daraus resultierende **Umweltbelastung** führt zu immer neueren Umweltabgasnormen bei den Autos. Telearbeit kann in den Zentren der Zivilisation langfristig dazu beitragen, daß sich die Verkehrssituation und somit auch die Umweltbelastung entspannt[144].

Das Freiburger Öko-Institut bewertet die ökologischen Vorzüge der Telearbeit dagegen mit einiger Skepsis[145]. Durch eine Reduktion des Verkehrs aus dienstlichen Gründen steht zu befürchten, daß es zu einer Zunahme im Individualverkehr kommt. Dies ist insbesondere bei isolierter Telearbeit zu erwarten, da Telearbeiter ihre soziale Isolation durch vermehrte Einkaufs-, Spazier- oder Besuchsfahrten auszugleichen versuchen. Allerdings wird diese Zunahme an Verkehr zum einen nicht zu den Berufsverkehrszeiten erfolgen, zum anderen einen viel geringeren Umfang haben[146]. Insofern ist eine Kompensation der telearbeitsbedingten Verkehrsreduktion durch zunehmenden

---

[143] Vgl. Nilles et al. (1976).
[144] Vgl. Skelton, S.; Lynch, T. (1995), S. 40.
[145] Vgl. Deutsch, C. (1997), S. 36-37.
[146] Vgl. o.V. (1997l).

Freizeitverkehr nicht zu erwarten. Ein anderer Aspekt, den das Öko-Institut anführt, ist die doppelte Ausrüstung von Büro- und Telearbeitsplatz mit Informations- und Kommunikationstechnik, da in der Mehrzahl der Unternehmen die Geräte zu Hause nicht für den privaten Gebrauch genutzt werden dürfen und somit zusätzlich angeschafft werden müssen. Der für die Herstellung der zusätzlichen elektronischen Geräte benötigte Energieverbrauch und die zukünftige fachgerechte Entsorgung der High-Tech-Geräte relativieren die umweltorientierten Vorteile der Telearbeit[147]. Diese Problematik ließe sich allerdings leicht durch einfache technische Mittel lösen. So müßten die Heim-PCs lediglich mit herausnehmbaren Festplatten ausgestattet sein, um die Firmendaten vor Schaden zu schützen[148]. Ein Computer pro Haushalt würde dann in den meisten Fällen allen Anforderungen genügen.

Ein weiterer Aspekt der Telearbeit in diesem Zusammenhang ist die **Einbeziehung von bis dahin ungenutztem Bildungspotential** in den Wirtschaftsprozeß. Insbesondere erhalten qualifizierte Frauen durch Telearbeit die Möglichkeit, trotz familiärer Verpflichtungen weiter am Berufsleben teilzunehmen. Die Kosten der Ausbildung werden also aus volkswirtschaftlicher Sicht durch ein längeres Berufsleben reduziert. Außerdem führt Telearbeit damit zu einer besseren Ausnutzung der Ressource „geistiges Kapital" und kann unter diesem Aspekt die Wettbewerbsfähigkeit einer Wirtschaft steigern.

Die bereits beschriebene Stärkung der Eigenverantwortlichkeit unterstützt die Unabhängigkeit des Telearbeiters von der Unternehmung. Der Gedanke an die **berufliche Selbständigkeit** verliert an Schrecken und der finanzielle Gründungsaufwand wird sich in Zukunft mit der Verbesserung des Preis-Leistungsverhältnisses der informationstechnischen Geräte weiter verringern. So ist es möglich, daß durch Telearbeit Unternehmensneugründungen gefördert werden[149]. In dem Bericht der Bundes-

---

[147] Vgl. Malies, Ch. (1997).
[148] Bei Telearbeitsplätzen ist in gleicher Weise, wie bei Arbeitsplätzen im Betrieb, Gewicht auf Datenschutz und die Datensicherung zu legen. Daß dies bei dezentralisierten Arbeitsplätzen problematischer ist als bei zentralisierten, bedeutet hingegen nicht, daß auch hier Lösungen gefunden werden können. Für konkrete Ansätze vgl. Zentralverband Elektrotechnik- und Elektroindustrie (ZVEI) e.V.; Verband Deutscher Maschinen- und Anlagenbau e.V. (VDMA) (1995), S. 47ff.
[149] Vgl. Korte, W.; Robinson, S. (1988), S. 22.

regierung „Info 2000" erhofft man sich von der Telearbeit sogar eine Gründerwelle[150]. Lenk spricht von der „Telearbeit als Königsweg in die berufliche Selbständigkeit"[151]. Allerdings ist in diesem Zusammenhang auch auf die Möglichkeit des Outsourcing von Arbeitnehmern mittels Telearbeit hinzuweisen. Der Entlassung von Telearbeitern in die sogenannte Scheinselbständigkeit[152] wurde bereits durch einen Gesetzeserlaß Einhalt geboten. Telearbeit darf nicht zu einer Form der Arbeitsorganisation werden, durch die Angestellte systematisch in die Selbständigkeit gedrängt werden und so dem Unternehmen unter Einsparung der Lohnnebenkosten im Bedarfsfall bei Nachfragespitzen aushelfen. Allerdings gibt die selbständige Telearbeit Arbeitslosen durchaus eine Chance, durch eine freiberufliche Tätigkeit wieder auf dem Arbeitsmarkt Fuß zu fassen. Die Freiwilligkeit von Telearbeit ist in diesem Zusammenhang eine zentrale Eigenschaft, die es im Sinne der sozialen Verträglichkeit der neuen Organisationsform zu fordern gilt.

Allerdings ist mit der Verbreitung von Telearbeit und der damit verbundenen **Globalisierungstendenz** von Arbeitsmärkten auch eine Gefahr von Arbeitsplatzverlusten im Inland verbunden. So gibt es heute schon amerikanische Fluggesellschaften, die ihren gesamten Buchungsapparat in die Karibik ausgelagert haben und dort Arbeitskräfte zu wesentlich günstigeren Stundenlöhnen beschäftigen als es in den USA möglich wäre[153]. Auch die Deutsche Lufthansa betreibt interkontinentale Telearbeit. Im Rahmen des „Reservation Data Maintenance India" werden Flugtickets, die aufgrund

---

[150] Vgl. Bundesministerium für Wirtschaft, Referat Öffentlichkeitsarbeit (Hrsg.) (1996), S. 36.
[151] Vgl. Lenk, T. (1989), S. 97.
[152] Scheinselbständige sind in die Selbständigkeit entlassene ehemalige Arbeitnehmer, die aufgrund ihrer persönlichen Abhängigkeit vom Arbeitgeber de jure immer noch in einem Angestelltenverhältnis arbeiten. Entscheidend für die Beurteilung, ob eine Beschäftigung des Telearbeiters als Arbeitnehmer vorliegt, ist das Merkmal des sogenannten „Grades der persönlichen Abhängigkeit". Der von Lehre und Rechtsprechung entwickelte Katalog von Merkmalen zur Beurteilung des Grades der persönlichen Abhängigkeit umfaßt u.a. die Weisungsgebundenheit des Dienstverpflichteten, die Fremdbestimmtheit des Ortes und der Zeit der Arbeitsleistung, die Einbeziehung in eine fremde Arbeitsorganisation, die Auferlegung der Pflicht zu regelmäßiger Berichterstattung usw. Liegt eine persönliche Abhängigkeit des Telearbeiters von seinem Arbeitgeber vor, so besteht automatisch ein Arbeitsverhältnis. Grundsätzlich gelten dann die faktischen Arbeitsbedingungen wie auch immer der Wortlaut des Vertrages sein mag (vgl. Schröter, W. (1996), S. 59).
[153] Vgl. Godehardt, B. (1994), S. 30.

von fehlerhaften Daten oder Beschädigungen nicht EDV-technisch verarbeitet werden können, in Indien manuell erfaßt[154].

In diesem Zusammenhang muß aber auch auf die positiven Auswirkungen der internationalen Arbeitsteilung hingewiesen werden. Gerade nach Indien werden nicht nur unqualifizierte, operative Tätigkeiten deutscher Unternehmen ausgelagert, sondern insbesondere auch hochwertige qualitative Aufträge hauptsächlich aus dem Bereich der Softwareprogrammierung und -entwicklung. Eine derartige globale Aufteilung der Wertschöpfungskette sollte nicht nur unter Kostengesichtspunkten analysiert, sondern auch unter dem Aspekt der wirtschaftlichen Entwicklungsförderung gesehen werden.

Diese internationale Auslagerung von Arbeit ist aber kein neues Phänomen der Telearbeit. Vielmehr folgten Arbeitsplätze immer schon den Löhnen - auch ins Ausland. Da unter Telearbeit in dieser Arbeit nur eine neue Form der Arbeitsorganisation verstanden werden soll (vgl. Teil I Abschnitt 1.1. „Definition"), wird dieser Aspekt hier nicht weiter berücksichtigt. Trotzdem läßt sich feststellen, daß die Wettbewerbsfähigkeit des Standortes Deutschland durch Telearbeit eine Verbesserung erfahren kann, was sich positiv auf die Globalisierungstendenzen von Arbeitsmärkten auswirken wird.

2.3. Zusammenfassung

Die dargestellten Sachverhalte und Entwicklungsprozesse verdeutlichen die Notwendigkeit einer Abkehr von den traditionellen Formen der Arbeitsorganisation hin zu flexibleren Alternativen. Telearbeit kann hier Lösung und Herausforderung zugleich sein. Lösung in bezug auf die aufgezeigten gesamtgesellschaftlichen Entwicklungen unserer Zeit; Herausforderung bei der Umsetzung, sowohl aus sozialer wie auch aus betriebswirtschaftlicher Sicht. Nur wenn es gelingt, ein für beide Seiten vorteilhaftes Modell zu entwickeln, kann sich das große Potential, das in Telearbeit liegt, realisieren.

Sowohl aus betriebswirtschaftlicher als auch aus sozialer Sicht scheinen die Vorteile der alternierenden Telearbeit die Nachteile zu überwiegen[155]. Aus diesem Grund wird

---

[154] Vgl. Hansmann, H. (1996), S. 31.
[155] Vgl. Imeyer, A. (1996).

mittel- bis langfristig eine verstärkte Verbreitung alternierender Telearbeit stattfinden. Die alternierende Form der Telearbeit steht somit im Mittelpunkt der weiterführenden Überlegungen. Der rechtzeitigen und zügigen Implementierung dieser neuen Arbeitsform kommt dabei eine ebenso große Bedeutung zu, wie der Sorgfalt bei der Planung und Umsetzung im Bereich der Führung und Koordination.

III. Teil: Mitarbeiterführung - Theorie und Praxis

Grundlage für Führungstheorien sind zum einen Menschenbilder und zum anderen das Verständnis über das Mitarbeiterverhalten. Im folgenden werden deshalb zunächst die Theorien über den Menschen und über das Mitarbeiterverhalten analysiert, bevor auf die Mitarbeiterführung eingegangen wird. Dies geschieht mit Bezug auf Telearbeit als Zukunftsfeld mit der Herausforderung für neue adäquate Wege der Führung.

1. Das Menschenbild

1.1. Grundlage der Führung

Menschenbilder sind vereinfachte, verallgemeinerte, gewachsene und verfestigte Annahmen über das Wesen des Menschen: seine Eigenschaften, Bedürfnisse, Motive, Erwartungen, Einstellungen und Ziele[156].

Einerseits sind Menschenbilder einheitlich geprägt, das heißt von der jeweiligen kulturellen, wirtschaftlichen und politischen Entwicklung abhängig. Andererseits sind sie als Teil der Persönlichkeit individuell verschieden, sie beruhen also auch auf Erfahrungen mit Bezugspersonen im Sozialisationsprozeß (Familie, Schule, Berufsausbildung) und sind als Ergebnis der „Lebenserfahrung" relativ stabil[157].

Zwischen Führungspraxis und Menschenbildern besteht ein enger Zusammenhang, weil sich in diesen Auffassungen zum Beispiel der Führungskräfte über die Geführten typische Handlungsmaximen widerspiegeln: Wer etwa Mitarbeiter grundsätzlich für faul und inkompetent hält, wird sich in seinem Verhalten darauf einstellen.

Auch der Führungstheorie liegen Menschenbilder zugrunde: Von Autor zu Autor unterschiedliche Auffassungen über die Bedürfnis- und Motivationsstruktur des Menschen bestimmen unterschiedliche Auffassungen über „richtige" Führung.

---

[156] Vgl. Staehle, W. (1994), S. 176f.
[157] Vgl. Wunderer, R.; Grunwald, W. (1980), S. 77.

1.2. Darstellung ausgewählter Menschenbilder

Bekannt geworden sind vor allem die vier Menschenbilder von Schein (1974)[158], die in ihrer Reihenfolge auch die historische Entwicklung abbilden.

Der rational-ökonomische Mensch

Das Konzept des rational-ökonomischen Menschen („homo oeconomicus") wurde aus einer ingenieurmäßigen, technischen Haltung heraus konstruiert. Der Mensch ist in erster Linie durch monetäre Anreize motiviert, er ist passiv und wird von der Organisation manipuliert, motiviert und kontrolliert[159].

Für das Management gilt es, irrationales Verhalten zu neutralisieren und zu kontrollieren. Ziel ist es, den Produktionsprozeß unter Einbeziehung des Produktionsfaktors „Mensch" effizient zu gestalten. Dazu dienen die klassischen Managementfuktionen: Planen, Organisieren, Motivieren und Kontrollieren.

Beispiele für rational-ökonomische Menschenbilder finden sich in der klassischen Organisationslehre. Ausgangspunkt der Überlegungen von Taylor[160], der als Begründer der wissenschaftlichen Betriebsführung gilt, war die offensichtliche Vergeudung menschlicher Arbeitskraft

- durch ungeschickte, unangebrachte und unwirksame Arbeitsmethoden,
- durch permanente Leistungszurückhaltung der Mitarbeiter („Sich-um-die-Arbeit-drücken") und
- nicht zuletzt auch durch deren Konfrontationsverhalten gegenüber ihren Vorgesetzten.

Taylor forderte die Ablösung der bis dahin üblichen „Daumenpeilmethoden" (überliefertes Wissen, Intuition und Improvisation) durch wissenschaftlich fundierte und ausgearbeitete Regeln, Prinzipien und Verfahren der Verwaltung („Princples of Scientific Management"). Im einzelnen haben Taylor und seine Nachfolger eine

---

[158] Vgl. Schein, E. (1974).
[159] Vgl. Staehle, W. (1994), S. 180.
[160] Vgl. Taylor, F. (1911).

Konstruktionsanleitung für eine Betriebsführung entwickelt, die eine „möglichst ökonomische Ausnutzung des Arbeiters und der Maschinen"[161] gewährleisten soll.

Der taylorsche Denkansatz enthält neben einer Theorie der Verwaltung und Führung implizit ebenfalls eine Theorie der Motivation, die den Mitarbeiter aber völlig undifferenziert nur durch ein ökonomisch definiertes, rationales Selbstinteresse zur Arbeit motiviert sieht. Man müsse ihm lediglich genügend finanzielle Anreize, also einen gerechten Leistungslohn bieten, damit er willens ist, die von ihm verlangten Leistungen auch pflichtgemäß und gehorsam zu erbringen.

Intrinsischen Anreizen in Form interessanter, verantwortungsvoller und herausfordernder Arbeit, Anerkennung, Beförderungs- und Entfaltungsmöglichkeiten, etc. wurde dagegen keinerlei Motivationskraft beigemessen, da die Menschen nach Ansicht Taylors faul und ohne Initiative seien.

Führung wird demgemäß von Taylor als einseitig verlaufender Beeinflussungsprozeß verstanden: „Die Manager sollen aktiv das gesamte Geschehen bestimmen, die Arbeiter sich passiv unterwerfen und sich auf ihre Arbeit konzentrieren"[162].

Der soziale Mensch

Das Konzept des sozialen Menschen ist Grundlage der Human-Relations-Bewegung. Anstoß für die Geburt des Human-Relations-Ansatzes war das Fehlschlagen einiger ganz im Sinne des Scientific Management durchgeführten Experimente. Diese Experimente wurden schon 1924 von Ingenieuren in den Hawthorne Werken der Firma Western Electric begonnen[163].

Das erste dieser Experimente diente zur Erforschung des Zusammenhanges zwischen Arbeitsplatzbeleuchtung und Arbeitsleistung. Zu diesem Zweck wurde in der Montage von Telefonapparaten je eine Test- und Kontrollgruppe gebildet. Beide Gruppen zeigten im Verlauf der Untersuchung ein zunächst unerklärliches Verhalten: Zwar steigerte die Testgruppe mit zunehmend besserer Arbeitsplatzbeleuchtung erwartungs-

---

[161] Vgl. Taylor, F. (1977), S. 123ff.
[162] Vgl. Wunderer, R.; Grunwald, W. (1980), S. 93.
[163] Vgl. Mayo, E. (1945).

gemäß ihre Arbeitsleistungen, die Kontrollgruppe erzielte aber ohne jede Verbesserung der Beleuchtung eine annähernd gleiche Leistungssteigerung. Als daraufhin alle Verbesserungen für die Testgruppe rückgängig gemacht wurden, blieben die Leistungen in beiden Gruppen unverändert hoch.

Der mit der Erforschung dieses Phänomens beauftragte Nationalökonom und Psychologe Elton Mayo vermutete, daß die festgestellten Produktivitätssteigerungen eventuell auf die mit den Experimenten verbundene erhöhte Beachtung der Arbeitnehmer (später als Hawthorne-Effekt bezeichnet) und auf bestimmte Veränderungen der sozialen Situation - das Betriebsklima - zurückzuführen seien. Die weiteren Experimente konzentrierten sich daher auf mögliche Zusammenhänge zwischen sozialen Einflüssen, Arbeitszufriedenheit und Leistung. Es stellte sich heraus, daß jegliche Veränderung, ob zum Vorteil oder Nachteil der Arbeiter, zu Leistungssteigerungen in der Testgruppe führte. Diese Beobachtung begründeten die Forscher mit einem größeren Zusammengehörigkeitsgefühl in der Gruppe und mit verbesserten menschlichen Beziehungen (Human Relations). Das Phänomen der „informalen Organisation" war „entdeckt". Der arbeitende Mensch wurde nicht mehr als isolierte und mechanistisch einsetzbare Produktionseinheit (rational-ökonomischer Mensch) angesehen, sondern als ein in das soziale Gefüge eingebettetes Wesen (sozialer Mensch), dessen Handlungen primär durch seine Herkunft und sozialen Bedürfnisse, durch informelle Gruppenstrukturen, Sitten, soziale Normen und Kollegenmeinungen bestimmt werden und erst in zweiter Hinsicht Resultat physikalischer Arbeitsbedingungen und offizieller Anordnungen der Betriebsleitung sind.

Der nach Selbstentfaltung strebende Mensch
Vor dem Hintergrund eines rapide ansteigenden Ausbildungsniveaus der Arbeitnehmer sowie durch eine immer ausgeprägtere Diskrepanz zwischen den erweiterten Freiräumen in der außerbetrieblichen Sphäre und den beschränkten Möglichkeiten im Arbeitsalltag ist die Human Resources Bewegung entstanden[164]. Das bisher vorherrschende Menschenbild wurde von den Vertretern der Human Resources Bewegung abermals revidiert: Der Mitarbeiter wurde nicht mehr nur als Gruppenwesen, sondern als ein motiviertes, nach Selbstentfaltung strebendes Individuum verstanden. Das

Reservoir mannigfaltiger potentieller Fähigkeiten, Fertigkeiten und Begabungen sah man in industriellen Organisationen nur zu einem geringen Teil genutzt. Dieses galt es zu aktivieren und zu fördern. Ein Beispiel für die Verwendung dieses Menschenbildes findet sich in der klassischen Motivationstheorien von Maslow (vgl. Abschnitt 2.2. „Inhaltstheorien").

Der komplexe Mensch
Das Konzept des komplexen Menschen entspricht den Annahmen der Situationstheorie: Der Mensch hat keine unveränderbare Persönlichkeitsstruktur - wie bisher unterstellt -, sondern ist äußerst flexibel, lern- und wandlungsfähig. Er verändert sich (seine Bedürfnisse, Ansichten, Motive, etc.) je nach den Anforderungen der Situation, in der er handeln muß[165].

Für die Führungskraft gibt es deshalb keine allgemeingültige Verhaltensempfehlung. Sie muß die Besonderheiten der jeweiligen Lage erkennen und ihr eigenes Verhalten situationsadäquat variieren.

Obwohl Schein im Konzept des komplexen Menschen die adäquate Charakterisierung des arbeitenden Menschen in der modernen Industriegesellschaft von heute sieht, schließt er keineswegs die Relevanz der anderen drei Konzepte bei bestimmten Mitarbeitern bzw. in bestimmten Situationen aus[166].

Die Existenz von Menschenbildern ist im Hinblick auf das Thema Telearbeit von Bedeutung. Gerade weil das Mitarbeiterverhalten vielschichtige und individuell unterschiedliche Beweggründe hat (vgl. Abschnitt 2.1. „Bestimmungsfaktoren"), wird in Theorie und Praxis der Versuch einer Kategorisierung in verschiedene „Verhaltenstypen", also Menschenbilder unternommen. Aus verhaltenswissenschaftlicher Sicht müssen diese Menschenbilder unzureichend sein, aus pragmatischer Sicht sind sie notwendig, um zu Führungsempfehlungen bzw. zur Führungspraxis zu kommen. Wichtig dabei ist allerdings, daß das zugrunde gelegte

---

[164] Vgl. Staehle, W. (1994), S. 742f.
[165] Vgl. Wunderer, R.; Grunwald, W. (1980), S. 79.
[166] Vgl. Staehle, W. (1994), S. 180f.

Menschenbild explizit benannt wird. Dies gilt es auch bei der Analyse der Führung von Telearbeitern zu berücksichtigen.

2. Das Mitarbeiterverhalten

„Wenn Motivation dasjenige in uns und um uns ist, was uns dazu bringt, treibt, bewegt, uns so und nicht anders zu verhalten (Graumann), und Führung als zweckgerichtete Verhaltensbeeinflussung verstanden wird, dann ist es notwendig, eine Theorie der Führung mit motivationstheoretischen Erklärungsansätzen zu verbinden.[167]" Deshalb werden zunächst die Bestimmungsfaktoren des Mitarbeiterverhaltens analysiert und im Anschluß einige Arbeitsmotivationsansätze behandelt.

2.1. Bestimmungsfaktoren

Das Mitarbeiterverhalten schwankt in einem Kontinuum zwischen sehr engagierten, überdurchschnittlich viel und unterdurchschnittlich wenig leistenden Individuen. Um diese Erscheinungstypen zu analysieren, gibt es unterschiedliche Erklärungsansätze:

1. Ein erster Erklärungsansatz sind **situative Faktoren**: Bei Verwendung geringwertiger Einsatzstoffe im Produktionsprozeß, bei Nachschubproblemen oder einem Ausfall von Betriebsmitteln ist die am Output gemessene individuelle Leistung entsprechend niedrig.

2. Der zweite Bestimmungsfaktor des Arbeitsverhaltens und damit der zu erwartenden individuellen Leistungsunterschiede ist die **Fähigkeit des Individuums**[168], die ihm gestellte Aufgabe zu bewältigen. „Fähigkeiten" bezeichnen das gesamte Potential einer Person, um in allen Lebenssituationen (und speziell am Arbeitsplatz) kompetent zu handeln.

3. Schließlich ergeben sich Leistungsunterschiede von Individuen aufgrund der **Stärke der Motivation**. Der Begriff Motivation bedeutet ursprünglich „Bewegung auslösend" und erklärt Richtung, Intensität und Ausdauer menschlichen Verhal-

---

[167] Siehe Dietel, B.; Müller-Bader, P. (1984), S. 161.
[168] Vgl. Staehle, W. (1994), S. 164f.

tens[169]. Zentrale These aller Motivationstheorien ist die Existenz von nicht befriedigten Bedürfnissen, die Motive liefern für Handlungen, deren Ziel die entsprechende Bedürfnisbefriedigung ist[170].

Die Motivation resultiert aus dem Zusammentreffen einer Person, die durch spezifische Motive gekennzeichnet ist, mit einer Situation, in der bestimmte Elemente so wahrgenommen werden können, daß diese zu Anreizen werden. Die Anreize aktivieren das Verhalten in seiner Intensität, Richtung, Form und Dauer. Diese Zusammenhänge zeigt ein einfaches Modell in Abbildung 5:

Abbildung 5:
Einfaches Motivationsmodell[171]

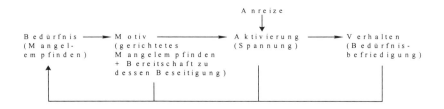

Anreize sind alle Stimuli, die geeignet sind, eine Verhaltensbereitschaft von Mitarbeitern auszulösen. Dabei können verschiedene Personen, die sich in der objektiv gleichen Situation befinden, auch Unterschiedliches als Anreiz empfinden. Bei generalisierenden Angaben ist daher zu beachten, daß im Einzelfall offen ist, ob der als „Anreiz" bezeichnete Bestandteil der Situation tatsächlich als Anreiz wirkt[172]. Es lassen sich allerdings bestimmte Einflußgrößen definieren, die häufig Motive von Personen aktivieren[173]:

---

[169] Vgl. Thomae, H. (1965).
[170] Vgl. Drumm, H.-J. (1989), S. 255.
[171] Vgl. Staehle, W. (1994), S. 152.

- finanzielle Anreize,
- soziale Anreize,
- Aufgabeninhalt und
- Freiraum zur Selbsterfahrung.

Unter Vernachlässigung des situativen Faktors wird Leistung (L) in der Literatur[174] häufig in verkürzter Form als eine Funktion von Fähigkeiten (F) und Motivation (M) interpretiert, wobei F und M manchmal additiv weitaus öfter jedoch multiplikativ verknüpft werden[175]:

$$L = f(F, M) = F \times M$$

Den Grund für die Bevorzugung des mulitplikativen Zusammenhangs verdeutlicht ein Beispiel von Schanz[176]. In diesem Beispiel können F und M Werte zwischen 0 (= Min) und 1 (= Max) annehmen:

Eine hochmotivierte Person (M=0,9); die jedoch nur geringe Fähigkeiten (F=0,1) mitbringt, um die konkrete Aufgabe erfüllen zu können, erreicht bei additiver Verknüpfung eine mittelmäßige Leistung (L=1,0 bei L(max)=2,0), während bei multiplikativer Verknüpfung nur ein sehr geringer Leistungswert herauskommt (L=0,09 bei L(max)=1,0). Das letztgenannte Ergebnis scheint dabei realistischer zu sein, weshalb im folgenden von einem multiplikativen Zusammenhang von Fähigkeiten und Motivation ausgegangen wird. Unter Berücksichtigung auch situativer Einflußgrößen (S) wie Arbeitsbedingungen und Aufgabentyp erhält man schließlich:

$$L = f(F, M, S) = F \times M \times S.$$

Damit werden auch die geeigneten Ansatzpunkte zur Leistungssteigerung deutlich: Steigerung der Fähigkeiten, Steigerung der Motivation oder Verbesserung der Situation.

---

[172] Vgl. Staehle, W. (1994), S. 148-152.
[173] Vgl. Staehle, W. (1980), S. 191.
[174] Vgl. Hub, H. (1990), S. 39.
[175] Vgl. Schanz, G. (1978), S.83.
[176] Vgl. Schanz, G. (1978), S. 83-85.

In bezug auf das Thema „Führen von Telearbeitern" haben die vorangegangenen Ausführungen größere Bedeutung. Zunächst sind die drei Leistungskomponenten Fähigkeiten, Situation und Motivation auf Telearbeit übertragbar, da Telearbeiter sich in ihrem Verhalten nicht von anderen Mitarbeitern unterscheiden. Sie arbeiten lediglich in einer anderen Form der Arbeitsorganisation.

Während die ersten zwei Komponenten auch im Hinblick auf Telearbeit relativ einfach umsetzbar sind, ist die Komponente Motivation wesentlich facettenreicher. Hier hängt das Resultat von der Persönlichkeit des Mitarbeiters, seinen Bedürfnissen und Motiven und der jeweiligen Situation ab. Die Motivation von Telearbeitern bedarf also mehr als nur der „einfachen" Identifikation der „richtigen" universell anwendbaren Anreize und deren Anwendung.

Das Interesse dieser Arbeit richtet sich speziell auf das Verhalten von Individuen in hierarchischen und arbeitsteiligen Organisationen. Dieser Teilaspekt der Motivation ist als Arbeitsmotivation definiert worden[177]. Eine Vielzahl von Theorien ist das Ergebnis der langjährigen Forschung auf diesem Gebiet[178]. Im folgenden werden einige Motivationstheorien dargestellt. Die Auswahl der Theorien erfolgt hinsichtlich ihrer Relevanz für Telearbeit.

Arbeitsmotivationstheorien lassen sich formal in Inhalts- und Prozeßtheorien[179] aufteilen. **Inhaltstheorien** beschäftigen sich mit der Art, dem Inhalt und der Wirkung der Bedürfnisse von Individuen. Der Prozeß, der sich zwischen der Aktivierung der Motive durch die Bedürfnisse und der schließlich resultierenden Handlung abspielt, wird dabei vernachlässigt. **Prozeßtheorien** fokussieren genau auf diese Dynamik. Sie wollen erklären, wie Motivation entsteht und auf das Verhalten wirkt. Die im folgenden dargestellten Inhaltstheorien stammen von Maslow, Mc Gregor und Herzberg. Als

---

[177] Vgl. Cuendet, G. (1995), S. 376.
[178] Vgl. Drumm, H.-J. (1989); Wunderer, R.; Grunwald, W. (1980); George, J.; Jones, G. (1996); Nerdinger, F. (1995).
[179] Vgl. Campbell, J.; Pritchard, R. (1976).

für Telearbeit relevante Prozeßtheorien werden die Gleichgewichtstheorie und die Motivationstheorie von Vroom behandelt.

2.2. Inhaltstheorien
Theorie der Bedürfnishierarchie von Maslow

Eine der bekanntesten und einflußreichsten Motivationstheorien der gegenwärtigen Managementliteratur[180] hat Arbraham H. Maslow 1954 in seinem Buch „Motivation and Personality" vorgelegt[181]. Kern seiner eigenschaftstheoretischen Überlegungen ist die Einteilung der menschlichen Bedürfnisse in fünf Kategorien:

1. **Physiologische Bedürfnisse**: Hunger, Durst oder Schlafbedürfnis, d.h. organisch bedingte Antriebe;
2. **Sicherheitsbedürfnisse**: Sicherheit und Schutz am Arbeitsplatz, Wunsch nach Ordnung oder einem starken Führer und Verhaltensregeln;
3. **Soziale Bindungsbedürfnisse**: Bedürfnis nach Liebe, Geborgenheit und sozialem Anschluß;
4. **Selbstachtungsbedürfnisse**: Bedürfnis nach Leistung, Geltung und Zustimmung;
5. **Selbstverwirklichungsbedürfnis**: Selbsterfüllung in der Entfaltung aller individuellen Anlagen und Fähigkeiten.

Wichtig und neu ist nun nicht nur die Klassifizierung der Bedürfnisse, sondern ihre Rangreihenfolge: Bedürfnisse der nächsthöheren Stufe werden erst akut, wenn die Bedürfnisse der niedrigeren Stufe erfüllt sind. Die niederen Bedürfnisse bezeichnet Maslow als Mangel- oder Defizitmotive, die höheren als Wachstumsmotive. Graphisch läßt sich diese Bedürfnistheorie am besten in Pyramidenform wie in Abbildung 6 veranschaulichen:

---

[180] Vgl. u.a. Nerdinger, F. (1995); Heckhausen, H. (1989); Wunderer, R.; Grunwald, W. (1980); George, J.; Jones, G. (1996); Schaefer, S. (1977); Drumm, H.-J. (1989).
[181] Vgl. Maslow, A. (1954).

Abbildung 6:
Bedürfnishierarchie nach A.Maslow[182].

Entwicklungspsychologisch entsprechen die aufsteigenden Bedürfniskategorien der individuellen Entwicklung des Menschen, d.h. der Ontogenese[183]. Der Säugling empfindet die Befriedigung physiologischer Bedürfnisse als vorrangig, während für das Kleinkind Sicherheitsbedürfnisse in den Vordergrund rücken. Mit zunehmendem Alter nimmt das Streben nach sozialer Bindung zu usw. Nach Maslow stellt die Pyramide aber auch eine Erklärung des aktuellen Verhaltens unabhängig vom Lebensabschnitt dar (ein Obdachloser - obwohl erwachsen - strebt nach physiologischer Befriedigung). Unter allen Bedürfniskategorien, die er auch als Motivgruppen bezeichnet, gilt Maslows Hauptinteresse der Selbstverwirklichung. Dieses Bedürfnis kann im Unterschied zu allen anderen Motivgruppen nicht abschließend und vollständig befriedigt werden, sondern ist ein ständig weiterdrängender Prozeß[184].

Obwohl die Bedürfnishierarchie von Maslow nicht empirisch nachgewiesen werden konnte und vielfältige Kritik sowohl inhaltlicher Art als auch bezüglich der Operationalisierbarkeit geäußert wurde[185], liegt die Stärke der Theorie in ihrem normativen Charakter[186]. „Die humanistische Engagiertheit der motivationspsychologischen

---

[182] Vgl. Nerdinger, F. (1995), S. 39.
[183] Vgl. Nerdinger, F. (1995), S. 39.
[184] Vgl. Wunderer, R.; Grunwald, W. (1980), S. 177.
[185] Vgl. u. a. Wunderer, R.; Grunwald, W. (1980), S. 177; Lawler, E.; Suttle, J. (1972); Neuberger, O. (1974), S. 107f.
[186] Vgl. Nerdinger, F. (1995), S. 41.

Verhaltenserklärung, die Maslow mit seinem Hierarchie-Modell der Motivklassifikation vorgeschlagen hat, verleiht ihr eine Frische, die der Distanziertheit psychologischer Verhaltenserklärung sonst abgeht.[187]" Trotzdem sind die Schwächen des Ansatzes gravierend[188]. Die Operationalisierungsprobleme beziehen sich vor allem auf die relativ unklare Abgrenzung der verschiedenen Bedürfnisschichten, auf die ungeklärte Frage nach dem Sättigungspunkt, ab dem ein Defizitbedürfnis als ausreichend befriedigt empfunden wird und auf die vage Formulierung und damit die geringe Prognosefähigkeit der Aussagen[189].

Trotz ihrer unzureichenden empirischen Bestätigung wird die Maslowsche Bedürfnishierarchie nach wie vor zur Erklärung des Mitarbeiterverhaltens verwendet[190]. Der Grund hierfür liegt zum einen an der Einfachheit des Konzeptes, zum anderen aber auch daran, daß die Stufenfolge der Bedürfnisse den Entwicklungsprozeß der Wohlstandsgesellschaften widerspiegelt.

Demnach hätte die Führung vor allem dafür zu sorgen, daß die Mitarbeiter Chancen für die Aktivierung und Erfüllung von Leistungs-, Selbständigkeits- und Freiheitsbedürfnissen erhalten und in ihrer Arbeit Selbstverwirklichung erfahren. Auf welchem Wege dies geschehen soll, dafür hat Maslow, der sich als klinischer Psychologe nur ganz am Rande mit betriebswirtschaftlichen Problemen auseinandergesetzt hat, keine konkreten Vorschläge unterbreitet.

Genau an dieser Stelle setzt aber die Telearbeit als neue Form der Arbeitsorganisation ein. Nach Maslow müßte die Telearbeit schon motivierend wirken, da sie den ranghöheren Bedürfnisstufen der Wohlstandsgesellschaft gerecht wird.

---

[187] Siehe Heckhausen, H. (1989), S. 71.
[188] Vgl. Hall, D.; Nougaim, W. (1968), S. 26; Wahba, M.; Bridwell, L. (1976), S.224.
[189] Vgl. Wunderer, R.; Grunwald, W. (1980), S. 178f.
[190] Vgl. Wunderer, R.; Grunwald, W. (1980), S. 185.

Theorie X - Theorie Y von McGregor

McGregor (1960)[191] geht davon aus, daß sich das Führungsverhalten des Vorgesetzten danach richtet, welches spezifische Menschenbild er von seinem Mitarbeiter besitzt. Unter der Bezeichnung „Theorie X" faßt McGregor jene Menschenbilder zusammen, die den klassischen Führungstheorien zugrunde liegen. Unter der Bezeichnung „Theorie Y" formuliert er abgrenzend ein Menschenbild, das von der Annahme ausgeht, der einzelne strebe nach möglichst großer Selbstverwirklichung. In Tabelle 1 wird die Theorie X der Theorie Y gegenübergestellt.

McGregor befürwortet eindeutig die Theorie Y[192]. Den Anhängern der Theorie X hält er vor, daß ihr Menschenbild sich allenfalls durch das Phänomen der selbsterfüllenden Prophezeihung (self fulfilling prophecy) bestätige. Danach sind Mitarbeiter allenfalls träge und unzuverlässig, weil sie durch konventionell-autokratische Führungsmethoden dazu provoziert werden. Denn Mitarbeiter, denen äußerst wenig Vertrauen und Achtung geschenkt wird, dürften sich auch kaum engagieren und nur unter strenger Aufsicht besonders bemühen. Sie zeigen also ein reaktives Verhalten, das die ursprünglichen Anschauungen des Vorgesetzten zu bestätigen scheint.

Diesem Phänomen sei es zuzuschreiben, daß sich die traditionellen Annahmen der Theorie X bis in die heutigen Tage hinübergerettet hätten, obwohl sich der Mensch inzwischen zum mündigen Mitarbeiter mit vorrangig sozialen und ideellen Bedürfnissen weiterentwickelt habe. Das übliche „Management by Direction and Control" sei deshalb völlig untauglich, um den Mitarbeiter zu motivieren. Nur durch Einräumung von Autonomiebereichen und Entfaltungsspielräumen, die frei von Eingriffen des Vorgesetzten blieben, könne dies gelingen[193].

---

[191] Vgl. McGregor, D. (1960).
[192] Vgl. Wunderer, R.; Grunwald, W. (1980), S. 79f.
[193] Vgl. Hoffmann, F. (1976), S. 101.

Tabelle 1:

Die „Theorie X - Y" von McGregor[194]

Theorie X	Theorie Y
• Der durchschnittliche Mensch ist von Natur aus unfähig, unzuverlässig, selbstsüchtig und faul. • Deshalb müssen die meisten Mitarbeiter kontrolliert, ständig angetrieben und mittels Strafandrohung gezwungen werden, einen Beitrag zur Erreichung der Unternehmensziele zu leisten. • Ein solches Führungsverhalten kommt sogar den Wünschen des Durchschnittsmenschen entgegen: er möchte an die Hand genommen werden, da er Verantwortung haßt, wenig Ehrgeiz und Ambitionen besitzt und die eigene Sicherheit über alles stellt.	• Der Mensch hat keine Abscheu vor der Arbeit, im Gegenteil, er sieht interessante, fordernde Aufgaben als überaus wichtige Quellen seiner Zufriedenheit an. • Er hat den Willen, sich selbst und seine Fähigkeiten auch am Arbeitsplatz zu verwirklichen. Sofern ihm die Möglichkeiten hierzu geboten werden, wird er sich mit den Unternehmenszielen identifizieren und Selbstkontrolle sowie Eigeninitiative entwickeln. Strenge, hierarchische Kontrollen und enge Verhaltensvorschriften sind dann nicht mehr notwendig. • Einfallsreichtum, Kreativität, Intelligenz und Verantwortungsbereitschaft sind weitverbreitete Eigenschaften in der arbeitenden Bevölkerung; sie werden jedoch unter den Bedingungen der modernen Industriegesellschaft kaum aktiviert.

Dieser Aspekt ist auch im Hinblick auf Telearbeit von Bedeutung. McGregors Theorie betont die Bedeutung des zugrunde liegenden Menschenbildes für das Vorgesetztenverhalten. Zwar scheint es zweifelhaft, daß allein das „richtige" Menschenbild des Vorgesetzten schon ein „motivationsoptimales" Führungsverhalten bewirkt, es ist aber auch im Rahmen der Teleführungsproblematik ein wichtiger Aspekt, insbesondere hinsichtlich des notwendigen Vertrauensverhältnisses zwischen Teleführungskraft und Telearbeiter.

---

[194] Vgl. Hoffmann, F. (1976), S. 100.

Zwei-Faktoren-Theorie von Herzberg

Die Ergebnisse ihrer empirischen Untersuchung brachten Frederick Herzberg und seine Mitarbeiter 1959 zu der Auffassung, daß Unzufriedenheit und Zufriedenheit bei der Arbeit durch unterschiedliche Gruppen von Faktoren ausgelöst werden[195]. Unterschieden werden „Hygienefaktoren", die bei Nichtexistenz Unzufriedenheit bewirken, und „Motivatoren", die zu Arbeitszufriedenheit führen können. Wichtig ist nun die Feststellung, daß Hygienefaktoren wie z.b. Gehalt, Arbeitsplatzsicherheit, physische Arbeitsbedingungen etc. nicht zur Zufriedenheit beitragen. Sind die Hygienefaktoren optimal, so tritt ein Zustand der Nicht-Unzufriedenheit ein. Ebenso können die Motivatoren, zu denen Herzberg Leistungserfolg, Anerkennung, die Arbeit selbst, Verantwortung und Entfaltungsmöglichkeiten zählt, stets nur Zufriedenheit bewirken. Ihr Fehlen bewirkt lediglich Nicht-Zufriedenheit. Graphisch kann der Sachverhalt durch zwei unipolare Kontinua wie in Abbildung 7 dargestellt werden:

Abbildung 7:
Zwei-Faktoren-Theorie nach Herzberg[196].

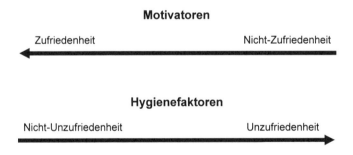

Herzberg zog daraus weitreichende und plausible Folgerungen für die Gestaltung von Arbeitsstrukturen. Als selbstverständlich sah Herzberg die Gewährleistung eines „hygienischen Kontextes der Arbeit" an, wie zum Beispiel ein gutes Betriebsklima und positive Arbeitsbedingungen. Als Antriebsfeder für engagiertes Leistungsverhalten

---

[195] Vgl. Herzberg, F. (1959).
[196] Vgl. Wunderer, R.; Grunwald, W. (1980), S. 189.

kämen jedoch nur intrinsische Anreize zur Verbesserung der Motivatoren in Betracht, mit dem „Nebenprodukt" hoher Zufriedenheit der Beschäftigten.

Die Erweiterung des individuellen Dispositions- und Verantwortungsspielraums, der Abbau von Fremdkontrolle und eine intensive Personalentwicklung sind Forderungen, die Herzberg an die Führungskräfte stellt.

Dem Ansatz gebührt der Verdienst, das Interesse in der Praxis von der Arbeitsumwelt (job environment) weg auf den Arbeitsinhalt (job content) gelenkt zu haben. Die Möglichkeit, die direkte Handlungsempfehlung des job-enrichments[197] für die Praxis abzuleiten, erklärt die große Beliebtheit dieser Theorie bis zum heutigen Tage[198].

Die Kritik konzentriert sich vor allem auf die von Herzberg verwendete Untersuchungsmethode. So ergaben Folgestudien nur in solchen Fällen Übereinstimmungen, wenn die „Methode der kritischen Ereignisse" eingesetzt wurde[199]. Ein Grund hierfür ist nach Schanz, daß Individuen Erfolge eher sich selbst, Mißerfolge, Fehler und Unzulänglichkeiten dagegen eher anderen bzw. den äußeren Umständen zuschreiben[200]. Die Trennung zwischen Motivatoren und Hygiene-Faktoren wäre demnach ein künstliches Produkt der Befragungsmethode.

Schließlich lassen Studien, denen zufolge nicht alle Menschen positiv auf größere Frei- und Verantwortungsräume reagieren, die Zwei-Faktoren-Theorie als erkenntnisleitendes Instrument zu einfach erscheinen. Wieder werden interindividuelle Unterschiede in der Bedürfnisstruktur, wie bei jeder einseitigen Persönlichkeitstheorie, unzureichend berücksichtigt[201]. Die getroffene Zweiteilung ließe sich allenfalls als Tendenzaussage rechtfertigen.

---

[197] Unter job-enrichment versteht man Arbeitsbereicherung in Form von mehr Verantwortung und Kontrolle über die zuverrichtende Arbeit. Ziel ist es die intrinsische Motivation des Arbeitnehmers zu steigern (vgl. George, J.; Jones, G. (1996), S.194 f.).
[198] Vgl. Wunderer, R.; Grunwald, W. (1980), S. 191.
[199] Vgl. Drumm, H.-J. (1989), S. 259.
[200] Vgl. Schanz, G. (1978), S. 270.
[201] Vgl. Lattmann, C. (1974), S. 18f.

> Überträgt man die Theorie von Herzberg auf die Telearbeit, so bietet diese gleichzeitig Hygienefaktor (verbesserte Arbeitsbedingung) und Motivatoren (mehr Verantwortung, mehr Freiraum zur Selbstentfaltung). Sie könnte Unzufriedenheit reduzieren und Zufriedenheit zur gleichen Zeit generieren und damit zu mehr Motivation führen.
>
> Interessant ist in diesem Zusammenhang aber auch die Kritik von Lattmann[202], die mögliche negative Reaktionen auf erhöhte Freiräume und größere Verantwortungsbereiche anführt. Dieses ablehnende Verhalten gegenüber einer eindeutig erscheinenden Verbesserung (Hygienefaktor und Motivator) kann auch in bezug auf Telearbeit relevant sein und bedarf einer Analyse der Gründe für dieses Verhalten.

Den Inhaltstheorien gelingt es insgesamt nicht zu erklären, wie ein bestimmtes Verhalten zustande kommt und welche kognitiven Prozesse, die als Motivation bezeichnet werden, im Individuum ablaufen. Dieser komplexen Fragestellung widmen sich die Prozeßtheorien.

2.3. Prozeßtheorien

Gleichgewichtstheorie

Die Gleichgewichtstheorie oder auch Equitytheorie ist von mehreren Autoren formuliert worden[203], insbesondere hat sich aber Adams 1965 um diese Theorie verdient gemacht[204]. Ausgangspunkt der Überlegungen ist der Gedanke, daß jedes Individuum einen immanenten Gerechtigkeitssinn für Verteilung hat. So vergleichen sich Mitarbeiter eines Unternehmens untereinander mittels des wahrgenommenen relativen Verhältnisses von Leistung (Input) und Belohnung (Output). Als Input werden u.a. Ausbildung, Berufserfahrung, besondere Fähigkeiten, Anstrengungen und Zeit angeführt, als Output werden Lohn, Arbeitsplatzsicherheit, Karrieremöglichkeiten, Arbeitszufriedenheit, etc. verstanden. Nimmt ein Mitarbeiter bei dem Vergleich seiner Input/Output-Relation mit der eines Kollegen eine Ungerechtigkeit wahr, so tritt bei

---

[202] Vgl. Lattmann, C. (1974), S. 18f.
[203] Vgl. u. a. Thibaut, J.; Kelley, H. (1959), Berkowitz, L.; Walster, E. (Eds.) (1976).
[204] Vgl. Adams, J. (1965).

ihm ein Spannungs- bzw. Ungleichgewichtszustand ein, der ihn dazu bewegt, diese Situation zu ändern, und wieder ein Gleichgewicht herzustellen. Das Ungleichgewicht ist somit die Ursache für die Handlungsmotivation des Mitarbeiters, die um so stärker ist, je größer die Wahrnehmung des Ungleichgewichtes ausfällt.

Das Individuum hat verschiedene Verhaltensmöglichkeiten, um den Gleichgewichtszustand wiederherzustellen[205]: Es kann seine Anstrengungen (Input) reduzieren oder steigern, besseren Output verlangen, die Institution oder die Tätigkeit wechseln oder eine andere Vergleichsperson heranziehen.

Die Gleichgewichtstheorie impliziert eine Nutzenvorstellung, mit der jeder Mitarbeiter Leistung und Gegenleistung bemißt. Darin ähnelt sie der Anreiz-Beitrags-Theorie[206], die Eintritts- und Verbleibsentscheidungen von Organisationsmitgliedern zu erklären versucht. Kern der These ist ein Nutzengleichgewicht zwischen den Leistungen der Organisation an den Mitarbeiter und den Leistungsbeiträgen dieses Mitarbeiters an die Unternehmung.

Empirische Überprüfungen der Gleichgewichtstheorie haben einzelne Ergebnisse widerlegt, die Theorie im ganzen aber bestätigt[207]. Kritik wird an der mangelhaften Berücksichtigung von Machtbeziehungen geübt[208].

> Die Einführung von Telearbeit könnte in der Lage sein, die empfundene Input/Output-Relation eines Mitarbeiters insofern zu verändern, als der Output durch die Verbesserung des Arbeitsplatzes und der Arbeitsfreiräume als gesteigert angesehen werden kann. Als Konsequenz sind dann zwei Szenarien denkbar. Entweder versucht der Telearbeiter das Gleichgewicht wiederherzustellen, indem er seinen Input erhöht, sich also beispielsweise mehr anstrengt, wobei der Output durch diesen vergrößerten Input dann unverändert bleiben muß. Diese Reaktion ist nicht so wahrscheinlich wie das zweite Szenario, wo sich Nicht-Telearbeiter (im folgenden „Büromitarbeiter") plötzlich mit ihrer Input/Output-Relation im

---

[205] Vgl. Adams, J. (1965), S. 283f.
[206] Vgl. Barnard, C. (1938); Simon, H. (1947).
[207] Vgl. George, J.; Jones, G. (1996), S. 180.

> Vergleich zu der der Telearbeiter nicht mehr zufrieden geben. Unzufriedenheit und Spannungen zwischen Büromitarbeitern und Telearbeitern könnten die Folge sein.

Erwartungswerttheorie von Vroom

Aufgrund ihrer bedeutenden organisationstheoretischen Implikationen ist die Erwartungswerttheorie, die erstmals von Viktor H. Vroom im Jahre 1964 publiziert wurde[209], auch heute noch sehr populär. Mit ihrer Hilfe wollte Vroom drei arbeits- und organisationspsychologisch relevante Phänomene klären[210]:

1. Die Auswahl eines bestimmten Jobs durch ein Individuum.
2. Das Ausmaß der Arbeitszufriedenheit mit diesem Job.
3. Die erbrachte Leistung auf dem Job.

Die Erwartungswerttheorie, wie in Abbildung 8 dargestellt, identifiziert drei Hauptfaktoren, die diese Phänomene erklären helfen: Valenz, Instrumentalität und Erwartung.

Die **Valenz** beschreibt den Wert, den ein bestimmtes Ergebnis für einen Arbeitnehmer hat[211]. So ist eine Gehaltserhöhung oder eine Beförderung von hohem Wert, während eine Kündigung nur sehr geringen (gar keinen) Wert hat.

Die **Instrumentalität** beschreibt, wie wahrscheinlich es ist, daß der Arbeitnehmer das Ergebnis mittels einer bestimmten Leistung erreichen kann. Führt beispielsweise eine Akquisition von 100 Kunden mit Sicherheit zu einer Gehaltserhöhung, so entspricht dies einer Instrumentalität von +1. Auf der anderen Seite führt diese Akquisition auf gar keinen Fall zu einer Entlassung des Arbeitnehmers (Instrumentalität von -1)[212].

---

[208] Vgl. Wunderer, R.; Grunwald, W. (1980), S. 151.
[209] Vgl. Vroom, V. (1995).
[210] Vgl. Vroom, V. (1995), S. 7.
[211] Vgl. Hub, H. (1990), S. 60.
[212] Vgl. Hub, H. (1990), S. 60.

Die **Erwartung** ist die Wahrnehmung des Arbeitnehmers über die Erreichbarkeit einer bestimmten Leistung durch seine Anstrengungen[213]. In dem Beispiel nützt die positive Valenz der Gehaltserhöhung und die hohe Instrumentalität der Akquisition nichts, wenn der Arbeitnehmer der Meinung ist, daß er selbst bei noch so großer Anstrengung niemals 100 neue Kunden gewinnen wird.

Abbildung 8:
Erwartungswerttheorie von Vroom[214]

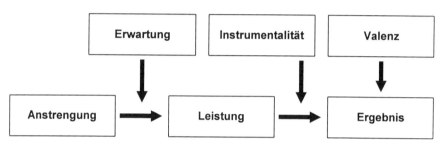

Die Arbeitsmotivation ist das Produkt aus Valenz, Instrumentalität und Erwartung. Mit dieser Gleichung können alle drei oben genannten Phänomene erklärt werden.

Die Kritik an der Motivationstheorie von Vroom richtet sich vor allem auf folgende Aspekte:

1. Die Vroomschen Postulate sind empirisch noch nicht hinreichend überprüft worden. So wurden zum Beispiel bis heute kaum Forschungsbemühungen dahingehend unternommen, wie sich Erwartungen und Instrumentalitäten entwickeln und von welchen Faktoren diese Entwicklung beeinflußt wird[215].

2. Verschiedene Autoren sind der Meinung, daß eine weitere Differenzierung der Erwartung in Erwartung I als subjektive Wahrscheinlichkeit, die Handlung ausführen zu können, und Erwartung II als subjektive Wahrscheinlichkeit dafür, daß

---

[213] Vgl. Hub, H. (1990), S. 60.
[214] Vgl. George, J.; Jones, G. (1996), S. 175.
[215] Vgl. Weinert, A. (1981), S. 276.

diese Handlung das spezifische Handlungsergebnis herbeiführen kann, notwendig sei[216].

3. Vroom geht von der Vorstellung aus, daß sich der Mensch ausschließlich rational entscheidet und exakte Entscheidungskalküle anstellt. Folgt man jedoch einer Unterscheidung in echte Entscheidungen, habituelles Verhalten und impulsives Verhalten, so ist das VIE-Modell Vrooms nur für die Erklärungen der echten Entscheidungen und für die Genese des Gewohnheitsverhaltens nützlich, falls diesem eine echte Entscheidung zugrunde liegt, nicht dagegen für impulsives Verhalten[217].

> Werden die Implikationen der Erwartungswerttheorie von Vroom im Hinblick auf die Telearbeit analysiert, so wird die Notwendigkeit deutlich, realistische Arbeitsziele mit Incentives zur Zielerreichung zu verbinden. Diese Zielvereinbarungen können über eine hohe Valenz, Instrumentalität und Erwartung bezüglich des Ergebnisses zu einer Motivationssteigerung führen und zwar unabhängig von der räumlichen Dezentralisierung des Telearbeiters.

3. Die Mitarbeiterführung

Führung beschäftigt sich mit einem komplexen sozialen Sachverhalt. Die Frage, wie Führung strukturiert sein muß, damit die Geführten sich optimal an der Erreichung der Organisationsziele beteiligen, stellte sich vor allem in der Sozialpsychologie, aus deren Bereich die überwiegende Anzahl der Theorien stammt[218]. Im Laufe der Zeit wurde eine Vielzahl unterschiedlicher Kategorien von Führungstheorien entwickelt, die jeweils einem anderen Aspekt ihre Aufmerksamkeit schenkten und den jeweiligen Anforderungen der Praxis gerecht zu werden versuchten.

Ohne Anspruch auf Vollständigkeit sollen im Hinblick auf Telearbeit die wesentlichen „Etappen" der Führungsforschung dargestellt werden.

---

[216] Vgl. Hub, H. (1990), S. 66.
[217] Vgl. Rosenstiel, L. von (1987), S. 337f.
[218] Vgl. Wunderer, R.; Grunwald, W. (1980), S. 112; Lattmann, C. (1982), S. 25.

An dieser Stelle muß eine kurze Erklärung bezüglich der Aktualität der im folgenden vorzustellenden Theorien erfolgen. Obwohl die im Anschluß dargestellten Mitarbeiterführungstheorien alle bereits seit langem existieren, werden sie doch in der Literatur immer noch fast ausschließlich zitiert. Schlüssige aktuelle Theorien, die der Komplexität des Sachverhaltes gerecht werden, gibt es nicht. Sehr wohl aber gibt es Ansätze aus der Praxis, die auch den Eingang in die Literatur und damit in die Theorie gefunden haben. Ein Beispiel ist das Wissensmanagement, das am Beispiel von Oracle vorgestellt wird (vgl. Teil III. Abschnitt 4.3. „Praxisbeispiel Oracle – Führungsansatz eines wissensbasierten Unternehmens").

3.1. Eigenschaftstheorie

Die Eigenschaftstheorie (engl.: great man theory) sucht die Ursache erfolgreicher Führung in der Persönlichkeit des Führers[219]. Sie ist die älteste bekannte Führungstheorie, die vor allem in den 40er und 50er Jahren viele Studien beschäftigte. Ergebnisse dieser Untersuchungen sind Listen mit den mehr oder weniger übereinstimmenden führungsrelevanten Eigenschaften: Intelligenz, Dominanzstreben, Selbstvertrauen, Anpassungsfähigkeit, Initiative, persönliche Integrität und Belastbarkeit[220].

Diese Theorie beruht auf einem einfachen, unmittelbaren Ursache-Wirkungs-Zusammenhang und besagt, daß man zum Führer geboren wird. Dabei wird der komplexe Wirkungszusammenhang der Führung vernachlässigt, in dem beispielsweise die situative Komponente nicht beachtet wird[221]. Trotz besseren Wissens werden noch heute Führungskräfte häufig allein aufgrund ihrer Persönlichkeitsmerkmale ausgewählt und beurteilt.

Die Eigenschaftstheorie ist zwar empirisch nicht haltbar[222], sie hat jedoch auf alle Folgemodelle ihren Einfluß genommen und darf auch wegen ihrer Bedeutung für die Praxis nicht unterbewertet werden.

---

[219] Vgl. Stogdill, M. (1948).
[220] Vgl. George, J.; Jones, G. (1996), S. 360.
[221] Vgl. Delhees, K. (1995), S.898.
[222] Vgl. Richter, M. (1985), S. 230.

> Bei der erfolgreichen Führung von Telearbeitern spielt die Persönlichkeit des Vorgesetzten zwar eine bedeutende Rolle, dennoch ist nicht jede Führungskraft, die erfolgreich Büromitarbeiter leitet, auch zugleich eine gute Führungskraft für Telearbeiter. Der Einfluß von Vorbereitungs- und Schulungsmaßnahmen der Vorgesetzten muß in diesem Zusammenhang im Vorfeld der Einführung von Telearbeit berücksichtigt werden.

3.2. Verhaltenstheorie

Zu Beginn der 50er Jahre verlagerte sich der Forschungsschwerpunkt von reinen Eigenschaftsanalysen zu verhaltensorientierten Betrachtungen. Im Zentrum des Interesses stand das Verhalten des Vorgesetzten gegenüber seinen Mitarbeitern, sowohl individuell als auch in der Gruppe. Es entstand die sogenannte Führungsstilforschung.

Vorreiter dieses Ansatzes war der Psychologe Kurt Lewin[223]. Er untersuchte, wie sich das Verhalten von Erwachsenen bei der Erziehung und Führung von Kindern auf deren Verhalten auswirkt. Er erprobte den autoritären, den demokratischen und den laissez-faire Führungsstil, wobei er den demokratischen Führungsstil als dominant bezeichnete.

An der Ohio-State-University wurde im Jahre 1953 als Ergebnis einer umfangreichen Studie bekanntgegeben, daß sich zwei Führerverhalten herauskristallisiert hätten[224]. Sie wurden mit „consideration" und „initiating structure" bezeichnet. Consideration ist der mitarbeiterbezogene Führungsstil. Vertrauen und Respekt stehen im Mittelpunkt und ermöglichen ein gutes menschliches Verhältnis. Initiating structure hingegen ist der Führungsstil, der die Aufgabe in den Vordergrund stellt. Leistungsorientierung und Disziplin führen hier zu den gewünschten Arbeitsergebnissen. Consideration und initiating structure sind komplementär und unabhängig voneinander[225]. Komplementär, da ein Führer sowohl mitarbeiter- als auch aufgabenorientiert führen kann, und

---

[223] Vgl. Lewin, K.; Lippitt, R.; White, R. (1939).
[224] Vgl. Fleishman, E. (1953).
[225] Vgl. George, J.; Jones, G. (1996), S. 365.

unabhängig, da man nicht von dem Grad der Mitarbeiterorientierung auf das Ausmaß der Aufgabenorientierung schließen kann und umgekehrt.

Es wurde zunächst angenommen, daß ein aufgabenorientierter Führungsstil allgemein zu hohen Leistungsergebnissen und geringerer Zufriedenheit der Arbeitnehmer (erhöhter Krankenstand, mehr Kündigungen und Beschwerden etc.) führt, während Mitarbeiterorientierung eine höhere Arbeitszufriedenheit bewirkt und dafür geringere Leistungsergebnisse erzielt werden[226]. Diese Annahme konnte durch spätere Untersuchungen nicht bestätigt werden. Die Gründe liegen in dem einseitigen Ursache-Wirkungs-Ansatz, der komplexe Zusammenhänge vernachlässigt[227].

Die Ergebnisse der Ohio Studie wurden etwa zeitgleich in einer unabhängigen Untersuchung der Michigan-University bestätigt. Hier wurden ebenfalls zwei Führungsstile herausgestellt, die mit Personenzentriertheit (employee-centered) und Produktionsorientiertheit (production-centered) bezeichnet wurden[228].

> Ebenso wie die Eigenschaftstheorie sieht die Verhaltenstheorie das Mitarbeiterverhalten allein von der Person des Führers beeinflußt. In bezug auf die Führung von Telearbeitern stellt sich hier die Frage nach der Vorteilhaftigkeit eines Führungsstils. Es scheint sowohl die Mitarbeiterorientierung, insbesondere wegen der zeitweiligen Ausgliederung des Telearbeiters aus dem Büroalltag und der möglicherweise daraus resultierenden Isolation, als auch die Aufgabenorientierung, wegen eines erhöhten Arbeitskoordinationsaufwandes, von großer Bedeutung für die Telearbeit zu sein. Dies gilt es ebenfalls näher zu analysieren.

3.3. Situationstheorie

Das Defizit der Eigenschafts- und der Verhaltenstheorie liegt in der Vernachlässigung der Situation als Einflußgröße. Die Situationstheorie soll diesen Mangel beheben.

---

[226] Vgl. Richter, M. (1985), S. 232.
[227] Vgl. George, J.; Jones, G. (1996), S. 365.
[228] Vgl. Likert, R. (1972).

Das Kontingenzmodell der Führung von Fiedler aus dem Jahr 1967[229] war über einen längeren Zeitraum das meist zitierte Modell in der empirischen Führungsliteratur[230]. Sein entscheidender Erkenntnisgewinn liegt in der Feststellung, daß sowohl der Führungsstil des Vorgesetzten als auch die jeweilige Situation, in der dieser Führungsstil ausgeübt wird, ausschlaggebend für das Leistungsergebnis der Mitarbeiter sind.

Den Führungsstil des jeweiligen Vorgesetzten ermittelt Fiedler mittels der Least-Preferred-Coworker (LPC) -Skala. Der Vorgesetzte muß hierbei den von ihm am wenigsten geschätzten Mitarbeiter auf einer Skala bewerten. Gibt er hohe Werte, so schließt Fiedler auf Mitarbeiterorientierung, sind die Werte niedrig, so deutet dies auf Aufgabenorientierung hin.

Die Situation wird bei Fiedler durch drei Faktoren bestimmt. Die **Führer-Geführten-Beziehung** beschreibt den Grad der Unterstützung des Führers durch die Mitarbeiter. Die **Aufgabenstruktur** wird durch die klare Definition des Arbeitsziels und die Wege zur Zielerreichung bestimmt. Die **Positionsmacht** schließlich gibt darüber Auskunft, ob der Führer die legale Macht hat, Mitarbeiter zu belohnen oder zu bestrafen. Dabei gilt eine Situation mit einer guten Führer-Geführten-Beziehung, einer hohen Aufgabenstrukturiertheit und einer starken Positionsmacht des Führers als besonders günstig, der gegenteilige Fall stellt eine besonders ungünstige Situation dar.

Fiedler kommt im Rahmen seiner Untersuchungen zu dem Ergebnis, daß aufgabenorientierte Führer am erfolgreichsten in besonders günstigen und ungünstigen Situationen sind, während mitarbeiterorientierte Führer am effektivsten in mittelmäßigen Situationen sind. Das impliziert, daß es weder gute noch schlechte Führer gibt, sondern lediglich Führer, die in manchen Situationen effizient und in anderen ineffizient sind[231].

Das Kontingenzmodell scheint auf den ersten Blick eine große Prognosekraft zu besitzen. Allerdings haben Kritiker eine ganze Reihe von Punkten angeführt, die das Modell schwächen. So werden beispielsweise alle Variablen durch Selbsteinschätzung

---

[229] Vgl. Fiedler, F. (1967).
[230] Vgl. Fiedler, F.; Mai-Dalton, R. (1995), S.940.
[231] Vgl. Fiedler, F.; Mai-Dalton, R. (1995), S.942.

des Führers bestimmt, und die Meßskalen, besonders die der LPC-Skala, sind umstritten[232]. Trotzdem bleibt zu betonen, daß an keinem anderen Modell der Führungsforschung so intensiv gearbeitet wurde wie an Fiedlers Kontingenzmodell.

> Die Aussage des Kontingenzmodells, daß es keinen allgemeingültigen richtigen Führungsstil gibt, sondern dieser vielmehr stets von der jeweiligen Situation determiniert wird, ist auch bei der Analyse der Führung von Telearbeitern von Bedeutung. Denkbar ist beispielsweise, daß die Situation bei Telearbeit von dem Grad der Teamorientierung und dem qualitativen Anspruchsniveau der Tätigkeit bestimmt wird.

3.4. Interaktionstheorie

Die Interaktionstheorie ist der differenzierteste Ansatz der Führungstheorie, der im Rahmen dieser Arbeit vorgestellt werden soll. Führung wird hier als „mehrseitiges, pluralistisches System von Einflußbeziehungen gesehen, in dem erst erfolgreiche Beeinflussungsversuche eine Unterscheidung in Führer und Geführte und auch eine Veränderung dieser Rollen zulassen.[233]"

Der **Führungserfolg** ist abhängig

- von **Eigenschaftsmerkmalen** sowohl des Führers als auch des/der Geführten,
- von der **Struktur und Funktion der Gruppe** als Ganzes, d.h. als ein differenziertes und integriertes System von Status-Rollen-Beziehungen und von gemeinsamen Normen,
- von der **spezifischen Situation**, in der sich die Gruppe befindet; hierzu gehören die Art der zu bewältigenden Aufgabe, das Gruppenziel und sonstige äußere Bedingungen[234].

Damit berücksichtigt die Interaktionstheorie von allen bisher vorgestellten Theorien am ehesten die Komplexität von Führung.

---

[232] Vgl. Gabele, E.; Liebel, H.; Oechsler, W. (1982), S. 104f.
[233] Vgl. Gabele, E.; Liebel, H.; Oechsler, W. (1982), S. 45.
[234] Vgl. Gabele, E.; Liebel, H.; Oechsler, W. (1982), S. 106.

Eine Interaktionstheorie ist die von Neuberger zuerst 1976 vorgelegte Weg-Ziel-Theorie der Führung[235]. Sie orientiert sich stark an der Erwartungswerttheorie von Vroom (vgl. Abschnitt 2.2.2.) und ist somit die erste Führungstheorie, deren Ansatz direkt auf einem Gedanken aus der Motivationsforschung aufbaut. Ihr liegt der Gedanke zugrunde, daß menschliches Verhalten nutzenorientiert ist und ein effizienter Führer dem Geführten Nutzenwerte in seiner Arbeit bzw. durch seine Arbeit vermitteln muß.

Wie bei der Erwartungswerttheorie ist zunächst die Valenz des Ziels (bei Vroom: Valenz des Ergebnisses) für die Motivation entscheidend. Neuberger differenziert zwischen der intrinsischen und der extrinsischen Valenz des Ziels. Die intrinsische Valenz ist die innere Befriedigung durch die Zielerreichung, sie tritt in jedem Fall ein. Die extrinsische Valenz ist die Belohnung beispielsweise in Form von einer Beförderung, Gehaltserhöhung oder durch die Aussprache eines Lobes. Da diese Belohnung nicht in jedem Fall eintritt, wird sie mit einer Eintrittswahrscheinlichkeit gewichtet.

Neuberger hat festgestellt, daß nicht nur die Zielerreichung an sich Nutzen stiftet, sondern daß auch der Weg zum Ziel motivierend sein kann. Der Weg ist die bei Vroom beschriebene Anstrengung, die man tätigt mit dem Ziel, eine bestimmte Leistung zu erbringen. Die Valenz dieses Weges unterteilt sich wiederum in intrinsische und extrinsische Valenz, wobei die extrinsische Valenz ebenfalls mit einer Eintrittswahrscheinlichkeit multipliziert wird.

Zuletzt ist noch zu beachten, ob sich mit dem gewählten Weg auch wirklich das angestrebte Ziel erreichen läßt. Dazu wird die Gesamtvalenz des Ziels wie bei Vroom mit einer Weg-Ziel Instrumentalität multipliziert. Abbildung 9 stellt die Weg-Ziel-Theorie von Neuberger noch einmal graphisch dar.

Der führungstheoretische Teil des Modells zeigt nun auf, an welchen Stellen und in welcher Form der Vorgesetzte in die Motivationsfunktion des Mitarbeiters eingreifen kann[236]. Dabei kann der Vorgesetzte generell an jeder einzelnen Komponente der Weg-Ziel-Theorie ansetzen und diese erhöhen bzw. verbessern. Der Vorgesetzte kann

---

[235] Vgl. Neuberger, O. (1976).
[236] Vgl. Neuberger, O. (1984), S. 171f.

zunächst die intrinsische Valenz des Weges durch Eingriff in die Tätigkeit selbst verändern, die extrinsische Valenz des Weges kann durch eine Veränderung im Betriebsklima erhöht werden, so daß Dritte Anerkennung zollen usw.

Abbildung 9:
Weg-Ziel-Theorie von Neuberger[237]

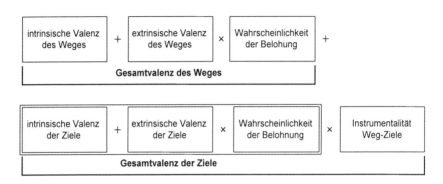

Die Weg-Ziel-Theorie stellt zwar ein differenziertes Beschreibungsmodell für Führungsprozesse dar, Empfehlungen für die Praxis sind allerdings nur begrenzt ableitbar, da die empirische Bestätigung auch aufgrund von fehlenden Meßskalen und vager Formulierung bisher nicht erbracht werden konnte. Neuberger selbst kommt zu dem Ergebnis, daß seine Theorie von der Anwendungsreife noch weit entfernt ist[238]. Trotzdem bietet diese Theorie einen Erkenntnisgewinn für den Praktiker und auch im Hinblick auf Telearbeit. Gezeigt wird, daß die Mitarbeitermotivation an den unterschiedlichsten Faktoren ansetzen kann und daß eine genaue Diagnose des jeweiligen Mitarbeiters oder der Gruppe und der Situation Voraussetzung für effizientes Führen ist[239].

Ein weiteres Modell der Interaktionstheorie wurde von Vroom und Yetton 1973 entwickelt[240]. Ihr Modell hat zum Ziel, den optimalen Grad der Mitarbeiterpartizipa-

---

[237] Vgl. Drumm, H.-J. (1989), S. 284.
[238] Vgl. Neuberger, O. (1984), S. 172ff
[239] Vgl. Evans, M. (1995), S.1089.
[240] Vgl. Vroom V.; Yetton P. (1973).

tion bei der Entscheidungsfindung von Führungskräften zu bestimmen. Der Entscheidungsprozeß des Vorgesetzten kann fünf Stadien in einem Kontinuum mit den Extrempunkten „autokratisch", d.h. Entscheidungen werden ohne jegliche Mitarbeiterpartizipation getroffen, und „delegativ", d.h. Entscheidungen werden ausschließlich vom Mitarbeiter getroffen, einnehmen. Zudem wird noch zwischen Gruppenproblemen, die mehrere Mitarbeiter angehen, und individuellen Problemen, die nur einen Mitarbeiter betreffen, unterschieden.

Das Vroom/Yetton Modell führt die Führungskraft zur richtigen Alternativenwahl mittels eines zu beantwortenden Fragenkatalogs[241]. Die Fragen beschäftigen sich mit den spezifischen Aspekten der zu treffenden Entscheidung, mit den involvierten Mitarbeitern und mit den vorhandenen Informationen und sind in Form eines Entscheidungsbaums angeordnet. Am Ende jeden Asts des Entscheidungsbaums stehen die in diesem Fall zu empfehlenden Alternativen. Die Führungskraft kann sich nun noch zwischen der mehr oder weniger partizipativen Variante entscheiden, wobei vor allen Dingen die zur Verfügung stehende Zeit die entscheidende Rolle spielt, da Partizipation grundsätzlich einen größeren Zeitaufwand erfordert.

Das Vroom/Yetton Modell ist vielfältig zitiert und weiterentwickelt worden. In seiner ursprünglichen oben beschriebenen Form weist es zwar Schwächen auf, wie beispielsweise eine notwendige Beantwortung der Fragen im Entscheidungsbaum mit Ja oder Nein oder eine mangelhafte Anwendbarkeit in Notsituationen, in denen die Reaktionszeit extrem knapp ist, allerdings konnten diese Mängel in aktuellen Weiterentwicklungen des Modells größtenteils behoben werden[242]. Sowohl in der Theorie als auch in der Praxis ist dem Vroom/Yetton Modell große Aufmerksamkeit gewidmet worden. Allerdings beschäftigt es sich wiederum nur mit einer - wenn auch wichtigen - Komponente der Mitarbeitermotivation, nämlich mit der Partizipation. Darin ist seine größte Schwäche als Führungstheorie zu sehen.

---

[241] Vgl. Vroom, V.; Jago, A. (1991), S. 60.
[242] Vgl. Jago, A. (1995), S.1073.

> Die **Interaktionstheorie** erweitert alle bisher dargestellten Theorien. Bezogen auf Telearbeit ist festzuhalten, daß der Führungserfolg in Abhängigkeit
> - von den Eigenschaften sowohl der/des Telearbeiter(s) als auch der Führungskraft,
> - von der Struktur und Funktion der Gruppe als Ganzes und
> - von der spezifischen Situation, in der sich die Gruppe befindet,
>
> stehen kann. Diese drei Komponenten gilt es bei der Analyse der Führung von Telearbeitern zu berücksichtigen.

3.5. Führungstheorien aus der Sicht der Telearbeit

Führung ist ein soziales und daher nur bedingt meßbares Phänomen[243]. Die Kriterien, die eine erfolgreiche Führung ausmachen, sind von Theorie zu Theorie unterschiedlich definiert. Komplexe situative Konstellationen und das Fehlen eines Analyseinstrumentes, lassen eindeutige Führungsempfehlungen nicht zu[244]. Das führt dazu, daß viele Führungstheorien nebeneinander bestehen und sich teilweise widersprechen. Grund für diesen unbefriedigenden Wissensstand ist der Mensch selbst. Die Vielschichtigkeit und Individualität seines Verhaltens läßt sich nicht in allgemeingültigen Aussagesystemen beschreiben und erklären[245]. Demzufolge ist es auch unmöglich, verbindliche Führungsempfehlungen allgemeiner Art zu formulieren.

Trotz der Unvollkommenheit der Führungstheorien hat jede einzelne dargestellte Theorie im Hinblick auf die Analyse der Führung von Telearbeitern relevante und verwendbare Aussagen. Sie müssen bei der Untersuchung der „Telearbeitsinduzierten Anforderungen an Führung" (vgl. Teil V.) berücksichtigt werden.

---

[243] Vgl. Staehle, W. (1994), S. 309.
[244] Vgl. Macharzina, K. (1995), S. 34.
[245] Vgl. Macharzina, K. (1995), S. 50.

4. Ansätze der Praxis

Die dargestellten Führungstheorien erweisen sich bei dem Versuch der praktischen Umsetzung als problematisch. Im allgemeinen suchen Führungskräfte nach anwendbaren Verhaltens- und Führungskonzepten. Aus diesem Grund wurden eine Reihe von Führungsmodellen entwickelt, die, obwohl es ihnen an theoretischer Fundierung mangelt, sehr populär wurden[246]. Folgend werden deshalb einflußreiche Führungsmodelle der Praxis dargestellt, die ebenfalls im Hinblick auf ihre Anwendbarkeit bei Telearbeit untersucht werden.

Der Führungsansatz bei der Oracle Corporation wird abschließend untersucht. Dieses Praxisbeispiel zeigt Möglichkeiten auf, Führungsanforderungen mit anderen Mitteln zu bewältigen, als es die bisher untersuchten Theorien oder Modelle vorsehen. Anhand des Fallbeispiels soll illustriert werden, daß es durchaus erfolgreiche Führungsansätze in der Praxis gibt, die zwar noch unternehmensspezifisch sind, aber wertvolle Anregungen im Hinblick auf die Führung von Telearbeitern liefern.

4.1. Harzburger-Modell

Das Harzburger-Modell hat im deutschsprachigen Raum seit 1954 - insbesondere im Zuge des wirtschaftlichen Aufschwungs der 60er und 70er Jahre - weite Verbreitung gefunden. Es wurde von R. Höhn und G. Böhme entwickelt[247] und seit 1956 an der Akademie für Führungskräfte der Wirtschaft in Bad Harzburg gelehrt. Mit dem **Grundprinzip der Verantwortungsdelegation** will das Harzburger-Modell die folgenden vier Anforderungen erfüllen[248]:

1. **Allgemeiner Geltungsanspruch**, d.h. Anwendbarkeit auf alle hierarchischen Organisationen;
2. **Leistungssteigerung**;
3. **Alternative zum autoritär-patriarchalischen Führungsprinzip** durch die Förderung von selbständig denkenden und handelnden Mitarbeitern;

---

[246] Vgl. Gabele, E.; Liebel, H.; Oechsler, W. (1982), S. 36.
[247] Vgl. Höhn, R.; Böhme, G. (1970); Höhn, R.; Böhme, G. (1971).
[248] Vgl. Gabele, E.; Liebel, H.; Oechsler, W. (1982), S. 47.

4. **Gesellschaftspolitischer Anspruch** des Heranbildens eines zeitgemäßen Staatsbürgers.

Kernelement des Harzburger-Modells ist die Delegation von Verantwortung auf die Ebene, auf die die Entscheidung dem Wesen nach gehört. Die Entscheidungskompetenz jedes Arbeitsplatzes wird durch Stellenbeschreibungen geregelt. Der Vorgesetzte erhält die Führungsverantwortung und hat Mitarbeiterbesprechungen und Dienstgespräche als Führungsmittel. Umfangreiche „Allgemeine Führungsanweisungen" regeln das sogenannte „Führen im Mitarbeiterverhältnis"[249].

Seit den 80er Jahren ist das Harzburger-Modell in die Kritik geraten[250]. Hauptkritikpunkt ist die hohe Regelungsdichte des Modells, das mit 350 Organisationsregeln statt des kritisierten autoritär-patriarchalischen Führungsprinzips lediglich ein autoritärbürokratisches Führungsprinzip verwirklicht und von einer „Führung im Mitarbeiterverhältnis" weit entfernt ist. Angesichts dieser Regelungsdichte scheint es auch fragwürdig, ob die Mitarbeitermotivation, die ausschließlich durch Verantwortungsdelegation erreicht werden soll, tatsächlich gefördert wird. Durch die Stellenbeschreibungen neigt das Harzburger-Modell zur Überorganisation und zur Festigung des Ressortdenkens durch strikte Kompetenzabgrenzungen. De facto werden an den Mitarbeiter nur Routineentscheidungen delegiert, da der Vorgesetzte in außergewöhnlichen Fällen immer eingreifen muß.

Kritisiert werden zudem die rigiden und autoritären Kontrollmethoden. Steinle[251] nennt zur Begründung folgende Aspekte:

- „das Bestehen auf einer reinen Fremdkontrolle,
- die starke Betonung der Verfahrenskontrolle (im Gegensatz zur Ergebniskontrolle),
- die Fixierung des Kontrollstandards durch den Vorgesetzten,
- die dauernde Überwachung durch die Dienstaufsicht mit „überraschenden Stichproben" und

---

[249] Vgl. Wunderer, R.; Grunwald, W. (1980), S. 288f.
[250] Vgl. Guserl, R. (1973); Steinle, C. (1978), S. 202ff; Reber, G. (1970), S. 633ff; Schreyögg, G.; Braun, W. (1976), S. 59ff; Bieding, F.; Scholz, K. (1971), S. 93ff.

- den Verhaltensänderungsbefehl, mit dem jedes Kritikgespräch endet.[252]"

Das Harzburger-Modell will sich auf das ganze System der Führungstätigkeiten erstrecken und nicht nur einen Teil beleuchten. Dennoch sind gravierende Lücken nicht zu übersehen. So enthält es kaum Aussagen zu einem Zielbildungs- und Planungssystem. Außerdem wird eine zusammenhängende Beschreibung eines ausgebauten und integrierten Personalentwicklungssystems vermißt[253].

Trotz der Vielzahl der Mängel hatte das Harzburger-Modell für die Praxis einen größeren Wert, der sich vor allem in der Anwendbarkeit dokumentierte. Stellenbeschreibungen und „Allgemeine Führungsanweisungen" sind Instrumente des Praktikers und geben konkrete Handlungsanweisungen. Nur so läßt sich die weite Verbreitung dieses starren Konzepts erklären.

> Scheint auch das Harzburger-Modell generell kein optimales Managementmodell zu sein, so rückt es doch die motivationale Wirkung der Verantwortungsdelegation in den Blickpunkt. Die Mitarbeitermotivation durch Verantwortungsdelegation erscheint auch im Hinblick auf Telearbeit sinnvoll. So muß es als paradox angesehen werden, daß durch die Telearbeit die Freiräume des Mitarbeiters vergrößert werden und ihm mehr Eigenständigkeit zugebilligt wird, ohne ihm die Verantwortung für sein Handeln zu übertragen. Hier gilt es für Telearbeit konzeptkonforme eigene Ansätze zu entwickeln.

4.2. Management By Objectives

Beim Konzept des „Management By Objectives" (MBO) handelt es sich nicht um einen einheitlichen, auf einen bestimmten Autor zurückzuführenden Ansatz, sondern um eine Konzeption, die sich als Ergebnis verschiedener Arbeiten im Lauf der Zeit entwickelte[254]. Generelle Annahme des Führungsmodells ist, daß durch Führung über Ziele - im Gegensatz zu durchstrukturierten Aufgaben - Initiative, Kreativität und

---

[251] Vgl. Steinle, C. (1978).
[252] Siehe Steinle, C. (1978), S. 210f.
[253] Vgl. Berthel, J. (1979), S. 294f.
[254] Vgl. Stelmaszyk, W. (1981), S. 114.

Flexibilität der Mitarbeiter bei der Arbeit gefördert werden. Unterschiedliche Varianten des MBO differenzieren vor allem im Prozeß der Zielfindung, der von der autoritären Zielvorgabe durch den Vorgesetzten bis zur partizipativen Zielvereinbarung zwischen Vorgesetztem und Mitarbeiter reicht[255]. Eine neutrale Übersetzung des Begriffs Management By Objectives ist „Führung durch Ziele".

Das MBO ist ein leistungs- und zufriedenheitsorientiertes Führungskonzept, das sowohl die Verwendung von Zielen als auch deren Bildung, Kontrolle und Fortschreibung regelt[256]. Das Grundmodell des MBO wird in Abbildung 10 graphisch dargestellt.

Abbildung 10:
Grundmodell eines Management By Objectives[257]

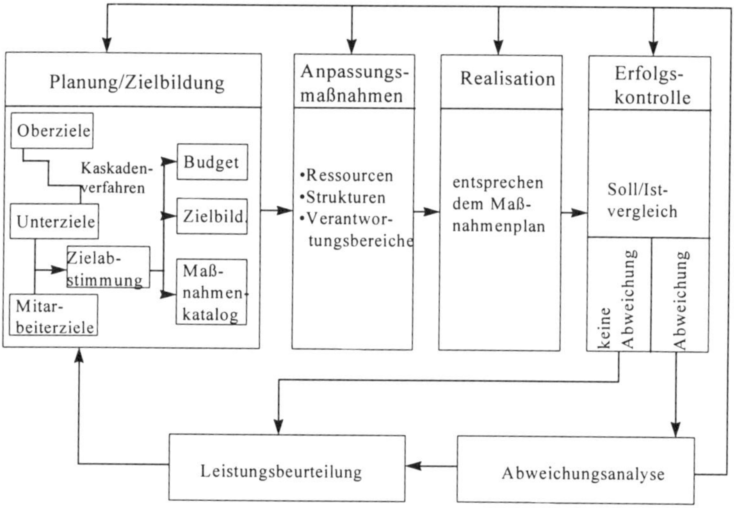

Es werden vor allem in zweierlei Hinsicht Vorteile erwartet: Erstens soll eine Motivationswirkung die Effizienz der Mitarbeiter erhöhen, die Unternehmungsführung entlasten, Konflikte offenlegen, eine Identifikation mit den Unternehmungszielen fördern und eine partnerschaftliche Zusammenarbeit durch Einbeziehung verschie-

---

[255] Vgl. Gabele, E.; Liebel, H.; Oechsler, W. (1982), S. 50f.
[256] Vgl. Wild, J. (1971), S. 82-83; Wild, J. (1973), S.283.
[257] Vgl. Odiorne, G. (1967), S.102.

dener Hierarchieebenen steigern[258]. Zweitens sollen die vorhandenen Freiheiten bei der Zielerreichung idealerweise das Verantwortungsbewußtsein, die Eigeninitiative sowie die Kreativität beeinflussen.

Im folgenden werden die in der Abbildung enthaltenen Schritte erläutert:

- Eng verknüpft sind die Phasen „Planung" und „Zielbildung". Ausgehend von übergeordneten Unternehmungszielen findet die Bildung von Unterzielen mittels eines „Kaskadenverfahrens" statt, wobei Ziele für jeden Bereich formuliert und an nachgeordnete Ebenen weitergeleitet werden. Für die Festsetzung realistischer und gleichzeitig fordernder Ziele, die den Oberzielen entsprechen, wird empfohlen, partizipativ und im Gegenstromverfahren vorzugehen. Diese Vorgehensweise umfaßt zum einen die Planung von der Führungsspitze aus und zum anderen die Konkretisierung und Modifikation der Pläne von der untersten einbezogenen Ebene. Dadurch sollen sowohl Detailkenntnisse unterer Ebenen als auch die Vorstellungen von Vorgesetzten mit den übergeordneten Unternehmungszielen in Einklang gebracht werden. Den Mitarbeitern der unteren Ebene fällt dabei die Aufgabe zu, die Ziele auf Erfolgsaussichten, notwendige Maßnahmen und Mittel zur Realisierung hin zu überprüfen. Dadurch soll idealerweise eine operative Zielkonkretisierung und zugleich eine Übereinkunft anzustrebender Ziele erfolgen[259]. Die schriftliche Fixierung resultierender Ziele führt zu einem „Zielbild", wobei die enthaltenen Kategorien beispielsweise innovative Problemlösungs- und Routineziele umfassen können. Zusätzlich werden teilweise quantitative Angaben empfohlen, um den Kontrollprozeß zu erleichtern[260]. Der entstehende Maßnahmenkatalog („action plan") beinhaltet die zur Zielerreichung notwendigen Maßnahmen und Hilfsmittel[261].

- Eine Anpassung der Organisationsstruktur ist im Anschluß an die Formulierung des Zielbildes notwendig, um geänderten Verantwortungs- und Aufgabenbereichen sowie Ressourcenausstattungen gerecht zu werden. Hierfür erforderliche Informa-

---

[258] Vgl. Odiorne, G. (1967), S. 75-77; Odiorne, G. (1980), S.55-56.
[259] Vgl. Wild, J. (1973), S. 291-293.
[260] Vgl. Wild, J. (1973), S. 296f; Odiorne, G. (1984), S.50 und 200.
[261] Vgl. Raia, A. (1974), S. 68-81; McConkey, D. (1975), S.14f.

tionen entstammen jedoch häufig erst der späteren Abweichungsanalyse, so daß Anpassungen dann auch nur Folgeperioden betreffen können.

- In der Umsetzungsphase werden Tätigkeiten entsprechend der festgelegten Ziele ausgeführt. Der schriftlich fixierte Maßnahmenkatalog, der konkrete und an Termine gekoppelte Schritte enthält, erleichtert die eigentliche Realisation der Leistungserstellung. Dabei gewährt die grundsätzliche Orientierung an Zielen den verantwortlichen Mitarbeitern weitgehende Freiheiten bei der Mittelwahl und der Durchführung ihrer Handlungen. Eine Einschränkung der Freiheiten resultiert lediglich aus der bereits erfolgten Festlegung des Maßnahmenkataloges.

- Eine Erfolgskontrolle besteht aus einem - entsprechend der gängigen MBO-Darstellung - einfachen Soll/Ist-Vergleich. Ungenauigkeiten bzw. Schwierigkeiten hängen hierbei unmittelbar von den formulierten Zielen und deren Überprüfungsmöglichkeiten ab.

- Die detaillierte Formulierung der Ziele soll geeignete Kontrolldaten für eine Ergebniskontrolle durch den Vorgesetzten sowie für eine laufende Selbstkontrolle durch den Mitarbeiter bieten. Eine kooperativ durchgeführte Abweichungsanalyse, in der die Erörterung möglicher Abweichungen erfolgt, stellt dann den Ausgangspunkt für korrigierende Maßnahmen und den neuerlichen Beginn eines MBO-Zyklusses dar. Eine besondere Bedeutung wird häufig der Selbstkontrolle zugesprochen, da motivierte Mitarbeiter selbst am besten beurteilen können, welche Änderungen notwendig sind[262].

- Aufgrund der Einbindung in den Prozeß des MBO sollen auch Vorteile für eine Leistungsbeurteilung folgen, da jeder Beurteiler gezwungen ist, sich schon während der gesamten Periode einer Leistungserstellung mit den Mitarbeiterleistungen auseinanderzusetzen[263]. Die Leistungsbeurteilung dient dann als Grundlage für die angesprochenen personalpolitischen Funktionen sowie als Feedback für die Planungs-, Anpassungs- und Realisationsphase der folgenden Perioden.

---

[262] Vgl. Frese, E. (1987), S. 280.
[263] Vgl. Odiorne, G. (1971), S. 36-41; Odiorne, G. (1984), S.212f.

Das MBO wird in der deutschen Unternehmenspraxis nur teilweise praktiziert, seine postulierten Vorzüge sind dabei unzureichend realisiert und empirisch kaum nachgewiesen[264]. Das MBO wird als umfassende Führungskonzeption angesehen. An dieser Stelle setzt zunächst die Kritik an. Als generelle Vorteile werden die Steigerung der Selbstverwirklichung und die Verringerung des Koordinationsaufwandes angeführt. Weiterhin erfüllt ein MBO-Ansatz, der auf Zielvereinbarung aller an der Leistungserstellung Beteiligten basiert, wesentliche Forderungen einer kooperativen Führung und Mitbestimmung[265]. Bei einer erfolgreichen Implementierung sollen zusätzlich die folgenden Vorteile realisierbar sein:

- Verbesserung des Führungsverhaltens von Vorgesetzten,
- Steigerung der Zufriedenheit, Motivation, Eigeninitiative, Selbststeuerungsfähigkeit und Verantwortungsbereitschaft der Mitarbeiter,
- bessere Planung und Zielabstimmung in der gesamten Unternehmung, Aufdeckung von Abstimmungserfordernissen,
- Entlastung der Führungskräfte sowie
- klare Knüpfung der Leistungserwartungen und Anreize an die erbrachte Leistung[266].

Gegenüber diesen offensichtlichen und teilweise auch empirisch belegbaren Vorteilen eines MBO sind eine Reihe anderer Aspekte diskussionswürdig. Es handelt sich dabei in erster Linie um den grundsätzlichen Anspruch sowie die zugrundeliegenden Annahmen des Konzeptes:

- MBO vermittelt den Eindruck der Existenz eines allgemeingültigen und umfassenden Führungskonzeptes, das unabhängig von externen und internen Bedingungen bzw. Situationen funktioniert. Diesem Anspruch wird das vorgestellte Verfahren jedoch nicht gerecht. Die Konzentration auf individualpsychologische Aspekte klammert die Gestaltung sozialer Beziehungen und Konflikte gleichzeitig auch

---

[264] Vgl. Wunderer, R.; Grunwald, W. (1980), S. 310.
[265] Vgl. Wunderer, R.; Grunwald, W. (1980), S. 310.
[266] Vgl. Wild, J. (1973), S. 306f.

gruppendynamische Prozesse aus[267]. Gegen die Verwendung als umfassendes Führungskonzept spricht zudem die Tatsache, daß eine Zieloperationalisierung auf höheren Hierarchieebenen problematisch wird. So ist die Möglichkeit, präzise Sollausprägungen und Beurteilungskriterien zu formulieren, bei interdependenten Zielsetzungen mit strategischem Charakter stark eingeschränkt[268]. Demnach ist der Einsatz eines MBO bei sehr unbestimmten, komplexen Aufgaben wenig sinnvoll. Insgesamt stehen diese Argumente dem Anspruch des MBO als umfassendem Führungskonzept entgegen.

- Eine Annahme ist, daß Mitarbeiter, die nicht die gewünschte Leistung erbringen, durch ein straffes Kontrollsystem zu Leistungssteigerungen veranlaßt werden können. Die Betonung einer solchen ergebnisorientierten ex-post-Kontrolle kann damit dem unterstellten Idealbild von sich selbststeuernden, eigenverantwortlichen Mitarbeitern widersprechen.
- Darüber hinaus liegt ein idealisiertes Menschenbild zugrunde, wonach Individuen im Berufsleben vor allem nach Selbstverwirklichung streben.
- Weiterhin kann die Annahme nicht verallgemeinert werden, daß die erforderliche Angleichung der Mitarbeiter an die Unternehmungsziele immer problemlos erfolgt[269].

Das Führungsmodell des „Management By Objectives" hat eine zentrale Bedeutung hinsichtlich der Führung von Telearbeitern. Es wird zu zeigen sein, daß Führen durch Ziele neben anderen Komponenten ein wesentlicher Bestandteil der Teleführung ist. Die Implikationen des MBO werden deshalb erneut ausführlich im V. Teil („Telearbeitsinduzierte Anforderungen an Führung") aufgegriffen.

---

[267] Vgl. Wunderer, R.; Grunwald, W. (1980), S. 310.
[268] Vgl. Frese, E. (1987), S. 280.
[269] Vgl. Frese, E. (1987), S. 281f.

4.3. Praxisbeispiel Oracle – Führungsansatz eines wissensbasierten Unternehmens

Im folgenden soll ein aktuelles Praxisbeispiel einen neuen und ganz anderen Führungsansatz präsentieren, der im Hinblick auf Telearbeit interessant ist.

Es gibt bereits einige Unternehmen, die gute Beispiele für fortschrittliche, aktuelle Führungsansätze abgeben. So an dieser Stelle z.B. auf Firmen wie British Petroleum[270], Glaxo und Boehringer Mannheim verwiesen. In dieser Analyse sind die „wissensbasierten Unternehmen" ausgewählt worden, da sie zum einen in dem begonnenen „Zeitalter der Information" eine zentrale Bedeutung haben und zum anderen da genau aus diesem Grund einige wissensbasierte Unternehmen derzeit zu den wohl erfolgreichsten Unternehmen am Markt gehören (vgl. u.a. Microsoft, SAP, Oracle).

Ziel ist es, ein erfolgreiches, wissensbasiertes Unternehmen im Hinblick auf die Ursachen für seinen außergewöhnlichen Erfolg zu untersuchen. Die atemberaubende Geschwindigkeit des Wachstums durch eigene Kraft, sowohl den Umsatz und Gewinn als auch die Mitarbeiteranzahl und die weltweite Präsenz betreffend, macht Oracle zu einem der erfolgreichsten wissensbasierten Unternehmen der Gegenwart.

Der Fokus wird auf die zwei wesentlichen Erfolgsfaktoren der Unternehmensführung gelegt: die **strategische Ausrichtung** und das **Wissensmanagement**. Diese zwei Faktoren steigern die Motivation jedes einzelnen Mitarbeiters in einer Art und Weise, daß die Gesamtheit der Belegschaft den großen Erfolg des Unternehmens bewirken kann.

Die Oracle Corporation ist nach Microsoft das zweitgrößte Softwareunternehmen der Welt und ist führend im Vertrieb von Software für das „Information Management", insbesondere von Datenbanken[271]. Neben der Standardsoftware bietet Oracle individuelle kundenorientierte Lösungen durch eigene Beratungsdienste sowie Schulungen und Unterstützungs- bzw. Kundendienstservice an. In über 140 Ländern der Welt beschäftigt Oracle insgesamt rund 31.000 Mitarbeiter. Gegründet wurde das kalifornische

---

[270] Vgl. Prokesch, S. (1997).

Unternehmen 1977 von Lawrence Ellison, der auch heute noch das Unternehmen leitet[272]. Mit jährlichen Umsatzwachstumsraten von über 30% hat die Oracle Corporation im Geschäftsjahr 1997 einen Rekordumsatz von 5,7 Mrd. USD. erzielt.

Oracle ist ein führender Vertreter des „Network Computing" (NC) und entwickelt die dazugehörende Software des Betriebssystems. Die Idee des NC unterstellt, daß die Aufwendungen für immer wieder zu erneuernde Soft- und Hardware für den PC-Nutzer auf Dauer unrentabel sind und zudem die angebotenen Softwarepakete vom Umfang her den Bedarf der meisten Anwender weit übersteigen.

Das NC bietet mittels einer neuen Hard - und Softwarearchitektur eine Lösung des Problems. Beim NC befinden sich Software und Daten nicht mehr auf dem Computer, sondern werden beim Einschalten des Gerätes je nach Bedarf von einem anderem großen Computer geladen. Hierdurch bedarf es einer geringeren Leistungsfähigkeit der Hardware, was die Kosten reduziert. Basis des NC ist ein einfaches Betriebssystem und normierte Schnittstellen für Hardware und Software. Diese Normierungen sind öffentlich zugänglich und somit steht die Partizipation am Markt jedem Anwender offen.

Im folgenden wird zunächst der Aspekt der **strategischen Ausrichtung** von Oracle untersucht[273]. Die Erarbeitung der strategischen Ausrichtung erfolgte im Oktober/ November 1996 durch Oracles Top-Führungskräfte und mit Hilfe der externen Beratung von C.K. Prahalad[274].

Oracles „Strategic Intent[275]" ist die Schaffung der vernetzten Gesellschaft („Create the Networked Society"). In einer vernetzten Gesellschaft erfolgt die Kommunikation und

---

[271] Vgl. Oracle Corporation (1996), S. 1.
[272] Vgl. Oracle Corporation (1998), S. 1.
[273] Die Informationen dieses Teils sind dem internen „Strategic Intent"-Paket für Oracle Führungskräfte entnommen, das freundlicherweise von der Firma zur Verfügung gestellt wurde.
[274] Prof. C.K.Prahalad lehrt Unternehmensstrategie und Internationale Wettbewerbsbeziehungen an der University of Michigan.
[275] Mit „**Strategic Intent**" bezeichnen Prahalad und Hamel (Vgl. Hamel, G; Prahalad, C. (1989)) die Entschlossenheit von Unternehmen Ziele, die zum aktuellen Zeitpunkt in keinem Verhältnis zu ihren Mitteln und Fähigkeit stehen, über lange Zeiträume hinweg zu erreichen. Diese strategische Intention umfaßt sowohl das Ziel, das sich auf eine weit in der Ferne liegende globale Marktposition bezieht, als auch die Kriterien wie das Unternehmen dieses Ziel erreichen will.

Interaktion der Mitglieder auf elektronischem Weg. Als Mitglieder werden sowohl profit als auch non-profit Unternehmen, öffentliche Einrichtungen und Individuen verstanden. Die virtuelle Unternehmung wird als Organisationsform in der vernetzten Gesellschaft vorherrschen. Die elektronische Verbindung aller Mitglieder erfolgt durch anwenderfreundliche Technik wie Telefon und Fernsehen, die durch komplexe Netzwerke und Informationssysteme unterstützt wird.

Zur Realisierung dieses „Strategic Intent" sind bei Oracle vier Transformationsschritte erarbeitet worden.

1. Die Entwicklung vom **Spezialisten** für Datenbanken zu einem strategischen Partner in der Informationstechnologie.
2. Die Entwicklung von einem **Nischen-Akteur** zu einem Geschäftspartner eines größeren Marktes.
3. Die Entwicklung von dem klassischen Client/Server Computing zu einem **Netzwerk Computing**.
4. Die Entwicklung von einem Verbund unabhängiger Unternehmen hin zu einem **Teamverständnis**.

Auch die Kompetenzen, die zur Umsetzung des „Strategic Intent" notwendig sind, wurden bei Oracle analysiert. Dazu wurde zunächst die eigene Kernkompetenz[276] herausgearbeitet. Sie besteht *im zuverlässigen, sicheren und wirtschaftlichen Umgang mit großen Datenmengen, die über Netzwerke einer großen Anzahl von Nutzern zur Verfügung gestellt werden.* Diese Kernkompetenz ist ein wichtiger Erfolgsfaktor für Oracle; gleichwohl wurde aber festgestellt, daß es noch weiterer Kompetenzen im Hinblick auf den „Strategic Intent" bedarf:

1. **Spezielles Expertenwissen** ist für die Branchen notwendig, in denen die Kunden von Oracle agieren.

---

[276] Die Existenz von Kernkompetenzen in einem Unternehmen läßt sich anhand von wenigstens drei Kriterien prüfen:1. Eine Kernkompetenz eröffnet potentiell den Zugang zu einem weiten Spektrum von Märkten. 2. Eine Kernkompetenz muß zu den vom Kunden wahrgenommenen Vorzügen des Endprodukts erheblich beitragen. 3.Eine Kernkompetenz darf von Konkurrenten nur schwer imitierbar sein. Die Konzentration auf

2. Die Schaffung einer **globalen Mentalität** im Unternehmen bezieht sich auch auf das Verständnis des Einzelnen, seinen Beitrag zum Erfolg des ganzen Unternehmens zu leisten.
3. Die Marke Oracle muß bewußt positioniert, das **Markenbewußtsein** gesteigert werden.
4. Eine **Konzentration auf Netzwerke** beinhaltet die Konzentration auf eine modulare, erweiterbare Komponentenarchitektur und auf die Schaffung von technischen Standards.
5. Das Eingehen von **Partnerschaften** ist sowohl intern in Form von funktionsübergreifenden Teams als auch extern in Form von Allianzen zur Nutzensteigerung des Kundens anzustreben.
6. Bei der einwandfreien **Qualität und Anwenderfreundlichkeit** aller angebotenen Produkte und Dienstleistungen und bei der Konzentration auf einen schlagkräftigen und erfolgreichen Vertrieb handelt es sich um eine Grundvoraussetzung für erfolgreiche Geschäftstätigkeit.

Es ist deutlich geworden, daß die strategische Ausrichtung nicht nur aus einem visionären Ziel besteht, sondern der ganz konkreten Benennung von Transformationsschritten bedarf. Zudem ist es notwendig, einen Implementierungsplan aufzustellen, der konkrete terminliche Fristen der Umsetzung beinhaltet und die Kommunikation der gesamten Strategie regelt.

Dieser Notwendigkeit wurde bei Oracle mit dem „Guide to implementing strategic intent" und mit dem „Guide to communicating strategic intent" Rechnung getragen. Ersterer gibt Abteilungsleitern Anregungen zur Umsetzung in ihren Abteilungen. So wird unter anderem eine Einigung auf eine gemeinsame Terminologie, eine Schaffung abteilungsspezifischer Unterziele und ein Engagement in funktionsübergreifenden Teams empfohlen.

Der „Guide to communicating strategic intent" ist ein Führungskräfteleitfaden zur Kommunikation des „Strategic Intent". Zunächst ist das Ziel formuliert, daß bis zum 31. Januar 1997 alle Oracle Mitarbeiter

---

die Kernkompetenzen ist für die Realisierung des „Strategic Intent" von entscheidender Bedeutung (Vgl.

- den „Strategic Intent",
- die zu seiner Realisierung anzustrebenden Transformationen und
- den eigenen Beitrag zu dieser Veränderung

darlegen können. Im Anschluß folgen Vorschläge, wie Kommunikationssitzungen - sogenannte „Oracle Foren" - organisiert werden können. Diese Vorschläge reichen von der Auswahl und Anzahl der teilnehmenden Mitarbeiter je Forum über mögliche Tagesordnungen bis hin zu Empfehlungen von Kommunikationsinstrumenten und Diskussionsbeiträgen je Sitzung. Zudem ist ein Katalog beigefügt, der Antworten auf die meistgestellten Fragen der Mitarbeiter bereitstellt und eine vollständige Folienpräsentation zum Thema mit ausformulierten Erläuterungen zu jeder Folie beinhaltet.

Die Folge dieser Umsetzungsanstrengungen war eine umfangreiche Schulung jedes einzelnen Oracle Mitarbeiters zum Thema „Strategic Intent". Diese Schulungen, die einem Aufwand von 30.000 Manntagen entsprechen, zeigen nicht nur das Gewicht, das der strategischen Ausrichtung bei Oracle zugeschrieben wird, sondern ermöglichten auch eine Einhaltung des oben dargelegten Ziels, bis zum 31. Januar 1997 alle Mitarbeiter so zu informieren, daß sie nicht nur passiv, sondern aktiv über den „Strategic Intent" Bescheid wissen. Dieser Erfolg wurde von einer unabhängigen Agentur mittels einer Umfrage bestätigt.

Im folgenden wird als zweiter wesentlicher Erfolgsfaktor der Unternehmensführung von Oracle der Aspekt des **Wissensmanagements**[277] untersucht. Dabei werden unter dem Begriff Wissensmanagement all jene Maßnahmen subsumiert, die ein Unternehmen ergreift, um Wissen für den Unternehmenserfolg nutzbar zu machen[278].

Das Management von Wissen hat in der Oracle Corporation zwei Aspekte. Der erste Aspekt ist die technische Bewältigung der Erfassung, Gliederung und Weitergabe von Informationen und Wissen. Diese technische Seite ist grundlegende Voraussetzung für eine erfolgreiche Umsetzung des Wissensmanagements. Der zweite Aspekt ist die Schaffung einer Kultur der „lernenden Unternehmung", ohne die die besten techni-

---

Hamel, G; Prahalad, C. (1991), S.71).
[277] Die Informationen dieses Teils wurden im Gespräch mit Herrn Felten (Direktor der Oracle Niederlassung Hamburg) und Herrn Schellhas (Account-Manager) erworben.

schen Instrumente des Wissensmanagements nur unzureichend genutzt werden können und Wissen nicht weitergegeben, sondern zur Festigung der eigenen Machtposition gehortet wird.

Bei der technischen Umsetzung des Wissensmanagements bedient sich Oracle aller denkbaren Möglichkeiten:

- dem traditionellen Lehrer-Klassen Training (Instructor Led Training),
- der Print-Medien,
- der Veranstaltung von Events,
- der Audio-Video Medien (wie CD-Roms und Videokassetten),
- des Fernsehens,
- des Intranets und
- des Internets.

Das **Instructor Led Training** wird in den Bereichen eingesetzt, in denen die zwischenmenschliche Interaktion, sei es zu Zwecken der Kontaktknüpfung oder zu themenbezogenen Diskussion, sehr wichtig erscheint.

Print-Medien in Form von Broschüren oder Handbüchern sind für die Informationen sinnvoll, die einen beständigen, grundlegenden Charakter haben und meist als Basisinformation interpretiert werden. Der Umfang dieser gedruckten Informationen ist bei Oracle rückläufig.

Die Veranstaltung von **Events** (beispielsweise in großem Umfang zur Markteinführung neuer Produkte) ist vor allem für die Corporate Identity von Bedeutung. Kleinere Veranstaltungen oft im regionalen Rahmen unterstützen aber auch den informellen Informationsaustausch und die Kommunikation über die Grenzen von Organisationsbereichen und Hierachiestufen.

Das sogenannte **Medien Training** nutzt sowohl die technischen Möglichkeiten von Videos und CD-Roms („Course in a box") als auch den Computer („Computer-Based-Training"). Auf diese Datenträger werden Kurse gespielt, die eine autodidaktische

---

[278] Vgl. Consortium Benchmarking Study (1996); Becker, J. (1995), S. 16-19.

Form des Lernens ermöglichen und jederzeit unabhängig von Schulungsterminen mit eventuellen Reisenotwendigkeiten flexibel und einsatzbezogen angewendet werden können. Hinzu kommt, daß die eigene Lerngeschwindigkeit verwirklicht werden kann und diese Trainings auch außerhalb der Büro- bzw. Arbeitszeiten zur Verfügung stehen.

Das **Fernsehen** nutzt Oracle in Form des sogenannten „Oracle Channels", eines Business-TVs. Dieser Channel kann nur mit einer besonderen Lizenz empfangen werden, die zur Zeit in allen größeren Oracle-Niederlassungen (ca. acht in Deutschland) vorhanden sind. Der „Oracle Channel" dient sowohl zur simultanen weltweiten Verbreitung wichtiger Informationen und Nachrichten des Top-Managements als auch für Vorträge und Diskussionen, die für ein internationales Oracle-Publikum von Interesse sind, und natürlich auch für aktuelle Schulungen.

Der „Oracle-Channel" ist in folgender Hinsicht als interaktiv zu bezeichnen:
- Es gibt die Möglichkeiten auf geschlossene Fragen des Vortragenden für statistische Zwecke direkt mittels einer Art Fernsteuerung mit „Ja" oder „Nein" zu antworten. Die Ergebnisse der Befragung sind sofort in einer Statistik am Bildschirm zu erkennen.
- Eine anonyme „Nicht-verstanden-Taste" ermöglicht es jedem Zuschauer dem Vortragenden zu signalisieren, daß der Sachverhalt nicht deutlich geworden ist. Der Vortragende bekommt so direkt die Möglichkeit das Gesagte zu konkretisieren. Durch die Anonymität soll eine mögliche Scheu oder Zurückhaltung der potentiellen Nachfrager ausgeschaltet werden.
- Mittels einer „Call-Taste" kann jeder Zuschauer dem Vortragenden eine Frage signalisieren. Entscheidet sich der Vortragende die Frage anzunehmen, so erscheint auf dem Bildschirm ein kleines zusätzliches Bild des Fragenstellers, der seine Frage bzw. seinen Kommentar vorträgt. Es ist in dieser Hinsicht also möglich eine virtuelle Diskussion zu führen.

Oracle besitzt ein eigenes **Intranet,** dessen Zugang jedem Mitarbeiter durch ein eigenes Notebook jederzeit offen steht. Das Intranet stellt neben aktuellen täglichen Informationen - wie beispielsweise den Börsenkurs der Oracle Aktie, internen Mitteilungen des Top-Managements oder Nachrichten über Mitbewerber - das sogenannte „Corporate Repository" zur Verfügung. Letzteres ist eine wissensbasierte Datenbank, die nach Schlagworten sortiert sämtliches Oracle Wissen zur Verfügung stellt. Dieses Wissen wird in den Abteilungen des technischen Marketings der jeweiligen Landesorganisationen eingespeist. Jeder Mitarbeiter kann sich mit seinem Wissen an diese Abteilung wenden, und das technische Marketing wendet sich seinerseits auch an Mitarbeiter, bei denen interessantes Wissen auf Grund von Funktion oder Aufgabe vermutet wird.

Jeder einzelne Oracle Mitarbeiter hat über sein Notebook einen **Internet**- und damit auch einen Mailsystem-Zugang. Eine Call-Back Funktion bewirkt, daß der Internet-Nutzer nur einen lokalen Anruf zum nächsten Internet-Server tätigen muß um zu signalisieren, daß er ins Netz möchte. Es erfolgt dann sofort ein Rückruf auf Kosten von Oracle, so daß alle weiteren Internetkosten nicht vom Mitarbeiter getragen werden müssen, wenn dieser beispielsweise von zu Hause oder vom Kunden aus ins Netz geht.

Über das **Mailsystem** wird einmal im Monat ein Top-Management Bericht, der sogenannte „Oracle-Insider" veröffentlicht. Dieser Bericht enthält alle wesentlichen Informationen der vergangenen vier Wochen und wird als Update von den Mitarbeitern sehr geschätzt. Zudem wenden sich Mitglieder der Geschäftsleitung auf diesem Wege auch direkt an ihre Mitarbeiter, um zu aktuellen Fragen oder Gerüchten Stellung zu nehmen.

Über das Internet soll in nächster Zukunft aber noch eine ganz neue Form der Informationsvermittlung starten: Das sogenannte „Training on Demand". Kurse und Schulungen sollen dann direkt im Internet abrufbar sein. So wie der „Oracle Channel" den Vorteil der Aktualität gegenüber dem Medien-Training aufweist, so weist das „Training on Demand" den Vorteil der Zeitflexibilität gegenüber dem „Oracle Channels" auf. Es wird dann jedem Oracle Mitarbeiter zu jeder Zeit und an jedem Ort möglich sein, die aktuellste Schulung seines derzeitigen Bedarfs in seinem eigenen Tempo zu absolvieren. Damit wird die große Herausforderung, alle Mitarbeiter stets auf den aktuellsten Stand zu schulen und zu informieren, bewältigt werden.

Diese Aufzählung der technischen Instrumente des Wissensmanagements macht deutlich, daß Oracle den Wert der Information, die Bedeutung der Wissensverbreitung und die Notwendigkeit der zeit- und ortsunabhängigen Flexibilität und uneingeschränkten Aktualität des Wissens erkannt hat. Alle zur Zeit bekannten Medien werden von Oracle für das Management von Wissen genutzt, und es werden sogar neue Wege und Möglichkeiten erdacht und umgesetzt. In dieser Hinsicht gehört Oracle zu den fortschrittlichsten Unternehmen des Wissensmanagements.

Der zweite Aspekt des Wissensmanagements bezieht sich auf die Implementierung einer Lernkultur im Unternehmen. Oracle versteht sich selbst als „Lernende Unternehmung". Gefördert durch das durchschnittlich sehr hohe Ausbildungsniveau der Mitarbeiter (80-90 % sind Akademiker) und das sehr junge Durchschnittsalter (30-35 Jahre) besteht eine sehr positive Einstellung zum Lernen. Diese äußert sich zum Teil sogar in einer „Angst vor dem Nicht-Wissen", die dazu führt, daß einige Mitarbeiter schon zu viel Zeit in die Wissensaufnahme und -weitergabe investieren und von ihren Vorgesetzten gebremst werden müssen.

Die strategische Ausrichtung und das Wissensmanagement sind auch in bezug auf Telearbeit relevante Motivations- und Führungsinstrumente. Telearbeit muß als strategischer Erfolgsfaktor begriffen und dementsprechend ernsthaft organisiert und implementiert werden. Werden Telearbeitsplätze beispielsweise nur für Frauen während des Erziehungsurlaubes und zudem nur in Unterstützungsabteilungen wie der Personalabteilung eingerichtet, so kann diese Innovation für das Unternehmen kein strategischer Vorteil werden. Ist dies der Fall, so wird Telearbeit in dem Unternehmen keine dauerhafte Arbeitsform sein, da Ausnahmeregelungen Grundlage für die Einrichtung eines Telearbeitsplatzes sind, die kritische Masse nicht erreicht wird und die Ernsthaftigkeit bei der Überwindung von Problemen fehlt. Telearbeit muß deshalb Teil der strategischen Ausrichtung eines Unternehmens sein.

Die Bedeutung des Wissensmanagement ist essentiell für Telearbeit. Die technische Verfügbarmachung von Wissen ermöglicht es dem Telearbeiter, auch am dezentralen Arbeitsplatz ständig auf das aktuelle Unternehmenswissen Zugriff zu haben. Diese Integration in den Informationsfluß gewährleistet zum einen das effiziente Arbeiten unabhängig von Ort und Zeit, zum anderen die Motivation des Telearbeiters, der nicht isoliert oder abgeschoben vom „Puls des Unternehmens" ist.

5. Zusammenfassung

Die Analyse der Theorien über den Menschen, das Mitarbeiterverhalten und die Führung haben gezeigt, daß jeder Ansatz auch eine für Telearbeit verwendbare, wichtige Aussage macht. Dieses Ergebnis ist deshalb verständlich, da Telearbeit zwar eine neue Form der Arbeitsorganisation ist, sich aber genauso im Spannungsfeld zwischen Führer und Geführten, zwischen sachlichen Aufgaben und sozialen Beziehungen abspielt wie jede klassische Organisationsform. Es ist deshalb logisch, daß die Ansätze, die in diesem Teil vorgestellt wurden, auf den ersten Blick auf Telearbeit genauso gut oder schlecht anwendbar sind wie auf jede andere Form der Arbeit. Es bleibt festzuhalten, daß es kein geschlossenes Modell gibt, daß auf Telearbeit übertragbar wäre.

Nachfolgend sind die in diesem Teil herausgearbeiteten - für Telearbeit relevanten - Führungsaspekte zusammenfassend aufgelistet. Es gilt diese Punkte im Teil V. "Telearbeitsinduzierte Anforderungen an Führung" in der Analyse zu berücksichtigen.

- **Eigenschaft des Vorgesetzten (Persönlichkeit, Menschenbild)**
  Bedeutung der Auswahl der geeigneten Führungskraft
  Bedeutung der Schulung von Vorgesetzten
- **Eigenschaft der Telearbeiter (Persönlichkeit, Selbständigkeit, Motivation)**
  Bedeutung der Auswahl des geeigneten Telearbeiters
  Bedeutung der Schulung von Telearbeitern
- **Bedeutung der Gruppe (zwischen Telearbeitern und insbesondere zwischen Telearbeitern und Büromitarbeitern)**
- **Bedeutung der Situation**
- **Führungsstil (Mitarbeiter- versus Aufgabenorientierung)**
- **Bedeutung der Motivation**
- **Führen durch MBO**

➢ **Bedeutung der Verantwortungsdelegation**
➢ **Wissensmanagement**
➢ **Strategische Ausrichtung**

Entscheidend für die Telearbeit ist die Flexibilisierung des Arbeitsortes und der Arbeitszeit. Diese innovative Organisationsform ist durch die Entwicklung der Informations- und Kommunikationstechnologie technisch erst möglich geworden. Es ist deshalb notwendig, im nächsten Teil zunächst einmal kurz die Entwicklungsschritte dieser Technologieentwicklung aufzuzeigen, um dann die daraus resultierenden Anforderungen hinsichtlich der Führung und Motivation im Informationszeitalter darzustellen.

IV. Teil: Führung von Telearbeitern in Folge veränderter Informations- und Kommunikationstechnologien

Die Informations- und Kommunikationstechnologie (IuK-Technologie) ist die Grundlage für erfolgreiche Telearbeit. Dies gilt in verstärktem Maße gerade im Hinblick auf Führung von Telearbeitern. Die Entwicklung der IuK-Technologie stellt eine neue Symbiose zwischen Mensch und technischen Systemen her, deren Auswirkungen hinsichtlich veränderter Führungsanforderungen zunächst untersucht werden müssen.

1. Begriffsbestimmung Informations- und Kommunikationstechnologie

Daten bilden den Ausgangspunkt für Wissen. Als Basiseinheiten bestehen Daten aus einer nahezu unbegrenzten Menge an verfügbaren Fakten, Statistiken, Texten und Bildern dieser Welt, die beobachtet, gemessen, geordnet und strukturiert zu **Informationen** werden. **Wissen** ist aber mehr als organisiertes und strukturiertes Datenmaterial. Wissen beinhaltet auch Annahmen, Theorien, Verstehen sowie Schlußfolgerungen aus Studium, Erfahrung und Experimenten. Wissen kann somit als verarbeitete Information bezeichnet werden, die es seinem Träger ermöglicht, Handlungsvermögen aufzubauen und Ziele zu erreichen. Wissen ist demnach das Ergebnis der Verarbeitung von Informationen durch Intelligenz und Lernen[279].

Kommunikation schließt neben der Übertragung auch die Be- und Verarbeitung sowie die Speicherung von Informationen mit ein. Information und Kommunikation stehen in sehr enger Verbindung zueinander. So definiert die OECD den Begriff der Informationstechnologie als Summe aller Technologien, die für die Sammlung, Speicherung, Verarbeitung und Übertragung von Informationen einschließlich Sprache, Daten und Bildern verwendet werden[280]. Damit ist die Kommunikationstechnologie im Sinne der Informationsübertragung in die Definition der Informationstechnologie mit eingeflossen. Die Zusammenfassung der Informations- und Kommunikationstechnologie (IuK-Technologie) zu einem Begriffspaar scheint schon deshalb geboten, weil beide Bereiche in jüngster Zeit immer stärker zusammenwachsen. So zeigen sich in den bislang getrennten Bereichen der Büromaschinen-, Datenverarbei-

---
[279] Vgl. Wöhe, G. (1990), S. 203.

tungs- und Nachrichtentechnik wachsende Integrationstendenzen. Dies geschieht vor allem aufgrund von Faktoren wie der rasanten Leistungssteigerung, Kostenreduzierung und Miniaturisierung in der Mirkoelektronik als Basistechnologie[281].

Der Begriff der Informations- und Kommunikationstechnologie umfaßt inhaltlich mehr als den rein technischen Aspekt der Hard- und Software. Subsumiert wird neben der sogenannten Systemsoftware oder Middleware auch die Conceptware, die gewissermaßen als konzeptionell-integrierender Rahmen für die drei zuvor genannten Segmente fungiert[282].

2. Entwicklung der IuK-Technologie

2.1. Batch-Verarbeitung

Anfang der sechziger Jahre begann das Zeitalter der elektronischen Datenverarbeitung. In einigen wenigen innovativen Großunternehmen wurden zu dem Zeitpunkt erstmals vereinzelte Großrechenanlagen installiert, deren Bedienung speziell dafür ausgebildeter Programmierer und Systemanalytiker bedurfte. Technisch funktionierten diese Rechner nach dem Prinzip der Stapelverarbeitung („Batch"orientierung). Die Stapelverarbeitung verlangt klar definierbare und formalisierbare Daten, so daß hauptsächlich sich wiederholende Routinetätigkeiten eines Unternehmens in Computeranwendungen umgesetzt werden konnten. Den geeigneten Einsatzbereich der Großrechenanlagen stellten somit auch die operativen Aufgaben der Bereiche Materialwirtschaft, Buchhaltung, Statistik, Gehaltsabrechnungen und Fakturierung dar. Folglich läßt sich die Hauptaufgabe der Informationstechnologie in den sechziger Jahren als Automation - und damit rationellere Abwicklung - von operativ-administrativen Aufgaben charakterisieren[283].

Das Personal der zentralen EDV-Abteilung trug die Verantwortung für die Entwicklung der Anwendungen und nicht die Mitarbeiter der betroffenen Fachbereiche.

---

[280] Vgl. OECD (Hrsg.) (1989), S. 11.
[281] Vgl. Bellmann, K. (1989), S. 214; Welter, G. (1988), S.30.
[282] Vgl. Hoch, D.; Schirra, W. (1993), S. 26.
[283] Vgl. Stadelmann, M. (1996), S. 140.

Aufgabe der EDV-Spezialisten war die Lösung programmiertechnischer Probleme mit dem Ziel, die bisher manuell oder mit Hilfe von Büromaschinen durchgeführten Routinearbeiten auf Computer zu transferieren. Mit den Begründungen der Kapazitätsauslastung und der Ausschöpfung von Kostendegressionseffekten waren die EDV-Aktivitäten hochgradig spezialisiert, zentralisiert und an tayloristisch ausgerichteten Organisationsprinzipien orientiert. So wurden die mit der Dateneingabe und -pflege beauftragten EDV-Arbeitskräfte häufig zu isolierten Routinearbeitern mit monotonem Tätigkeitsbereich und ohne Kontakt zu Datennutzern. Hinzu kamen die hohen technisch-mathematisch orientierten Anforderungen an die Qualifikationen der Systementwickler, -betreuer und sogar der Systembenutzer. Diese Situation führte zu Widerständen und gewissen „Abstoßungstendenzen" bei den betroffenen Mitarbeitern, die zwar in folgenden Phasen der Entwicklung abgebaut wurden, verschiedentlich aber noch heute zu Tage treten[284].

Zu unterschiedlichen Resultaten führten empirische Untersuchungen, die sich mit den Auswirkungen der damals verfügbaren EDV-Einrichtungen auf Durchführung und Organisation der Führungstätigkeiten befaßten[285]. So wurde von einem Teil dieser Studien eine Zunahme der Entscheidungszentralisation als Folge des Computereinsatzes prognostiziert[286], da Führungskräfte durch verbesserte Informationssysteme imstande sein würden, alle entscheidungsrelevanten Daten selbst zu überblicken. Mit der Begründung, verbesserte Kontroll- und Steuerungssysteme durch den Einsatz der Informationstechnologie zur Verfügung zu haben, diagnostizierten andere Studien hingegen verstärkte Dezentralisierungstendenzen[287], da die Delegation von Aufgaben und Entscheidungen durch die informationstechnischen Anwendungen nun weniger risikoreich würden. Eine umfassende Unterstützung der Unternehmenstätigkeit durch die Informations- und Kommunikationstechnologie war zu dem Zeitpunkt undenkbar.

---

[284] Vgl. Stadelmann, M. (1996), S. 142.
[285] Vgl. Albach, H. (1983), S. 19f; Witte, E. (1977), S.363.
[286] Vgl. Becker, R. (1980), S. 76f.
[287] Vgl. Kieser, A. (1985), S. 311.

2.2. Dialoglösungen

Die siebziger Jahre waren von einer erheblichen Verbesserung der Leistungsfähigkeit der Computer bei Geschwindigkeit und Speichervolumina und einer Steigerung der Zuverlässigkeit von Hardware und Middleware geprägt. Dies war die Prämisse für die Weiterentwicklung der Stapelverarbeitung zur Dialoglösung. Dialoglösungen ermöglichen den Systembenutzern einen direkten Zugriff auf kontinuierlich aktualisierte Dateien (den sogenannten „on-line" oder „real-time"-Betrieb) und damit auf wesentlich leistungsfähigere Anwendungen[288].

Ziel des Informationstechnologieeinsatzes war in dieser Phase primär die Reintegration der verschiedenen Teilaufgaben eines Tätigkeitsbereiches in übergeordnete Aufgabenzusammenhänge. Dies forcierte die Rückführung der tayloristischen Arbeitsteilung im Büro- und Sachbearbeitungsbereich („Ent-Taylorisierung"[289]) und bewirkte sowohl eine durch die Motivationssteigerung erhöhte Leistungsbereitschaft der Mitarbeiter als auch eine Verbesserung der Flexibilität und Marktorientierung des gesamten Unternehmens. „Zentraler Punkt dieser Überlegungen ist eine marktorientierte Umgestaltung der Unternehmen, die unter Berücksichtigung der Prozeßbetrachtung in der Wertschöpfung dem Ganzheitlichkeitsgedanken Rechnung trägt und den Menschen als wichtigste Unternehmensressource in den Mittelpunkt stellt.[290]" Diese Aufgabenintegration ermöglichte beispielsweise einem Sachbearbeiter, mit Hilfe der Informationstechnologie die fachliche Kompetenz und Übersicht für eine eigene zielkonforme Entscheidung zu erlangen. Somit wurde die Möglichkeit zur Dezentralisierung von Entscheidungen geschaffen und die Selbständigkeit und Einsatzbereitschaft der Mitarbeiter erhöht. Dieser Erkenntnis entsprechend wurde zunehmend eine Zusammenarbeit zwischen den Systementwicklern und den Anwendern forciert. Erstere wurden immer häufiger für die speziellen Belange der einzelnen Funktionsbereiche sensibilisiert, letztere wurden zum Teil in EDV-technischem Fachwissen geschult[291].

---

[288] Vgl. Stadelmann, M. (1996), S. 142f.
[289] Vgl. Picot, A.; Reichwald, R. (1994), S. 553.
[290] Siehe Picot, A.; Reichwald, R. (1994), S. 553.
[291] Vgl. Stadelmann, M. (1996), S. 143f.

Die Gründe für diese organisatorischen Verbesserungsmaßnahmen waren in den siebziger Jahren allerdings vorwiegend in Rationalisierungs- und Flexibilisierungsbestrebungen der Unternehmungen zu suchen und weniger in der Absicht, Motivation, Arbeitszufriedenheit und Arbeitsbedingungen der Mitarbeiter zu verbessern. Das Gros der Unternehmen nutzte die Gestaltungsoptionen aufgrund ihres deutlichen Hanges zu traditionellen tayloristisch und bürokratisch orientierten Organisationskonzepten und Gestaltungsphilosophien nur sehr zögerlich aus[292].

2.3. Personal Computer

Die Verbreitung der „Personal Computer" oder „PCs" prägte die achtziger Jahre. Diese leistungsfähigen Arbeitsplatzrechner konnten viele Funktionen ausführen, die bisher lediglich auf zentralen Großrechenanlagen durchgeführt werden konnten. Der PC ermöglichte es dem Anwender, umfangreiche fachspezifische Probleme zu bearbeiten und eigenständig vor Ort zu lösen. Damit gewann das sogenannte Management der Informationen gegenüber der reinen Datenverarbeitung immer mehr an Bedeutung, besonders auch im Hinblick auf die Erhaltung und Gewinnung von Wettbewerbsvorteilen gegenüber der Konkurrenz[293].

Ein wesentlicher Faktor für die Verbreitung dieser „intelligenten" Arbeitsplatzrechner in den achtziger Jahren war ihre sehr günstige Preisentwicklung, insbesondere im Vergleich zu Großrechenanlagen. Die durch PCs und PC-Software auf breiter Basis bereitgestellten Funktionalitäten[294] ermöglichten auch die Unterstützung jener Abläufe, die aufgrund ihrer geringen Strukturierung und Formalisierung ein kreatives und flexibles Arbeiten verlangen und damit keine Routinetätigkeiten sind[295]. Trotzdem konnten sich PCs besonders in Großunternehmen nur sehr langsam durchsetzen. Aufgrund der Dominanz von zentralen Großrechnersystemen und des „organisatorischen Konservatismus[296]" drangen die PCs nur schrittweise zunächst fast ausschließ-

---

[292] Vgl. Stadelmann, M. (1996), S. 145.
[293] Vgl. Stadelmann, M. (1996), S. 146.
[294] Bei diesen Funktionalitäten handelte es sich primär um Applikationen aus dem Bereich der Office-Automation wie Textverarbeitung, Tabellenkalkulation, Grafikprogramme sowie weiterentwickelte Datenbankmanagement-Systeme.
[295] Vgl. Stadelmann, M. (1996), S. 146.
[296] Vgl. Kieser, A.; Kubicek, H. (1992), S. 356.

lich in die Sekretariatsbereiche vor, wo sie zur Unterstützung von formalisierbaren Routinetätigkeiten eingesetzt wurden.

In der zweiten Hälfte der achtziger Jahre verstärkten sich die Aktivitäten im Bereich der geräte- und übertragungstechnischen Integration mit dem Ziel, die Kommunikation zu erleichtern und zu beschleunigen. Diese Entwicklung trägt der Erkenntnis Rechnung, daß die Kommunikation ein Grundbedürfnis des Menschen ist[297] und etwa zwei Drittel aller Führungstätigkeiten auf Vorgängen der Kommunikation basieren (vgl. Abbildung 11) oder zumindest eine ausgeprägte kommunikative Komponente enthalten[298].

Abbildung 11:
Tätigkeitsstruktur des mittleren und höheren Managements[299]

Die unternehmensinterne elektronische Vernetzung ermöglichte sowohl die Verbindung verschiedener Kommunikationspartner untereinander als auch die gemeinsame Nutzung von Druckern oder Speichern. Zudem konnten verschiedene Instanzen auf zentrale Unternehmensdaten zugreifen und elektronische Dokumente verschickt werden.

Die Entwicklung von in ihrer Benutzerfreundlichkeit wesentlich verbesserten Programmen machte die EDV-Anwender in den Fachbereichen selbständiger und unabhängiger von den Spezialisten. Zusätzlich wurden erste Anzeichen des Abbaus von

---

[297] Vgl. Kupka, I. (1984), S. 9.
[298] Vgl. Picot, A.; Reichwald, R. (1987), S. 30.
[299] Vgl. Picot, A.; Reichwald, R. (1987), S. 30.

Stabsstellen[300], der Verflachung hierarchischer Unternehmensstrukturen[301] und sogar der Einführung von Telearbeit in Form vereinzelt installierter Heimarbeitsplätze oder Nachbarschaftsbüros verzeichnet[302].

Obwohl die technologischen Voraussetzungen zur Vernetzung der PCs innerhalb eines Unternehmens vorhanden waren, blieb der Fokus des Einsatzes der Informationstechnologie auf der Steigerung der individuellen Arbeitsproduktivität. Das heißt, die Arbeitnehmer wickelten die ihnen übertragenen Teilprozesse an multifunktionalen, aber dennoch isolierten Arbeitsstationen ab. Diese Situation wird durch eine Umfrage des Marktforschungsinstitutes International Data Corporation (IDC) bestätigt[303], wonach Ende des Jahres 1989 von den in Europa installierten PCs lediglich 15 % durch unternehmensinterne Netzwerke verknüpft waren. Hieraus entstanden eine Vielzahl zusätzlicher Schnittstellen und Medienbrüche im Unternehmen, die den Informations- und Kommunikationsablauf erheblich beeinträchtigten. Als Konsequenz stiegen neben den Hardware- und Personalkosten auch die Fehleranfälligkeit und Schwerfälligkeit der Informations- und Kommunikationssysteme.

2.4. Entwicklung in den neunziger Jahren

Bis heute konnten die Informationstechnologieanbieter weitere Erfolge hinsichtlich der gesteigerten Leistungsfähigkeit der informations- und kommunikationstechnischen Einrichtungen verzeichnen. Da diese Geräte durch eine vernünftige Kosten-/Nutzen-Relation charakterisiert sind, können sie auch von kleinen und mittleren Unternehmen (KMU) mit wirtschaftlich vertretbarem Aufwand beschafft und eingesetzt werden und erfahren dadurch eine zusehends schnellere Ausbreitung[304]. So soll sich die Anzahl der in Deutschland installierten PCs zwischen 1993 und 1998 von 9,8 Millionen auf 18,4

---

[300] Vgl. Drucker, P. (1988), S. 47; Schneider, U. (1990), S. 79f.
[301] Vgl. Drucker, P. (1988), S. 45f; Pfeiffer, P. (1987), S. 11f.
[302] Vgl. Modellversuch des Landes Baden-Württemberg mit der begleitend durchgeführten Forschung des Fraunhofer-Instituts für Arbeitswirtschaft und Organisation (1983-1986) in: Bullinger, H.-J.; Fröschle, H.-P.; Klein, B. (1987)). Die Dezentralisierung von Angestelltentätigkeiten mit Hilfe neuer Informations- und Telekommunikationstechnologie war Mittelpunkt einer mehrjährigen Forschungsarbeit, die 1985 von Rationalisierungs-Kuratorium der Deutschen Wirtschaft (RKW) beim Institut für Zukunftstechnologien in Auftrag gegeben wurde (vgl. Kreibich, R. et al. (1990)). Vgl. auch Goldmann, M.; Richter, G. (1991).
[303] Vgl. Preissner-Nolte, A. (1991), S. 185, zitiert nach Stadelmann, M. (1996), S.150.
[304] Vgl. Stadelmann, M. (1996), S. 151.

Millionen verdoppeln[305]. Durch diese Entwicklung, die auch vor Großunternehmen keinen Halt mehr macht, wird die Voraussetzung geschaffen, verschiedene Unternehmensteile bis hin zu einzelnen Mitarbeitern geographisch dezentralisieren und mittels der leistungsfähigen Informations- und Kommunikationseinrichtungen koordinieren zu können.

Das in den neunziger Jahren stetig zunehmende Bedürfnis nach schnellerer und ortsunabhängiger Kommunikation trägt gemeinsam mit der Entwicklung immer bedienerfreundlicherer Anwendungen zum endgültigen Durchbruch des PCs im Unternehmen bei. Es werden heute in einigen Großunternehmen „Konferenzen, Entscheidungs- oder Brainstorming-Sitzungen zu aktuellen Problemstellungen durchgeführt, bei denen jeder Teilnehmer die Diskussionsbeiträge der übrigen Teilnehmer von seinem eigenen Arbeitsplatz aus verfolgen und gleichzeitig seine eigenen Ideen und Anmerkungen über das System offenlegen kann.[306]" Diese Möglichkeiten der Kommunikation eröffnen erhebliche Einsparungspotentiale für die Unternehmen und bedeuten für die Mitarbeiter die nahezu totale örtliche Flexibilität.

Die neunziger Jahre zeichnen sich in bezug auf die EDV besonders dadurch aus, daß die oberen Führungsinstanzen in den Systementwicklungsprozeß immer stärker eingebunden werden. Dies ist notwendig, da das umfassende konzeptionelle Verständnis des strategischen Nutzens der Informationsgewinnung und -verarbeitung sowie die damit zusammenhängenden Organisations- und Implementierungsanforderungen weit über den Fähigkeiten eines EDV-Spezialisten liegen. Hinzu kommt, daß die Kompetenz zur Einleitung der erforderlichen Schritte der Unternehmensführung vorbehalten ist[307].

Die primäre Aufmerksamkeit der Systementwicklung verlagerte sich dementsprechend von der Lösung technischer Probleme, die sich überwiegend auf den Hardware- und Middleware-Bereich bezogen, auf die organisatorische Ausgestaltung im Bereich der Anwendungssoftware und der Conceptware. Diese Schwerpunktverlagerung spiegelt

---

[305] Vgl. Harms, J. (1995).
[306] Vgl. Stadelmann, M. (1996), S. 152.
[307] Vgl. Stadelmann, M. (1996), S. 153f.

sich auch im vierten Rahmenprogramm für Forschung und technologische Entwicklung (1994-1998) der Europäischen Kommission wieder[308].

Eine Innovation der IuK-Technologie der neunziger Jahre ist das sogenannte Network Computing (vgl. Teil III. Abschnitt 5.1. „Oracle - Unternehmensprofil"), das eine neue Dimension bezüglich der Dezentralisierbarkeit von Wissen begründet. Dieser Umbruch verkörpert und beinhaltet zugleich die nachdrückliche Herausforderung an die organisatorische Gestaltung, reaktives, anpassendes Verhalten durch aktives und vorausschauendes Agieren abzulösen und somit der organisatorischen Gestaltung aller Unternehmensbereiche mittels informationstechnologischer Hilfsmittel strategische Bedeutung zuteil werden zu lassen.

3. Informations- und Kommunikationstechnolgieentwicklung und Mitarbeiterführung

3.1. Abwechslungsreiche Tätigkeitsfelder

Die Entwicklung der Informations- und Kommunikationstechnologie und ihr fortschreitend umfangreicher werdender Einsatz in Unternehmen führt zu zwei gegensätzlichen Qualifikationsproblemen der betroffenen Mitarbeiter[309]. Auf der einen Seite besteht die Gefahr der Unterforderung der Mitarbeiter, die mit der Bearbeitung von monotoner und zusammenhangsloser Routinearbeit beschäftigt sind.

Auf der anderen Seite besteht aber durch den verstärkten Einsatz der Informationstechnologie ebenso die Möglichkeit, die Mitarbeiter aufgrund größerer Handlungsspielräume und einer gestiegenen Selbständigkeit zu überfordern. Auf diesen Aspekt wird im folgenden Abschnitt 3.2. „Erhöhte Qualifikationsanforderungen" eingegangen.

---

[308] In dem Programm ESPRIT, das sich die Förderung der Informationstechnologie in der Europäischen Gemeinschaft zum Ziel gesetzt hat, wird neben der Weiterentwicklung grundlegender Technologien im Bereich der Software, Komponenten- und Teilsysteme und Multimediasysteme insbesondere auch die Systemintegration einzelner Technologien gezielt unterstützt. Für das ESPRIT-Programm stehen von 1994-1998 2,035 Mio. Ecu zur Verfügung, woran man wiederum die Bedeutung, die der Informationstechnologie heute zugemessen wird, erkennen kann (vgl. Europäische Kommission (Hrsg.) (1996), S.4 und Europäische Kommission (Hrsg.) (1996b)).

[309] Vgl. Frenzel, U. (1986), S. 16.

Beide Aspekte sind von deutlicher Relevanz für den Fortschritt der Telearbeit und bedeuten für Teleführung erhebliche Herausforderungen.

Wird das Anspruchsniveau der zu erfüllenden Aufgaben durch den Einsatz der Informationstechnologie derart stark reduziert, daß die Mitarbeiter als Folge ihrer geistigen Unterforderung Motivationsverluste erleiden, so ist die Schaffung abwechslungsreicher Tätigkeitsfelder von herausragender Bedeutung. In dieser Situation müssen verschiedene Aufgabenbereiche an einer Stelle zusammengeführt werden, um ein ganzheitliches Arbeiten zu ermöglichen[310]. Dadurch wird gleichzeitig auch die Autonomie des Mitarbeiters verbessert, was im Normalfall zu einer erhöhten Motivation führt. Zusätzlich sollte angestrebt werden, einen möglichst großen Anteil aller regelmäßig wiederkehrenden Routinefunktionen auf entsprechende informationstechnologische Hilfsmittel zu übertragen.

3.2. Erhöhte Qualifikationsanforderungen

Mit dem umfangreicher werdenden Einsatz der informationstechnologischen Hilfsmittel und den damit angestrebten Organisationsprinzipien der Entscheidungsdezentralisierung und des Hierarchieabbaus sowie mit der Team- und Projektorientierung vergrößern sich zwangsläufig die Kompetenz- und Aufgabenbereiche betroffener Mitarbeiter.

Die ganzheitliche Aufgabenerfüllung, die, wie bereits beschrieben, eine Rückführung der traditionellen - sowohl horizontalen als auch vertikalen - Arbeitsteilung unterstützt, verringert die Anzahl der aufgabenbezogenen Interdependenzen zwischen den verschiedenen Teilaufgaben und allen an der Leistungserstellung beteiligten Funktionsgruppen im Unternehmen. Es besteht jedoch gleichzeitig die Gefahr, daß ein Großteil der dadurch erzielten organisatorischen Vorteile durch eine Erhöhung der unternehmensinternen Komplexität wieder aufgezehrt wird. Diese Komplexitätserhöhung könnte sich aufgrund der Aufgabenintegration und der dabei entstehenden teilweise erheblich umfangreicheren Aufgabengebiete ergeben. Sie bewirkt in der Regel eine erhebliche Vergrößerung der individuellen Handlungs- und Entscheidungsspielräume.

---

[310] Vgl. Picot, A.; Reichwald, R. (1994), S. 553.

Die Lösungs- bzw. Handlungsmöglichkeiten, die vom jeweiligen Aufgabenträger bei der Problembearbeitung bezüglich ihrer Eignung analysiert werden müssen, steigen in der Zahl an. Die Auswahl der zielkonformen Alternative wird erschwert. Folglich müssen sowohl die Anforderungen an die fachlichen Kompetenzen der betroffenen Mitarbeiter als auch an deren Urteils- und Differenzierungsvermögen zu nehmen.

Neben den erhöhten Qualifikationsanforderungen in bezug auf die Ausweitung der Handlungsfreiräume erfordert der Einsatz computergestützter Systeme natürlich auch einen Abbau bestehender Qualifikationsdefizite im direkten Umgang mit den technologischen Hilfsmitteln. Dies gilt um so mehr, als sich bereits in der Praxis herausstellt, daß in immer stärkerem Maße Basiswissen für den professionellen Umgang mit Computer, Bürosoftware und Telekommunikationsdiensten vorausgesetzt wird[311].

Ein weiterer Qualifikationsbedarf der Mitarbeiter bezieht sich auf die verstärkte Notwendigkeit der Team- und Prozeßorientierung im Rahmen des Einsatzes der Informations- und Kommunikationstechnolgie. Diese soziale Kompetenz kann allerdings weniger leicht im Rahmen von Schulungen erworben werden als vielmehr im täglichen Arbeiten durch gezielte Anleitung der Führungskraft.

3.3. Umfassende Information

Damit Mitarbeiter ihre qualitativ und technisch teilweise anspruchsloseren, teilweise anspruchsvolleren Aufgaben in ihren Zusammenhängen und auch in bezug auf die übergeordnete Zielsetzung des Unternehmens in ihrer Gesamtheit erfassen und verstehen können, muß die Versorgung aller Mitarbeiter mit den dafür relevanten Informationen sichergestellt werden. Diese Informationen lassen sich in zwei Kategorien einteilen[312]:

1. Die Basisinformationen, die die Mitarbeiter im Rahmen der Erfüllung ihrer Aufgaben benötigen bezeichnet man als „instrumentelle Informationen". Sie geben Auskunft über Ziel und Zweck ihrer Tätigkeiten, über qualitative und quantitative Anforderungen sowie über Art, Menge, Kosten und Verfügbarkeit der Unternehmensressourcen, die dafür vorgesehen sind.

---

[311] Vgl. Hiller, J. (1996), S. 13.
[312] Vgl. Stadelmann, M. (1996), S. 312.

2. Informationen, die über die unmittelbare Aufgabenerfüllung hinausgehen und von eher allgemeinem Interesse sind, bezeichnet man als „motivierende Informationen". „Diese können sich auf unternehmensspezifische Fragen wie den Geschäftsverlauf, die aktuelle Ertrags- und Beschäftigungssituation, mittel- und langfristige Unternehmensziele, Strategien und Pläne des Gesamtunternehmens oder bevorstehende Absichten wie Reorganisationen oder Kooperationen mit Marktpartnern beziehen.[313]" Die „motivierenden Informationen" sollen dazu beitragen, daß sich die Mitarbeitern als Partner verstanden und akzeptiert fühlen und in die Unternehmensprozesse mit einbezogen werden.

3.4. Persönlicher Kontakt

Die auffälligste Gefahr, die vom Einsatz der Informations- und Kommunikationstechnologie ausgeht, ist die konsequente Reduktion der Kommunikation auf den Austauschaspekt von Informationen. Dabei wird der Beziehungsaspekt der Kommunikation vernachlässigt, oder er geht sogar gänzlich verloren[314]. Diese Einschränkung ist vor allem auf die Tatsache zurückzuführen, daß ein informationstechnologisch unterstützter Nachrichtenaustausch weder dem Sender noch dem Empfänger der Information Aufschluß über den relevanten menschlichen Bezugsrahmen der jeweiligen Situation geben kann, das heißt, das beispielsweise Reaktionen des Kommunikationspartners, die sich aus Mimik und Gestik erschließen lassen, nicht beobachtbar sind. Zudem entfällt neben der nonverbalen Kommunikation oft auch noch die akkustische Vielfalt des Tonfalls[315], die Aufschluß über die Interpretation der Information geben kann. Phänomene wie Dominanz, Charisma oder sympathisches Auftreten, die in einer „face-to-face-Situation" unmittelbaren Einfluß auf die Kommunikation ausüben, entfallen ebenfalls bei der informationstechnisch unterstützten Kommunikation[316].

Diese Elimination des Beziehungsaspektes der Kommunikation kann auf der individuellen Mitarbeiterebene zu Beeinträchtigungen führen, die zu Motivationsverlusten und Frustrationsgefühlen führen können. Insbesondere das Empfinden eines sozialen

---

[313] Vgl. Stadelmann, M. (1996), S. 312.
[314] Vgl. Minning, C. (1991), S. 241.
[315] Dies ist bei schriftlicher Kommunikation beispielsweise über e-mail der Fall.
[316] Vgl. Peters, G. (1988), S. 276f.

Isolationszustandes birgt große Gefahren hinsichtlich des sozio-emotionalen Gleichgewichts eines Mitarbeiters. Die Wahrscheinlichkeit des Auftretens solcher Auswirkungen wird um so größer, je direkter und intensiver der Mitarbeiter mit seiner Aufgabenerfüllung an die Informations- und Kommunikationstechnologie gebunden ist.

Die Bedeutung des direkten, persönlichen Kontaktes zwischen den Mitarbeitern sowie zwischen den Mitarbeitern und ihrem Vorgesetztem erlangt in diesem Zusammenhang eine neue Dimension. Dieser Kontakt muß in regelmäßigen Foren oder Gesprächskreisen institutionalisiert werden und auch zwischen den hierarchischen Ebenen erfolgen. Dieser Kontakt muß aber auch bewußt von den Vorgesetzten im täglichen Geschäft forciert werden.

Ein zusätzliches Problemfeld ergibt sich aus der Tatsache, daß sich in Unternehmen - unabhängig von ihrer Größe und ihrem Betätigungsfeld - parallel zu den formalen organisatorischen Regelungen immer auch eine informelle Organisation herausbildet, die im wesentlichen von sozialen Beziehungen und kulturellen Aspekten geprägt wird. Vorhandensein und Funktionieren einer solchen informellen Organisation treten immer dann zu Tage, wenn die formale Organisation „versagt", das heißt, wenn sie Lücken hinsichtlich der Bewältigung bestimmter Aufgaben aufweist.

Der Einsatz informationstechnologischer Hilfsmittel beinhaltet die Gefahr, das der informellen Organisation immanente Potential zu behindern und unter bestimmten Umständen sogar gänzlich auszuschalten. Ihre Ursachen findet diese Gefahr primär in der Reduktion informeller Kontakte, die sich aus der engen Strukturierung der in diesem Zusammenhang anzutreffenden Kommunikationsformen ergibt.

Zusätzlich besteht die Gefahr, daß sich bei Mitarbeitern Verunsicherungen und Ängste bezüglich der technologisch möglichen Überwachung ihrer Arbeit verbreiten. Diese Art der Kontrollausübung ist für die Vorgesetzten unter Umständen sehr bequem, birgt aber das große Risiko, daß die aufwendige Informations- und Kommunikationstechnologie auf Seiten der Systembenutzer nur noch für die unumgänglichen Aktivitäten genutzt wird und sich insgesamt eine ablehnende Haltung gegenüber der Technik aufbaut. Es müssen daher andere Möglichkeiten aufgezeigt werden, wie die Führungsfunktion „Kontrolle" zukünftig wahrgenommen werden kann (vgl. Teil V. Abschnitt 1.4. „Zielorientierte Kontrolle").

3.5. Einbezug in die Systemgestaltung

Ungenügend durchdachte und vorbereitete Implementierungsstrategien sind ein wichtiger Grund für viele Mißerfolge und Fehlschläge bei der Einführung von Innovationen in Unternehmen. Dies gilt insbesondere auch für die umfassende Einführung neuer EDV-Systeme oder -Anwendungen und der damit einhergehenden organisatorischen Neugestaltungen. Den aus diesem Mangel resultierenden Fehlschlägen kann primär dadurch vorgebeugt werden, daß alle vom Einsatz der entsprechenden informationstechnologischen Anwendung betroffenen Mitarbeiter schon in den frühen Phasen der Planung, Analyse und Auswahl von Informationssystemen im Unternehmen aktiv in den Gestaltungsprozeß miteinbezogen werden.

Ein möglichst breiter, offener und frühzeitiger Einbezug gewährleistet den Zugriff auf die im Unternehmen „in den Köpfen" der Mitarbeiter vorhandene Wissensbasis und die darin enthaltenen vertieften Kenntnisse über die jeweils unternehmensspezifischen Aspekte und Anforderungen der konkreten Ausgestaltung von informationstechnologischen Hilfsmitteln für die Erfüllung der unterschiedlichen Funktionen.

Über den Wissenseinbezug hinaus schafft eine entsprechend ausgerichtete offene Informations- und Kommunikationspolitik die Voraussetzungen, bei den Mitarbeitern Verständnis für die Sinn- und Vorteilhaftigkeit der Einführung neuer Informations- und Kommunikationstechnolgien zu wecken und damit ein Klima der Sicherheit und des Vertrauens zu schaffen.

3.6. Strategische Architektur

Die Schaffung einer strategischen Architektur in einem Unternehmen soll die Entwicklung von Kernfähigkeiten und -prozessen unterstützen und fördern. Zwar fällt diese Aufgabe nicht unmittelbar in den Bereich der Mitarbeiterführung, der hier im Zentrum der Analyse steht, sondern in den Bereich der Unternehmensführung in sachlicher Hinsicht, doch ist die strategische Architektur mittelbar Voraussetzung und Rahmen jeder erfolgreichen Mitarbeiterführung - so auch der in bezug auf die IuK-Technologie.

Ein Zitat aus dem Aufsatz über Kernkompetenzen von Prahalad und Hamel beschreibt - wenn auch nur in Andeutungen - die Bedeutung der Information in diesem Zusammenhang: „Core products are nourished by competencies and engender business units, whose fruits are end products ... core competencies are collective learning in the organization, especially how to coordinate diverse production skills and integrate multiple streams of technlogies ... If core competence is about harmonizing streams of technology, it is also about the organization of work and the delivery of value.[317]" Kernkompetenzen entstehen durch die strategische Nutzung von Information und durch die Transformation der Information in Wissen. Informationssysteme selbst stellen aber wiederum nur ein Werkzeug dar, das erst bei korrekter Anwendung einen Nutzen spendet. Daher müssen die Mitarbeiter, die grundsätzliche Organisation ihrer Arbeitsbeziehungen und die zur Verfügung stehende informationstechnologische Infrastruktur gemeinsam betrachtet und im Zuge der Strategieentwicklung gestaltet werden.

Das Informationssystem muß in die Strategie des Unternehmens eingegliedert werden und der Unternehmenszielerreichung dienen. Die Beherrschung der Informationstechnologie zu diesem Zweck muß als (Unternehmens-)Führungsaufgabe und -herausforderung verstanden werden. Nur unter dieser Voraussetzung können die oben dargestellten Anforderungen an die Mitarbeiterführung auch eine Nutzensteigerung für das Unternehmen bewirken. Erst die Kombination von Mensch und Technologie erlaubt die Erlangung von effektiven nachhaltigen Vorteilen im Wettbewerb.

3.7. Zusammenfassung

Alle herausgearbeiteten Führunganforderungen, die durch die Entwicklung der IuK-Technologie entstanden sind, haben hinsichtlich Telearbeit Bedeutung. Die Umsetzung verfolgt dabei zwei Ziele. Zunächst werden die Telearbeiter durch diese Führungsmaßnahmen motiviert und ihre Zufriedenheit bewirkt eine höhere Produktivität. Diese steigert den Erfolg des Unternehmens - das wesentliche Ziel einer Unternehmung in der freien Marktwirtschaft.

---

[317] Siehe Hamel, G.; Prahalad, C. (1990), S. 81f.

Führung von Telearbeitern in Folge veränderter IuK-Technologien 115

Nachfolgend werden die - für Telearbeit relevanten - Führungsherausforderungen in Folge der veränderten IuK-Technologie zusammenfassend aufgelistet.

➤ **Abwechslungsreiche Tätigkeitsfelder** (Gefahr der Unterforderung)
➤ **Erhöhte Qualifikationsanforderungen** (Gefahr der Überforderung)
➤ **Umfassende Information** (instrumentelle und motivierende Information)
➤ **Persönlicher Kontakt** (Gefahr der Isolation, Bedeutung der informellen Kommunikation)
➤ **Einbezug in Systemgestaltung** (Zugriff auf vorhandenes Wissen, Steigerung der Akzeptanz)
➤ **Strategische Architektur** (vgl. strategische Ausrichtung im Teil III. Abschnitt 4.3. „Praxisbeispiel Oracle - Führungsansatz eines wissensbasierten Unternehmens")

V. Teil: Telearbeitsinduzierte Anforderungen an Führung

Das spezifische Merkmal der Telearbeit als neue Form der Arbeitsorganisation ist das Ausmaß der Flexibilität. Diese bezieht sich sowohl auf den Arbeitsort als auch auf die Arbeitszeit. Diese Flexibilität unterscheidet den Telearbeiter von einem Büromitarbeiter mit vollem Anschluß an die moderne Informations- und Kommunikationstechnologie. Damit haben alle herausgearbeiteten Führungsanforderungen im Gefolge der Entwicklung der Informations- und Kommunikationstechnologie auch für Telearbeit Geltung. Es ergeben sich zudem wesentliche telearbeitsinduzierte Führungsanforderungen. Sie sollen im folgenden herausgearbeitet werden. Dazu werden die spezifischen Führungsanforderungen anhand der in Teil I Abschnitt 3 „Teleführung" eingeführten Aspekte der **aufgaben- und mitarbeiterorientierten Aspekte** der Führung untersucht. Dabei gilt es festzustellen, daß diese Einteilung nicht trennscharf ist, da aufgabenorientierte Führungsanforderungen auch motivierenden Charakter haben und damit natürlich auch mitarbeiterorientiert sein können. Trotzdem ist dieses Vorgehen sinnvoll, da bei der Aufgabenorientierung der Arbeitsablauf im Vordergrund steht, während bei der Mitarbeiterorientierung die reine Verhaltensbeeinflussung gemeint ist.

1. Aufgabenorientierter Ansatz

Eine der wichtigsten Führungsherausforderungen bei der Einführung von Telearbeit bezieht sich auf die Koordination. Die Arbeitszuteilung und Kontrolle des einzelnen Telearbeiters und die Arbeitsabläufe ganzer Abteilungen müssen neu durchdacht werden. Die Unsicherheit der Vorgesetzten in diesem Bereich ist ein wesentlicher Grund für die bisher zögerliche Verbreitung von Telearbeit. Telearbeit stellt für alle Organisationsmitglieder eine Umstellung dar: Sowohl für den Telearbeiter als auch für seine im Büro verbleibenden Kollegen und für den zuständigen Vorgesetzten ändern sich Arbeitsabläufe und Zusammenarbeit. Entscheidend sind die emotionalen und psychologischen Unsicherheiten und Ängste. Es ist wichtig, die Anforderungen, die die neue Arbeitsform bezüglich der Koordination stellt, sorgfältig zu analysieren und als Herausforderung zu begreifen. Andernfalls ist ein Scheitern der Implementierung vorhersehbar, was Frustration und Demotivation der Beteiligten zur Folge hätte.

1.1. Auswahl des Arbeitsplatzes und Vorbereitung des potentiellen Telearbeiters

Die Führungskraft trägt die Verantwortung für den Telearbeiter. Ihr obliegt die endgültige Entscheidung, ob sich ein **Arbeitsplatz für Telearbeit eignet** oder nicht. Diese Einschätzung sollte unter Berücksichtigung der Angaben des betroffenen Mitarbeiters erfolgen und von der Erfahrung der Führungskraft geprägt sein. Dabei gilt es zu berücksichtigen, daß eine gleichzeitige Prozeßoptimierung unter Umständen zunächst nicht flexibilisierbare Arbeitsplätze zu teilweise dezentralisierbaren Arbeitsplätzen werden lassen kann. Auf die Maßnahme der Schnittstellenanalyse von Arbeitsplätzen und die damit verbundene Planung der einzelnen Koordinationsinstrumente wird noch ausführlicher einzugehen sein. Diese Maßnahmen führen zu einer konsequenteren und detaillierteren Aufgabenverteilung und -planung innerhalb einer Gruppe und lassen die These zu, daß sich fast alle betrieblichen Funktionen für die alternierende Telearbeit eignen.

Es soll im folgenden auf das Dezentralisierungspotential verschiedener betrieblicher Funktionen eingegangen werden. In Anlehnung an die von Szypersky[318] entwickelte Typologie der Büroarbeitsplätze sollen im folgenden die vier Grundtypen unterschieden werden:

1. **Unterstützungsaufgaben,**

2. **Sachbearbeitung**

3. **Fachaufgaben und**

4. **Führungsaufgaben.**

Unterstützungsaufgaben

Unterstützungsaufgaben leisten beispielsweise Schreibkräfte, Datenerfasser und Telefonisten. Sie unterstützen andere Gruppen bezüglich der Informationsver- und -bearbeitung, Übertragung und Speicherung. Die meisten Unterstützungsaufgaben können ohne weiteres von einem Telearbeitsplatz aus mit Hilfe von komfortablen Telekommunikationsverbindungen erledigt werden. Natürlich gibt es auch Ausnahmen. So ist die klassische Chefsekretärin eine Unterstützungskraft, die aufgrund ihres hohen Kommunikationsbedarfs mit ihrem Vorgesetzten und den anderen Organisationsmitgliedern unter einer Anwesenheitsnotwendigkeit steht. Ebenso wie beispielsweise der Portier.

Sachbearbeitung

Sachbearbeiter sind u.a. Verwaltungsangestellte, Buchhalter, Schadens-Sachbearbeiter in Versicherungen, Kontenführer in Banken etc. oder Einkaufs- und Verkaufssachbearbeiter. Sie führen Tätigkeiten aus, für die ein gewisser Umfang an Fachwissen notwendig ist. Die Tätigkeiten sind relativ stark strukturiert und wiederholen sich häufig. Da der Bereich der Sachbearbeitertätigkeit so groß ist, muß er zur besseren Analysierbarkeit weiter differenziert werden. Die folgende Kategorisierung[319] unterscheidet in:

- Massensachbearbeitung, z.B. Buchungsarbeiten,
- routinierte Zuarbeit, z.B. Terminverfolgung, Karteiführung,
- routinierte Vorgangssachbearbeitung, z.B. Antragsprüfung,
- Sachbearbeitung mit wechselnder Problemstellung, z.B. Schadenssachbearbeitung bei Versicherungen und
- projektbezogene, kaum formalisierbare Sachbearbeitung, z.B. Sachbearbeitung in wissenschaftlichen Bereichen.

Anhand dieser Kategorisierung wird deutlich, daß sich verschiedene Sachbearbeiteraufgaben stark qualitativ unterscheiden. Es ist jedoch nicht möglich, aufgrund dieser Unterscheidung eine Differenzierung nach dem Dezentralisierungspotential vorzunehmen, da alle viele dieser Arbeiten im allgemeinen auch von zu Hause aus erledigt werden können. Ein mehr oder weniger großer Kommunikationsbedarf der einzelnen Tätigkeiten kann zum Teil über Telekommunikationsmedien, zum Teil aber auch

---

[318] Vgl. Szyperski, N. et al. (1982), S. 1ff.
[319] Vgl. Gottschall, K.; Mickler, O.; Neubert, J. (1984), S. 18ff.

durch persönliche Gespräche im Rahmen der alternierenden Telearbeit befriedigt werden.

Fachaufgaben

Fachleute führen Tätigkeiten aus, bei denen Fach- bzw. Expertenwissen in besonderem Maße erforderlich ist. Sie organisieren ihre zum Teil schwach strukturierte Arbeit selbst und entwickeln Eigeninitiative. Fachleute (englisch: knowledge worker) sind qualifizierte Einkäufer und Verkäufer, Wissenschaftler und Ingenieure, Anwälte, Richter, Wirtschaftsprüfer etc.

Ein großes Potential für Telearbeit liegt sicherlich in den Fachaufgaben. So können beispielsweise Softwareprogrammierer mit guter Telekommunikationsausstattung genauso gut zu Hause arbeiten wie alle sogenannten „nomadic worker" (Wissenschaftler, politische Berater, Organisationsplaner etc.), die zwar auch den Kontakt zu Kollegen benötigen, aber einen großen Teil ihrer Arbeit in konzentrierter Telearbeit erledigen können.

Managementaufgaben

Ob auch die Arbeit von Managern ausgegliedert werden kann, ist eine der Fragen, die heute noch mit deutlich zurückhaltender Skepsis beantwortet wird. Sicher gibt es Bereiche der Managementaufgaben, die ohne Probleme von einem Telearbeitsplatz erledigt werden können, so fallen z.B. viele Lesearbeiten zu Informationsaufnahmezwecken an, es müssen Sitzungsprotokolle korrigiert werden oder Beurteilungen geschrieben werden. Andererseits hat ein Manager auch Verhandlungs- und Repräsentationsaufgaben zu erfüllen, bei denen sich eine Anwesenheitsnotwendigkeit ergibt. Aufgrund der Tatsache, daß die Arbeit einer Führungskraft im voraus nur zu einem Teil abschätzbar ist und viele ad hoc Aufgaben den Tagesablauf bestimmen, liegt die Vermutung nahe, daß Top-Manager nicht zu den prädestinierten Telearbeitern gehören, was aber spontane, unregelmäßige Telearbeitstage nicht ausschließt. Im mittleren Management ist alternierende Telearbeit denkbar, hängt aber wiederum stark von dem jeweiligen Aufgabenbereich ab[320].

---

[320] Zur Unterteilung in top, middle und lower Management vgl. Staehle, W. (1994), S. 86-92.

Zusammenfassend läßt sich feststellen, daß das Dezentralisierungspotential der Büroarbeitsplätze groß und mit Ausnahme der Managementaufgaben und einzelner anderer Ausnahmen prinzipiell für sehr viele Funktionen denkbar ist.

Eine noch größere Bedeutung als die Entscheidung über eine telearbeitsfähige Funktion kommt der **Vorbereitung des Telearbeiters** auf seine neue Arbeitsform zu[321]. Arbeiten im Heimbüro verlangt ein großes Maß an Selbstdiziplin und Selbständigkeit vom Telearbeiter. Eine fehlende räumliche Trennung von Arbeits- und Privatleben kann zu einer Belastung des Telearbeiters führen. Auf der einen Seite lenken häusliche Arbeiten, Unterbrechungen und Unterhaltungselektronik den Heimarbeiter unter Umständen von der Arbeit ab, auf der anderen Seite ist der Arbeitsplatz auch in der Freizeit ständig „zugriffsbereit" und ein vollständiges Abschalten von der Arbeit kann erschwert werden. Der Vorteil der Zeitflexibilität kann zu einem Nachteil werden, wenn die Selbstdiziplin außerhalb der Büroatmosphäre sinkt. Diverse Entscheidungen bei unvorhergesehenen Fragestellungen, die sonst spontan mit einem Kollegen oder dem Vorgesetzten besprochen wurden, wird der Telearbeiter nun in eigener Regie lösen, seine Selbständigkeit wird steigen. Diese Aspekte machen deutlich, wie wichtig es im Interesse des Mitarbeiters ist, auf diese Veränderungen hinzuweisen und vorzubereiten. Die Entscheidung, ob sich ein Mitarbeiter zum Telearbeiter eignet, muß dieser nach ausführlicher Vorbereitung und Information über Vor- und Nachteile seitens des Vorgesetzten zum Teil auch selber treffen. Alles andere wäre bei einer Arbeitsform, die den mündigen, verantwortungsbewußten Mitarbeiter als Menschenbild hat, paradox.

1.2. Arbeitsorganisation und Koordination

Aufgrund der Tatsache, daß bei der Telearbeit einzelne Arbeitsplätze - zeitweise oder vollständig - aus der zentralen Organisation herausgelöst werden, muß nun die Fragestellung beantwortet werden, wie weiterhin eine Zusammenarbeit und Koordination zwischen Zentrale und Telearbeitsplatz gewährleistet werden kann. Grundsätzlich ist hierbei der Grad der Arbeitsteilung zu berücksichtigen, der die Abhängigkeit der einzelnen Arbeitsplätze untereinander bestimmt[322]. So ist der Koordinierungsbedarf bei

---

[321] Vgl. Kugelmass, J. (1995), S. 98-108.
[322] Vgl. Plumeier, W. (1995), S. 24-27.

Arbeitsplätzen, die in einem Team zusammenarbeiten, bedeutend größer als bei Einzel-Arbeitsplätzen mit geringer Abhängigkeit. Diese Schnittstellen zwischen den Arbeitsplätzen müssen im Vorfeld der Einführung von Telearbeit detailliert ermittelt werden, damit eine Koordination zwischen Büro- und Telearbeitsplatz sichergestellt werden kann.

Für die Abstimmung zwischen den verschiedenen Arbeitsplätzen sind verschiedene Koordinierungsinstrumente unterschiedlich gut geeignet. Grundsätzlich wird mit folgenden Koordinierungsverfahren gearbeitet[323]:

- **Persönliche Weisung,**
- **Vorgabe von Verfahrensregeln,**
- **Planung und**
- **Selbstabstimmung.**

Die **persönliche Weisung** ist wohl das meist genutzte Koordinierungsinstrument. Es ist für alle Arbeitsaufgaben grundsätzlich denkbar und kann sowohl zwischen Vorgesetztem und Mitarbeiter als auch unter Kollegen eingesetzt werden. Bei Telearbeit steht die Möglichkeit der persönlichen Kommunikation im Vordergrund. Diese ist bei isolierter Telearbeit insofern eingeschränkt, als daß sie nur über Telekommunikationseinrichtungen erfolgen kann. Bei alternierender Telearbeit kann sie hingegen an den Bürotagen erfolgen.

Die **Vorgabe von** dauerhaften **Verfahrensregeln** ist bei strukturierbaren, weitgehend gleichbleibenden Aufgaben sinnvoll. Solche schriftlichen Richtlinien sind beispielsweise bei Schreibkräften und Sachbearbeitern für die Koordinierung zwischen zentralem und dezentralem Arbeitsplatz geeignet. Für Fach- und Führungskräfte hingegen können solche Verfahrensregeln aufgrund der Komplexität und Heterogenität der Aufgaben schwer oder gar nicht formuliert werden.

Koordination durch **Planung** erfolgt zielorientiert und beinhaltet die Strukturierung der Aufgaben, die Aufgabenverteilung und die Erstellung von Termin-, Aufwands-, Kapazitäts- und Kostenplänen. Die Planung kann sowohl für einfache als auch für

---
[323] Vgl. Schanz, G. (1994), S. 68-74.

komplexe Aufgaben durchgeführt werden. Ein Beispiel für die Planung als Instrument der Koordination ist das Projektmanagement, das eine für die Projektdauer festgelegte Organisationsform darstellt.

Die **Selbstabstimmung** stellt schließlich das flexibelste Koordinationsinstrument dar. Die weitgehend freie Abstimmung der Aufgabenträger untereinander eignet sich besonders gut für unstrukturierte und hoch qualifizierte Aufgaben. Insofern ist sie ein geeignetes Instrument zur Koordination von Führungskräften und qualifizierten Fach- und Sachbearbeitern.

In der Realität wird die Zusammenarbeit im Unternehmen nur selten mittels eines einzigen Koordinationsinstruments erfolgen. Vielmehr ist eine Kombination aus Planung und persönlicher Weisung sowie Selbstabstimmung realistisch. Im Rahmen von Telearbeit wird das Koordinationsinstrument der Planung an Bedeutung gewinnen. Die ihr immanente Zielorientierung eignet sich besonders gut für die Organisation der dezentralisierten Arbeit (vgl. Abschnitt 1.3. „Führen mit Zielvereinbarungen"). Sie ermöglicht dem Telearbeiter durch die vorausschauende Arbeitsplanung mittels Zielvereinbarungen seine Flexibilität auszuschöpfen und sich seinerseits die Arbeit einzuteilen. Das Koordinationsinstrument der direkten persönlichen Weisung hingegen eignet sich nur begrenzt für Telearbeit, da die Weisungen nur mittels moderner IuK-Technologie erfolgen und durch die Zeitflexibilität des Telearbeiters nicht immer sofort wirksam werden können. Dagegen wird der Selbstabstimmung nach wie vor als Koordinationsinstrument Bedeutung zukommen, da der Telearbeiter sich mit Teamkollegen über Arbeitsgebiete abstimmen und informieren muß. Der Einsatz eines Telearbeiters wird eher aktiver sein als der eines vergleichbaren Bürokollegen. Informationen erweisen sich zwingend als Holschuld, die sich der dezentralisierte Telearbeiter beschaffen muß, da er sie nirgendwo mehr „zufällig" erhält.

Generell gilt, daß Telearbeit einen erhöhten Koordinationsbedarf bewirkt. Da die Anwesenheit des Telearbeiters im Büro nicht mehr die Regel ist, müssen Sitzungen, Besprechungen und „face-to-face" Gespräche sorgfältig im voraus geplant werden. Die Zusammenarbeit mit Kollegen muß sorgfältig koordiniert werden. Auch der Arbeitsanfall muß von der Führungskraft vorausschauend abgeschätzt werden, da adhoc Aufgabenverteilungen nicht mehr regelmäßig möglich sind.

1.3. Führen mit Zielvereinbarungen

Die Führung eines Telearbeiters kann nicht mehr wie bisher über Anwesenheitskontrolle oder „über-die-Schulter-Schauen" erfolgen. Viele Führungskräfte messen ihrer persönlichen Einschätzung, die sie von anwesenden Mitarbeitern haben, eine hohe Bedeutung bei, so daß bei ihnen Vorurteile gegenüber Telearbeit bestehen. Der „unsichtbare Mitarbeiter" bedarf eines neuen Führungsverständnisses. Zielvereinbarungen und Management By Objectives müssen im Mittelpunkt stehen (vgl. Teil III Abschnitt 4.2. „Management By Objectives"). Quantitative Sollvorgaben sind allerdings nur für einfach strukturierte und standardisierte Tätigkeiten wie z.B. die Text- und Datenerfassung definierbar. Bei komplexeren Aufgaben von Fachkräften und Experten müssen Leistungskriterien über die Definition der Aufgaben und Ziele in sachlicher und zeitlicher Hinsicht erfolgen (Management By Objectives).

Der Prozeß des Führens mit Zielvereinbarungen besteht aus folgenden drei Teilschritten[324]:

1. Zwischen Vorgesetztem und Telearbeiter müssen Ziele vereinbart werden.
2. Leistungsstandards müssen festgelegt werden.
3. Die Zielerreichung muß beurteilt werden.

Auf den ersten Schritt wird im folgenden eingegangen, Schritte zwei und drei werden im Abschnitt 1.4. „Zielorientierte Kontrolle" näher untersucht.

Müller definiert Leistungsziele wie folgt: „Ziele sind Aussagen, aus denen sich bei der Leistungsbewertung die für die Bewertung der Aufgabenerfüllung relevanten Kriterien ergeben"[325]. Aus dieser Definition geht die Forderung nach der Operationalisierbarkeit des Leistungsbewertungsprozesses hervor.

---

[324] Vgl. Schindel, V.; Wenger E. (1984), S. 254-256.
[325] Vgl. Müller, M. (1974), S. 69.

Die vereinbarten Ziele müssen aus den Unternehmenszielen abgeleitet werden. Folgende Zielhierarchie eines Unternehmens in Abbildung 12 zeigt, wie die Unternehmensvision letztendlich auf operative Ziele heruntergebrochen wird.

**Abbildung 12:
Zielsystem eines Unternehmens**[326]

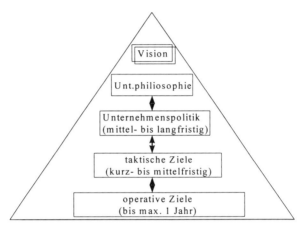

Ziele können sowohl quantitativer als auch qualitativer Art sein. Berücksichtigt werden müssen aber auch die „Routinetätigkeiten", die die zur Zielerreichung verfügbare Zeit fast jedes Angestellten teilweise erheblich reduzieren.

Bei der Formulierung von Leistungszielen ist zwischen Leistungsvorgaben als autoritärer einseitiger Prozeß und Leistungsvereinbarungen als kooperativer zweiseitiger Prozeß zu unterscheiden. Die Leistungsvereinbarung, die im beiderseitigen Einvernehmen zwischen Vorgesetztem und Telearbeiter schriftlich erfolgt, ist aufgrund der größeren Identifikationswirkung des Telearbeiters mit den Zielen zu bevorzugen[327].

Die Leistungsvereinbarungen sollten grundsätzliche Anforderungen erfüllen. Sie müssen nach Lattmann[328]:

---

[326] Vgl. Stroebe, R.; Stroebe, G. (1996), S. 29.

- einen **Leistungsanreiz** bieten,
- **erreichbar** sein,
- dem jeweiligen Leistungsstandard des Telearbeiters **angepaßt** sein,
- vom Telearbeiter **angenommen** werden,
- objektiv **erfaßbar** und **operationalisierbar** sein und
- **konkret** sein.

Die Schritte zur Zielerreichung sollten dem Telearbeiter selbst überlassen bleiben. Die Führungskraft muß zudem sicherstellen, daß der Telearbeiter die zur Zielerreichung notwendigen Kompetenzen und die entsprechende Verantwortung übertragen bekommt. Die Beachtung dieses Delegationsprinzips ist essentiell für den Erfolg der Zielvereinbarungen[329].

Diese Zielvereinbarungen bedeuten auch für die Führungskraft eine Umstellung. Ein Überblick über die Zukunftsperspektiven des Mitarbeiters ist notwendig, eine realistische Einschätzung erreichbarer Ziel und der damit verbundene Zeithorizont Voraussetzung. Ziele zu formulieren, die meßbar und realistisch sind, den Telearbeiter aber auch nicht unterfordern, sondern ihn anspornen und motivieren, ist eine der wesentlichen Führungsherausforderungen der Telearbeit.

Diese Zielvereinbarungen betreffen nicht nur die Arbeitsziele des Telearbeiters, sondern auch seine Entwicklung im Unternehmen. Die englische Redensart „visibility is the key to promotability" verdeutlicht die Sorge vieler Telearbeiter, durch Abwesenheit vom Büro bei der Weiterbildung und Beförderung vergessen zu werden und schlechtere Karrierechancen zu bekommen als der im Büro tätige Kollege[330]. Es ist deshalb wichtig, im Rahmen der Zielvereinbarungen auch die Weiterbildungs- und Qualifizierungsmaßnahmen sowie Aufstiegs- und Entwicklungsmöglichkeiten festzulegen.

---

[327] Vgl. Stroebe, R.; Stroebe, G. (1996), S. 29.
[328] Vgl. Lattmann, C. (1994), S. 64f.
[329] Vgl. Eisenmann, J.; Goebel, Ch. (1995), S. 37.

1.4. Zielorientierte Kontrolle

Eine grundsätzliche Änderung tritt im Bereich der Kontrolle auf. Dadurch, daß die persönliche und somit subjektive Kontrolle eingeschränkt erfolgt, muß an ihre Stelle eine objektive, zielorientierte Kontrolle treten. Für eine ergebnisorientierte Kontrolle ist es erforderlich, daß die Leistungsziele dahingehend präzisiert werden, daß sie die Bedingungen angeben, unter denen ein Ziel als erreicht gilt. Die klassischen Leistungsstandards sind[331]:

- **Zeit** (bis wann?),
- **Kosten** (wie teuer?),
- **Qualität** (wie gut?) und
- **Quantität** (wieviel?).

Diese Vorgaben können dann relativ einfach mittels Leistungsbeurteilungen[332] überprüft werden. „Unter Leistungsbeurteilung wird ... ein institutionalisierter Prozeß zur planmäßigen und formalisierten Gewinnung, Verarbeitung und Auswertung von Informationen über die in einer bestimmten Periode erbrachte Leistung eines Organisationsmitgliedes durch dazu beauftragte Organisationsmitglieder hinsichtlich vorab vereinbarter (Leistungs-)Kriterien verstanden.[333]". Dieses Vorgehen fördert eine „Selbstkontrolle" durch den Telearbeiter, da die an ihn gestellten Anforderungen transparent sind und er sich seine Zeit und die Maßnahmen zur Zielerreichung selbst einteilen kann.

Die **zielorientierte Leistungsbeurteilung** sollte in drei Schritten erfolgen[334]:

1. In einem gemeinsamen Gespräch zwischen Vorgesetztem und Telearbeiter wird zunächst dem Telearbeiter Gelegenheit gegeben, seine Einschätzung vom Grad seiner Zielerreichung, von Abweichungen und ihren Ursachen und von möglichen Verbesserungsmöglichkeiten zu äußern. Anschließend nimmt der Vorgesetzte Stellung zu diesen Aspekten.

---

[330] Vgl. Ballerstedt, E. et al. (1982), S. 226.
[331] Vgl. Lattmann, C. (1994), S.65f.
[332] Vgl. Kappel, H. (1993), S. 92-124.
[333] Siehe Becker, F. (1994), S. 146.

2. Im zweiten Schritt werden die Qualitäten und Probleme des Mitarbeiters in bezug auf die Zielvereinbarung besprochen.
3. Abschließend werden Konsequenzen für die neue Zielvereinbarung gezogen.

Die zielorientierte Leistungsbeurteilung stellt hohe Anforderungen an den beurteilenden Vorgesetzten. Seine Kognition, das heißt seine Interpretation der von ihm wahrgenommenen Leistung des Telearbeiters vor dem Hintergrund persönlicher Einstellungen und Erfahrungen, prägt die Beurteilung. Zusätzlich prägen Sympathie und Antipathie den Gesamteindruck und wirken auf alle Beurteilungsphasen ein. Zudem hängt die Formulierung der Beurteilung stark von der sprachlichen Kompetenz des Vorgesetzten ab. Die Subjektivität kann zu einer Verzerrung der Leistungsbeurteilung führen. Die reine Objektivität ist in keinem Fall erreichbar, wenn Menschen einen Sachverhalt beurteilen. Auch der Telearbeiter trägt zur Subjektivierung bei, indem er seine Ergebnisse auf eine bestimmte Art und Weise präsentiert oder Leistungshemmnisse als Entschuldigungen anführt. Dieser Grad an Subjektivität erfüllt aber auch eine Funktion. So fließen Sachverhalte in die Beurteilung ein, die zwar nicht unmittelbar die Leistung des Telearbeiters betreffen, die aber aus Sicht des Unternehmens ebenfalls eine große Bedeutung besitzen. Beispielsweise könnte hier die Sozialkompetenz eines Mitarbeiters angeführt werden. In diesem Sinne ist die von Raidt erhobene Forderung nach einer „überhöhten Dimension" von Leistung[335], die beispielsweise auch das zwischenmenschliche Verhalten mit einbezieht, erfüllt.

Aufgabe der Führungskraft ist es, regelmäßige Besprechungen und Beurteilungen zum Leistungsverhalten des Telearbeiters durchzuführen, die gleichzeitig zum Feedback und zum Besprechen von erreichten Etappenzielen genutzt werden sollten. Natürlich können Zielvorgaben nicht stets erreicht werden. In diesen Fällen ist es wichtig, daß die Gründe dafür frühzeitig erkannt werden und Ziele korrigiert werden. Einwendungen seitens des Telearbeiters, offene Fragen und Unsicherheiten können geklärt und das weitere Vorgehen besprochen werden. Diese Gespräche finden bei Telearbeit viel häufiger statt als im Büroalltag, da Beurteilungen nach Ablauf jeder Zielvereinbarungsperiode zu wiederholen sind. Durch diese Gespräche ist die Führungskraft

---

[334] Vgl. Odiorne, G. (1967), S. 102.
[335] Vgl. Raidt, F. (1981), S. 106.

gezwungen, sich regelmäßig intensiv mit einem Mitarbeiter zu befassen. Die Führung eines Telearbeiters wird dadurch persönlicher. Durch die vereinbarte Periode zur Zielerreichung und das darauf folgende Gespräch kann der Vorgesetzte Ziele direkt mit dem Telearbeiter abstimmen, denn nicht erreichbare Ziele wirken genauso demotivierend wie zu leicht erreichbare Ergebnisse.

Die Herausforderung für die Führungskraft besteht im Bereich der fachlichen Kontrolle, aber auch in der eigenen Psyche. Hundertprozentige Kontrolle ist bei Telearbeit nicht möglich. Es ist deshalb unverzichtbar, daß eine Vertrauensbasis zwischen Vorgesetztem und Telearbeiter existiert. Führung wird in diesem Zusammenhang gleichzeitig durch die Zielvorgaben objektiviert und durch die notwendige Vertrauensbasis subjektiviert.

Die Einführung von Telearbeit stellt damit auch spezielle Anforderungen an die Adaptionsfähigkeit der Führungskräfte, die sich mit neuen Aufgaben konfrontiert sehen. In diesem Zusammenhang muß auch auf die Notwendigkeit des Führungskräftetrainings bei der Einführung von Telearbeit hingewiesen werden.

Folgende Abbildung 13 stellt den Leistungsbeurteilungsprozeß mit Zielvereinbarungen graphisch dar:

Abbildung 13:
Leistungsbeurteilungsprozeß mit Zielvereinbarung

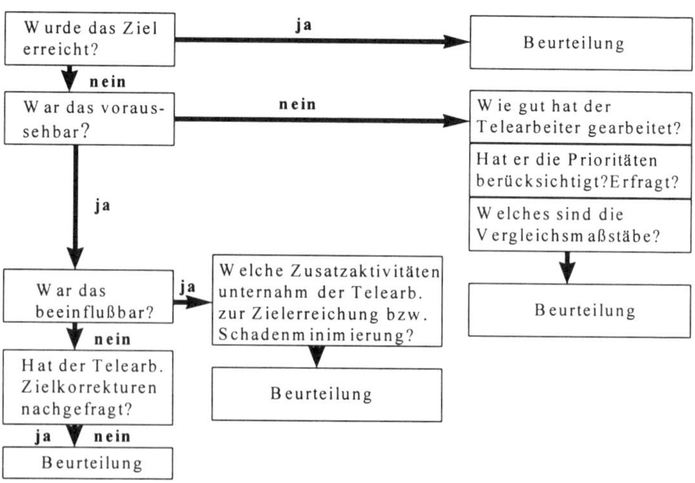

1.5. Information und Wissen

Die Information hat für jeden Mitarbeiter eine instrumentelle, koordinierende und eine motivierende Funktion (vgl. IV. Teil Abschnitt 3.3. „Umfassende Information"). Ohne die instrumentelle Information fehlt dem Mitarbeiter das Basiswissen zur Erfüllung seiner Aufgabe, ohne die motivierende Information fehlt die Einbindung in die Situation, Zukunft und Ziele des Unternehmens als Ganzes. Das Management der Information und des Wissens[336] ist sowohl im Hinblick auf das operative Geschäft als auch bezüglich der Motivation der Mitarbeiter und ihres Engagements im Sinne des Unternehmensziels von großer Bedeutung[337]. In der heutigen Informationsgesellschaft ist das Informations- und Wissensmanagement zu einer Schlüsselqualifikation geworden, um dauerhaft wettbewerbsfähig zu bleiben. Wem es gelingt, die wirtschaftlich relevanten Unterschiede im Informations- und Wissensstand zu nutzen, der hat einen Wettbewerbsvorteil gegenüber seinen Mitbewerbern.

Unter den Informationserfordernissen für Telearbeit ist zunächst die Verfügbarmachung aller notwendigen Informationen am Telearbeitsplatz zu nennen. Dazu ist es notwendig, daß der erforderliche Rückgriff auf schriftliche Unterlagen auf ein Minimum reduziert wird. Je näher man der Idealform des „papierarmen Büros" kommt und je mehr Archivierungs- und Dokumentationssysteme zur Speicherung und Verwaltung genutzt werden, desto rentabler, sinnvoller und leichter umsetzbar wird Telearbeit.

In bezug auf die motivierende und erfolgssteigernde Wirkung von Information und Wissen ist ein viel umfangreicherer Ansatz des Wissensmanagements notwendig. Das im Unternehmen vorhandene Wissen muß mittels eines Informationssystems jederzeit jedem Mitarbeiter an jedem Arbeitsplatz zur Verfügung stehen.

Hier ist insbesondere auf die Bedeutung des Intranets hinzuweisen. Das Intranet, das vielfach auch als „firmeninternes Internet" bezeichnet wird, ermöglicht es jedem Mitarbeiter im Unternehmen Wissen unbürokratisch in einem Netz zur Verfügung zu stellen oder zu suchen. Dabei entsteht die Möglichkeit der direkten Kommunikation beispielsweise mit firmeninternen Experten, die wertvolle Erfahrungen zu bestimmten

---

[336] Information werden als strukturierte und geordnete Daten verstanden. Wissen ist das Ergebnis der Verarbeitung von Informationen durch Intelligenz und Lernen (vgl. Wöhe, G. (1990), S. 203).
[337] Vgl. Gundlach, W. (1995), S.46-48.

Projekten bereits gemacht haben. Auf diese Weise ist es British Petroleum gelungen aus Fehlern in der Ölförderung zu lernen und Erfahrungen zwischen Teams unterschiedlicher Länder schnell und präzise auszutauschen. Der direkte Nutzen daraus wurde alleine im ersten Jahr auf 30 Mio. USDollar beziffert[338].

Neben der technischen Umsetzung steht dabei auch die Schaffung einer Kultur der „lernenden Unternehmung" im Mittelpunkt (vgl. III. Teil Abschnitt 4.3. „Oracle - Führungsansatz eines wissensbasierten Unternehmens"). Bei British Petroleum machte man die Erfahrung, daß die Bereitstellung der Informations- und Kommunikationstechnologie, die Lernkultur entstehen läßt: "If it's easy for people to connect, communicate, and share knowledge, they will do it. If it isn't, they won't.[339]" Bei Existenz eines solchen Informations- und Wissensnetzes verliert die Unterscheidung zwischen zentralem und dezentralem Arbeitsplatz an Bedeutung.

1.6. Kommunikation

Die Einsatzmöglichkeiten der Telearbeit hängen auch wesentlich davon ab, wie die notwendige Kommunikation zwischen Zentrale und dezentralem Arbeitsplatz sichergestellt werden kann[340]. Die Kommunikation ist grundsätzlich notwendige Voraussetzung und stellt einen wesentlichen Bestandteil der meisten Bürotätigkeiten dar[341].

Neben der aufgabenbezogenen Kommunikation, die direkt die fachliche Aufgabe betrifft, müssen auch die Aspekte der informellen Kommunikation mit Kollegen und Vorgesetzten berücksichtigt werden. Diese spontane und nicht-formalisierte Kommunikation ist erforderlich zum Aufbau persönlicher Beziehungen und sozialer Kontakte.

Die Inhalte der informellen Kommunikation können sowohl aufgabenbezogener als auch sozialer Art sein. Die aufgabenbezogene informelle Kommunikation dient dem schnellen und „unbürokratischen" Informations- und Erfahrungsaustausch mit den Kollegen. Dem Aufbau von sozialen Kontakten durch die informelle Kommunikation kommt in zweifacher Hinsicht Bedeutung zu: Einerseits sind soziale Kontakte notwen-

---

[338] Vgl. Prokesch, S. (1997), S.153.
[339] Siehe Prokesch, S. (1997), S.152.
[340] Vgl. Blake, M. (1994), S. 25.
[341] Vgl. Böning, U. (1995), S. 21.

dig, um das Bedürfnis nach persönlichen Beziehungen und Anerkennung zu befriedigen, andererseits stellen sie ein wichtiges Element der Motivation des Mitarbeiters dar.

Bei der Gestaltung der Telearbeit muß als weitere Komponente die Kommunikation mit externen Partnern (Geschäftspartner, Kunden, Lieferanten) berücksichtigt werden. Sie darf in keiner Weise durch die Telearbeit eingeschränkt oder verkompliziert werden. Im Idealfall sollte der externe Partner nicht merken, ob der Mitarbeiter im Büro oder am Heimarbeitsplatz tätig ist.

Bei der alternierenden Telearbeit sind die Probleme der Kommunikation weniger gravierend, da der Telearbeiter die Zeiten, die er in der Zentrale verbringt, für die persönliche aufgabenbezogene und informelle Kommunikation nutzen kann. Hierbei besteht jedoch die Voraussetzung, daß die Kommunikation planbar und terminierbar sein muß.

Generell gilt, daß Telearbeit einen erhöhten Koordinationsbedarf hinsichtlich der Kommunikation bewirkt. Da die Anwesenheit des Telearbeiters im Büro nicht mehr die Regel sein wird, müssen Sitzungen, Besprechungen und face-to-face Gespräche sorgfältig im voraus geplant werden. Hier sind insbesondere auch die koordinierenden Eigenschaften einer Führungskraft gefragt. Teambesprechungen müssen so organisiert werden, daß die Telearbeiter daran teilnehmen können. Unter Umständen ist ein fester regelmäßiger Gesprächstermin festzulegen, um die sozialen und informellen, organisatorischen und sonstigen Probleme der Gruppe, die nicht direkt aufgabenbezogen sind, zu besprechen. Neben diesen gruppeninternen Gesprächen ist auch der abteilungsübergreifende Erfahrungsaustausch hinsichtlich Telearbeit sinnvoll.

2. Mitarbeiterorientierter Ansatz

Schwerer greifbar ist der Bereich der Führung auf der sozial emotionalen Ebene. Dadurch, daß der persönliche Kontakt zwischen Vorgesetztem und Mitarbeiter bei der Einführung von Telearbeit eingeschränkt wird oder z.T. entfällt, ist auch eine Motivation des Mitarbeiters durch Lob und Kritik, freundliche Worte oder einfach nur durch die Anwesenheit des Vorgesetzten nicht mehr realisierbar. Deshalb erlangt die Motivation der Telearbeiter eine neue Bedeutung. Sie muß zukünftig vom Vorgesetzten bewußter als bisher betrieben werden. Durch die Gestaltung der organisatorischen Führungsmaßnahmen kann jedoch der direkte Führungsbedarf teilweise substituiert werden. Durch regelmäßige Mitarbeitergespräche und die gemeinsame Festlegung der fachlichen und persönlichen Ziele wird die Notwendigkeit der permanenten persönlichen Führung vermindert.

Die Zieltheorie von Locke brachte die wesentliche Erkenntnis, daß Leistungssteigerungen durch anspruchsvolle Ziele erreichbar sind[342]. Diese Leistungssteigerungen resultieren aus einer größeren Zufriedenheit des Mitarbeiters. Er kann sich im Rahmen der vereinbarten Ziele frei entfalten und den Weg zum Ziel selbst bestimmen, er kann sich selbstverantwortlich kontrollieren und wird schließlich die Gegenleistung für seine Leistung als gerecht empfinden. Der Mitarbeiter identifiziert sich stärker mit dem Unternehmen und mit seiner Aufgabe[343]. Somit ergibt sich eine potentiell motivierende Wirkung von Zielen für eine Leistungserstellung. Ziele bestimmen folglich die Richtung, Intensität und Ausdauer individueller Aktivitäten und regen spezifische Zielerreichungsstrategien an. Voraussetzung dafür sind Zielklarheit, Zielakzeptanz, Zielschwierigkeit sowie ein Feedback über die Zielerreichung. Zudem steigern Ziele meist automatisch das Selbstvertrauen von Mitarbeitern, da das Setzen von Zielen zugleich die Fähigkeit impliziert, dieses Ziel auch erreichen zu können[344].

2.1. Leistungsorientierte Vergütung

Die Vergütung wird in den meisten Unternehmen nicht zu den einer Führungskraft zur Verfügung stehenden Führungsinstrumenten gezählt. Der direkte Vorgesetzte hat meist keinen Einfluß auf die Höhe der Vergütung eines Mitarbeiters, es sei denn, er sorgt für seine Beförderung. Die Lohnstruktur wird von der Personalführung vorgeben, um so eine gerechte Lohndifferenzierung innerhalb des Unternehmens und im Vergleich zu anderen Unternehmen zu erreichen. Zudem sind die Tariflöhne in den Tarifverträgen zwischen Arbeitgeber- und Arbeitnehmervertretern festgeschrieben.

---

[342] Vgl. Locke, E. (1968); Locke, E. (1981).
[343] Vgl. Stroebe, R.; Stroebe, G. (1996), S. 26.
[344] Vgl. Locke, E. (1968); Locke, E. (1981); Staehle, W. (1994), S.217f.

Die Bedeutung der monetären Anreize für die Leistungssteigerung ist in der Literatur im Laufe der Zeit unterschiedlich diskutiert worden. Taylor sah in dem Lohn den einzigen Anreiz zur Leistungssteigerung[345], während Mayo in seinem bekannten Hawthorne-Experiment die Bedeutung der Aufmerksamkeit, die einem Arbeiter oder einer Gruppe gezollt wird, als leistungssteigernd heraus arbeitet[346]. Nach Herzberg ist die Entlohnung Hygienefaktor und sorgt im besten Fall für keine Unzufriedenheit[347] (vgl. Teil III Abschnitt 2.2. „Inhaltstheorien"). Rosenstiel unterteilt die in einem Unternehmen wirkenden Anreize in monetäre und soziale Anreize, Anreize der Arbeit selbst und Anreize des organisatorischen Umfelds[348]. Hentze bezieht sich auf diese Einteilung und betont den unterschiedlichen Grad der Einflußnahme des Unternehmens auf die einzelnen Anreizgruppen[349]. Aus der Tatsache, daß das Unternehmen auf die monetären Anreize den größten Einfluß ausüben kann, leitet er die Bedeutung der Entlohnung ab. Diese unterschiedlichen Standpunkte lassen zumindest auf eine allgemein akzeptierte Relevanz des Vergütungsthemas in der Theorie schließen. In der Praxis schaffen materielle Anreize bis zu einer gewissen Gehaltshöhe zweifelsohne Motivation und Leistungssteigerung. Da Telearbeiter oft in die Gruppe der Angestellten fallen und damit das Gehalt durchaus Spielraum für monetäre Anreize läßt, scheint es wichtig und gerechtfertigt zu sein, auf die Vergütungsthematik näher einzugehen.

Das Ziel von Entgeltsystemen ist die faire finanzielle Befriedigung der Arbeitskräfte als eine Gegenleistung für ihren Arbeitsinput zur optimalen Erreichung der Unternehmensziele. Es ist deshalb im Interesse jedes Unternehmers, ein geeignetes Entgeltsystem aufzubauen, so daß die Übereinstimmung der Ziele der Mitarbeiter mit denen des Unternehmens gefördert oder wenigstens nicht behindert wird.

Eine zeitorientierte Vergütung bei Telearbeit, so wie es die bisherigen Tarifverträge und Betriebsvereinbarungen vorsehen, scheint nur eine wenig geeignete Übergangslösung zu sein. Eine flexible Form der Arbeitsorganisation verlangt nach einer flexi-

---
[345] Vgl. Taylor, F. (1911).
[346] Vgl. Mayo, E. (1945).
[347] Vgl. Herzberg, F. (1959).
[348] Vgl. Rosenstiel, L.von (1975), S. 231.

blen Form der Entlohnung. Es scheint paradox, dem Telearbeiter zeitliche Flexibilität zuzusichern um ihn dann anteilig mit fixen sieben oder acht Stunden pro Tag zu entlohnen. Zu den spezifischen Führungsanforderungen der Telearbeit gehört ein Vergütungssystem, das die anderen Führungsmaßnahmen unterstützt. Nur so kann ein integratives Führungsmodell entwickelt werden. Für Telearbeit ist ein leistungsbezogenes Entgeltsystem zu fordern[350]. Denkbar wäre beispielsweise eine Zweiteilung der Vergütung in ein Grundentgelt und ein leistungsbezogenes Entgelt[351].

Das Grundentgelt, das niedriger ist als das momentane tarifliche Einkommen, kann dem Telearbeiter garantiert werden. Es soll personenneutral die objektive Schwierigkeit der Arbeit abgelten[352] und wird mittels einer zuvor festgelegten Normalleistung ermittelt[353]. Das Grundgehalt entspricht damit dem anforderungsabhängigen Entgeltanteil[354].

Der leistungsabhängige Entgeltanteil spiegelt periodenbezogen die personenbezogene Leistung wieder[355]. So entsteht ein direkter Zusammenhang zwischen Leistung und Entlohnung, zwischen persönlichen Zielen des Mitarbeiters und den Zielen der Unternehmung. Es besteht aber auch das Risiko bei Verfehlung des Ziels auf die „Prämie" zu verzichten und somit finanziell schlechter zustehen als bei dem fixen Tariflohn.

Kosiol bezeichnet diese Zweiteilung der Vergütung als „doppelte Äquivalenz"[356]. Der Arbeitnehmer wird in zweifacher Hinsicht gerecht vergütet, nämlich anforderungs- und leistungsgerecht.

Der Grundgedanke des leistungsbezogenen Entgeltanteils ist eine Ausrichtung der Aktivitäten des Telearbeiters auf Leistungsziele und eine anschließende Leistungs-

---

[349] Vgl. Hentze, J. (1991), S. 63.
[350] Vgl. o.V. (1996), S. 35.
[351] Vgl. Schultetus, W. (1996), S. 901; Knebel, H. (1981), S. 209-215; Hume, D. (1995).
[352] Vgl. Paasche, J. (1978), S. 32.
[353] Vgl. Paasche, J. (1977), S. 294.
[354] Vgl. Büge, H. (1990), S. 12.
[355] Vgl. Paasche, J. (1978), S. 55.
[356] Vgl. Kosiol, E. (1962), S. 29f.

beurteilung anhand der Zielerreichung[357]. Das Bewertungsergebnis wird dann monetär umgesetzt. Das Hauptproblem liegt dabei in der Festschreibung in den Tarifverträgen, insbesondere hinsichtlich der Auswahl und Gewichtung der Leistungskriterien, der Bestimmung ihres erwünschten Ausprägungsgrades und der monetären Umsetzung.

Nach Ablauf der **Zielvereinbarungsperiode** muß eine Bewertung des Telearbeiters durch den Vorgesetzten erfolgen. Diese kann sich in drei Schritte aufteilen[358]:

1. Bewertung der Leistung durch den Vorgesetzten,
2. Überprüfung der Leistungsbewertung durch den übergeordneten Vorgesetzten und
3. Bewertungsgespräch zwischen Führungskraft und Vorgesetztem.

Anschließend ist mittels einer Transformationsfunktion die monetäre Umsetzung des Bewertungsergebnisses in Form des leistungsbezogenen Entgeltanteils festzulegen. Dabei wird häufig ein maximales leistungsbezogenes Entgelt festgelegt.

Der Vorteil dieses Systems liegt in einem direkten Zusammenhang zwischen Leistung und Entgelt, aus dem eine große Motivationswirkung mit Leistungsanreiz resultiert. Nachteilig ist der große Aufwand zur Definition der Leistungsziele und die Gefahr der Vereinbarung von zu leichten oder nicht zu erreichenden Zielen, die dann unerwünschte Konsequenzen auslösen könnten. Außerdem resultiert daraus eine geringere Vergleichbarkeit unter Telearbeitern und zwischen Telearbeitern und Büroarbeitskräften. Der Grundsatz „gleicher Lohn für gleiche Arbeit" darf nicht an Aussagekraft verlieren. Das Vergütungssystem muß so gestaltet sein, daß eine Telearbeitskraft im Schnitt gleich viel verdient wie eine Büroarbeitskraft in einer vergleichbaren Funktion und mit einem vergleichbaren Engagement bei der Zielerreichung. Eine sinnvolle und faire Lösung des Problems der mangelnden Vergleichbarkeit zwischen Telearbeitsvergütung und Büroarbeitsvergütung kann durch eine Ausweitung des leistungsbezogenen Entgeltanteils auch auf die Büroarbeitskräfte erreicht werden. Damit greifen alle bisher dargestellten Vorteile der zielorientierten Führung und der leistungsbezogenen Entlohnung auf alle Angestellten gleichermaßen.

---

[357] Vgl. Lattmann, C. (1994), S. 63ff; Odiorne, G. (1984); Geiger, G. (1995), S.14-18.
[358] Vgl. Lattmann, C. (1994), S. 68ff.

Mit dem System des leistungsbezogenen Entgeltanteils entsteht ein monetärer Anreiz zur Zielerreichung und natürlich auch zur besseren und effizienteren Arbeitsorganisation. Damit werden die Führungsinstrumente des Vorgesetzten durch einen zusätzlichen Anreiz unterstützt. Steigt die Leistung eines Mitarbeiters durch Telearbeit erheblich, so muß auch die Möglichkeit bestehen, daß diese Verbesserung finanziell honoriert wird. Die Forderung „Leistung muß sich lohnen" steht hier auf dem Prüfstand.

2.2. Intrinsische Motivation und Produktivitätssteigerung

Neben der extrinsischen Motivationswirkung der Vergütung ist auch eine **intrinsische Motivation** des Telearbeiters notwendig. Intrinsisch motivierte Mitarbeiter sind von „innen her" motiviert, d.h. sie sind in der Lage, sich selbst zu motivieren und aus der Tätigkeit Befriedigung zu beziehen[359]. Die Tätigkeit am Heimarbeitsplatz reduziert die unmittelbare Anwendbarkeit einiger extrinsischer Motivatoren[360] (zum Beispiel unmittelbare Anerkennung und sozialen Kontakt) und erhöht somit die Bedeutung der inneren Motivation.

Dabei helfen die aus der neuen Flexibilität gewonnenen Vorteile wie mehr Selbständigkeit, Verantwortung und Zeitautonomie, die zur besseren Vereinbarkeit von Beruf und Privatleben führen. Diese Vorteile bewirken häufig eine deutliche Produktivitätssteigerung des Telearbeiters, die ihrerseits wiederum motiviert, da sie sowohl eine Steigerung der Selbstzufriedenheit als auch die Anerkennung durch den Vorgesetzten zur Folge haben sollte. Kaum eine der bisherigen Erfahrungen mit Telearbeit ist so übereinstimmend in den Unternehmen gemacht worden wie die Erkenntnis, daß Telearbeit häufig zu Produktivitätssteigerungen führt[361]. Allein die Tatsache, daß diese Verbesserung der Produktivität, besonders im Bereich der qualifizierten Arbeit, schwer zu messen ist, erklärt die in der Literatur auftretenden unterschiedlichen Zahlen. So liest man über Produktivitätssteigerungen von 20% bis zu 50% bei der IBM in

---

[359] Vgl. Staehle, W. (1994), S. 151f.
[360] Der extrinisisch Motivierte erhält Befriedigung aus den Begleitumständen der Arbeit (zum Beispiel Bezahlung, Anerkennung, Status).
[361] Vgl. Bacon, D. (1989), S. 26.; Mahfood, P. (1992), S. 10-13.

Deutschland[362], teilweise aber auch von 70%[363] bis weit über 100%[364] bei amerikanischen Studien.

Die Steigerung der **Produktivität** wird darauf zurückgeführt, daß zu Hause ein konzentriertes Arbeiten möglich ist, da es zu weniger unerwarteten Störungen durch Kollegen oder das Telefon kommt. Außerdem wird die Arbeitsumgebung zu Hause als positiv empfunden[365]. Der Telearbeiter kann sich seine Arbeitszeit flexibel einteilen und wird so in den Stunden des Tages arbeiten, in denen seine Leistungsfähigkeit und Konzentration am größten ist. Er kann seine Arbeit in der Zeit erledigen, in der die Antwortzeiten beim Zugriff auf den Zentralrechner des Unternehmens am geringsten sind, d.h. er kann seine Arbeitszeit antizyklisch zu den Büroarbeitszeiten legen[366]. Das kann zu einer gleichmäßigeren Auslastung der Rechnerkapazität führen und somit zu einer Produktivitätssteigerung im technischen Bereich. Die Arbeitszeit wird zu Hause effektiver ausgenutzt und teilweise auch um die eingesparten Pendelzeiten verlängert. Des weiteren können die Telearbeiter morgens entspannt ihren Arbeitstag beginnen, da das oft als stressig empfundene Pendeln entfällt.

Sehr wichtig ist auch, daß die Mitarbeiter die Teilnahme an Telearbeitsprojekten als Privileg empfinden, um das sie von anderen Büroangestellten beneidet werden[367]. Ihre Motivation steigt, Fehlzeiten gehen zurück und die Produktivität wächst. Eng damit ist auch die Freiwilligkeit der Teilnahme an Telearbeit verbunden. Obwohl es bisher noch keine empirischen Erkenntnisse dazu gibt, ist die Teilnahme an Telearbeit wahrscheinlich oft auf einen Teil des Berufslebens begrenzt. Es steht zu vermuten, daß Telearbeit in gewissen Lebensabschnitten vorteilhafter für den Arbeitnehmer ist als in anderen. So könnten beispielsweise junge Eltern an der Telearbeit mehr interessiert sein als Singles, für die der Kontakt im Büro von besonderer Bedeutung ist. Diese Freiwilligkeit, läßt die Vorteile der Telearbeit noch attraktiver werden, da jederzeit bei Bedarf wieder das Büro in der Zentrale bezogen werden kann.

---

[362] Vgl. Glaser, W.; Glaser, M. (1995), S. 22.
[363] Vgl. Huber, J. (1987), S. 93
[364] Vgl. Lenk, T. (1989), S. 53.
[365] Vgl. Godehardt, B. (1994), S. 189.
[366] Vgl. Lenk, T. (1989), S. 53.
[367] Vgl. Glaser, W.; Glaser, M. (1995), S. 22.

Weitere Produktivitätssteigerungen können sich aus einer verbesserten und effizienteren Organisation, die im Zusammenhang mit Telearbeit eingeführt wird, ergeben. Die Einführung einer ergebnisorientierten Kontrolle (vgl. Abschnitt 1.4. „Zielorientierte Kontrolle") oder auch die Einführung neuer Kommunikationsformen können sich generell auf die Effizienz und Produktivität der Gesamtorganisation auswirken.

Natürlich könnten alle bereits genannten positiven Effekte auf die Produktivität auch durch negative Effekte, wie beispielsweise häusliche Ablenkungen, mangelnder anspornender Vergleich mit anderen Kollegen oder fehlende Motivation durch den Vorgesetzten, reduziert oder sogar kompensiert werden. Dies scheint bisher die Ausnahme zu sein. Hier wäre es aber Aufgabe der Führungskraft, solche Entwicklungen zu erkennen und den unproduktiven Telearbeiter wieder in den Büroalltag zu integrieren, da er für Telearbeit nicht geeignet ist.

2.3. Motivation durch Identifikation

Wunderer (1997) stellt die **Bedeutung der Identifikation** für die Motivation heraus. „Wir wissen heute, daß die Motivation als Führungsaufgabe an Grenzen stößt. Die Auswirkungen des gesellschaftlichen Wertewandels sowie das Phänomen der inneren Kündigung konfrontieren jede Führungskraft mit dem Problem, daß immer mehr Mitarbeiter die Bedeutung der Arbeitswelt für ihr persönliches Fortkommen neu bewerten.[368]" In diesem Zusammenhang weist Wunderer auf die Identifikation als freigewählte Verankerung von persönlichen Werten mit personellen oder sachlichen Objekten der Arbeitswelt hin. Die persönlichen Werte sind jedem Menschen immanent. Damit liegt aber der Grund der Identifikation einer Person mit seinem Arbeitsumfeld gewissermaßen fest. Erst unter dieser Voraussetzung wirken nun die Motivierungstätigkeiten der Führungskraft (vgl. Abbildung 14).

---

[368] Siehe Wunderer, R. (1997), S. 130.

Abbildung 14:
Verhältnis von Motivation, Motivieren und Identifikation[369]

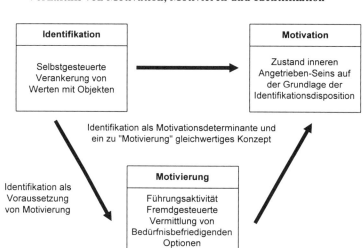

In bezug auf Telearbeit wird deutlich, daß ein Telearbeiter seine Werte wie beispielsweise Selbstverwirklichung, Selbständigkeit, Selbstkontrolle aber auch Familienorientierung, freie Zeiteinteilung und eigenständige Koordination von Berufs- und Privatleben in der Telearbeit realisieren und sich damit auch mit seiner Arbeit identifizieren kann. Die Motivation ist nun die direkte Folge aus der Identifikation, und der Bedarf an Motivierung relativiert sich.

2.4. Bedeutung der Unternehmenskultur und des Betriebsklimas

Ein wesentlicher Erfolgsfaktor vieler Unternehmen ist ihre Unternehmenskultur bzw. Corporate Identity. Diese Kultur der Unternehmung und damit der Gruppe Menschen, die dort zusammen arbeitet, läßt sich definieren als: „Ein Muster gemeinsamer Grundprämissen, das die Gruppe bei der Bewältigung ihrer Probleme externer Anpassung und interner Integration erlernt hat, das sich bewährt hat und somit als bindend gilt; und das daher an neue Mitglieder als rational und emotional korrekter Ansatz für den Umgang mit diesen Problemen weitergegeben wird.[370]" Diese Corporate Identity lebt

---
[369] Vgl. Wunderer, R. (1997), S. 132.
[370] Siehe Schein, E. (1995), S. 25.

also von gemeinsamen Werten, Traditionen und einem starken Zusammengehörigkeitsgefühl der Arbeitnehmer eines Unternehmens. Diese Kultur ist für jedes Unternehmen sehr wertvoll, da Motivation und Leistung die Folge sind, der Krankenstand sinkt und dieser Erfolgsfaktor von der Konkurrenz nicht ohne weiteres kopierbar ist.

Das Betriebsklima hängt in gewisser Weise mit der Unternehmenskultur zusammen. Mit Betriebsklima wird die allgemeine Grundstimmung, der Umgangston und das Selbstverständnis aller im Unternehmen Beschäftigter bezeichnet. Ist das Betriebsklima positiv und eine ausgeprägte Unternehmenskultur vorhanden, so ist das Arbeitsumfeld denkbar vorteilhaft. Ein solches Arbeitsumfeld ist ein Motivator für alle Mitarbeiter, so auch für die Telearbeiter.

Das Betriebsklima kann nun aber durch die Einführung von Telearbeit behindert werden. Der Grund hierfür könnte bei den - auf den ersten Blick - nichtbetroffenen Büromitarbeitern liegen. Bewerten diese die Telearbeit als eine Verbesserung der Arbeitsbedingungen für die Telearbeiter, so werden sie sich im Vergleich benachteiligt fühlen (vgl. III. Teil Abschnitt 2.32 „Prozeßtheorien"). Unzufriedenheit und Spannungen zwischen Büromitarbeitern und Telearbeitern könnten die Folge sein; das Betriebsklima verschlechtert sich durch eine Zweiteilung der Belegschaft.

Zur Lösung dieser Problematik hilft nur das offene Gespräch zwischen allen Beteiligten. Unter Umständen müssen auch die Büroarbeitskräfte in Telearbeitsschulungen mit einbezogen werden, da die neue Form der Arbeitsorganisation die Büroarbeitskräfte wenn nicht direkt, so doch indirekt mit betrifft. Eine Ausweitung der für Telearbeit empfohlenen Führungsmaßnahmen auch auf die Büromitarbeiter kann empfehlenswert sein, um eine größere Gleichbehandlung zu erzielen. In jedem Fall muß ein Klima zur Konfliktbewältigung geschaffen werden.

Als Folge einer Verschlechterung des Betriebsklimas kann auch die Unternehmenskultur unter der Einführung von Telearbeit leiden. Zwar führt eine Flexibilisierung der Arbeit bei den Telearbeitern zu einer erhöhten Identifikation mit ihrer Arbeit, es ist aber fraglich, ob sich diese Identifikation auch auf das Unternehmen überträgt. Da die informelle Kommunikation mit Kollegen reduziert wird und der Telearbeiter in den

Augen der Büro-Kollegen „anders" ist, besteht die Gefahr, daß sich die „Corporate Identity" des Telearbeiters reduziert.

Durch die Zwei-Klassenbildung von Büromitarbeitern und Telearbeitern könnten gemeinsame Werte und Traditionen an Bedeutung verlieren, das Zusammengehörigkeitsgefühl würde schwächer. Dies auf jeden Fall zu verhindern ist eine wichtige Führungsaufgabe. Die Maßnahmen wurden bereits im Zusammenhang mit der Verschlechterung des Betriebsklimas dargestellt.

2.5. Verhältnis zwischen Telearbeiter und Televorgesetztem

Das Verhältnis zwischen Telearbeiter und Televorgesetztem wird durch eine ganze Reihe unterschiedlicher Faktoren geprägt.

Der Führungsstil prägt das Verhältnis abhängig von dem zugrundeliegenden Menschenbild des Televorgesetzten wahrscheinlich am meisten. Dabei läßt sich beim Menschenbild das Bild des komplexen Menschen (vgl. III. Teil Abschnitt 1.2.4. „Der komplexe Mensch") als vorteilhaft im Hinblick auf Telearbeit identifizieren. Solch eine eindeutige Aussage ist beim Führungsstil nicht möglich. Mitarbeiter- und Aufgabenorientierung sind gerade bei Telearbeit gleichzeitig wichtig. In welchem Verhältnis sie zueinander stehen, ist aber abhängig von der jeweiligen Situation.

Die fachliche Führungskompetenz des Televorgesetzten ist ein weiterer Aspekt, der im Hinblick auf das Telearbeiter-Televorgesetzten-Verhältnis von Bedeutung ist. Diese Kompetenz ist notwendig, damit der Telearbeiter dem Vorgesetzten Respekt entgegenbringen kann. Die fachliche Kompetenz ist dabei weniger eine telearbeitsspezifische als eine generelle Anforderung. Die Führungskompetenz bedeutet in bezug auf Telearbeit allerdings durchaus eine Herausforderung. Die Einführung von Telearbeit stellt spezielle Anforderungen an die Adaptionsfähigkeit der Führungskräfte, die sich mit neuen Aufgaben konfrontiert sehen. An dieser Stelle muß erneut auf die Bedeutung von Schulungen der Führungskräfte hinsichtlich Telearbeit hingewiesen werden.

Es ist des weiteren denkbar, daß sich einige Führungskräfte aufgrund ihrer Eigenschaften und ihres Menschenbildes nicht als Teleführungskraft eignen[371]. An dieser

---

[371] Vgl. Grimm, G. (1995), S.14; Hormann, J. (1995), S.26f; Seßler, H. (1995), S.53f.

Stelle werden auch Schulungen nur wenig bewirken können. Eine Eignungsauswahl ist auch bei den Vorgesetzten zwingend notwendig, um den Erfolg der Telearbeit nicht zu gefährden.

Das Führen mit Zielvereinbarungen setzt ein Vertrauensverhältnis zwischen Vorgesetztem und Telearbeiter voraus (vgl. Abschnitt 1.4. „Zielorientierte Kontrolle"). Das dem Telearbeiter von Seiten seines Vorgesetzten entgegengebrachte Vertrauen hat eine motivierende Wirkung[372]. Der Telearbeiter fühlt sich akzeptiert und bestätigt und wird zur selbständigen Zielerreichung angespornt. Es ist deshalb unverzichtbar, daß eine Vertrauensbasis zwischen Vorgesetztem und Telearbeiter existiert.

2.6. Bedeutung der Unternehmensführung

Eine erfolgreiche Unternehmensführung wirkt sich über das Betriebsklima motivierend auf die Mitarbeiter und natürlich auch auf die Telearbeiter aus. Jeder arbeitet lieber in einem prosperierenden Unternehmen, das wächst und Gewinne macht, als in einem Unternehmen, das sich auf dem „Abstieg" befindet. Zentraler Punkt einer erfolgreichen Unternehmensführung ist die strategische Ausrichtung des Unternehmens. Die Identifikation der Kernkompetenzen und die Definition des „Strategic Intent" (vgl. III. Teil Abschnitt 5.2. „Strategische Ausrichtung") eröffnet allen Mitarbeitern ein langfristiges Unternehmensziel, das es durch gemeinsamen Einsatz zu erreichen gilt. So ein Ziel wirkt motivationssteigernd.

Soll der Erfolg von Telearbeit dauerhaft sein, so ist eine Berücksichtigung in der strategischen Ausrichtung insofern notwendig, als die abgeleiteten Implikationen der Telearbeit strategische Bedeutung für das Unternehmen bekommen müssen. Diese Implikationen sind das Bekenntnis

- **zu einem mitarbeiterorientierten Unternehmen,**
- **zu einem wissensorientierten Unternehmen und**
- **zu einem innovativen Unternehmen.**

---

[372] Vgl. Malik, F. (1995), S. 1; Zürn, P. (1995), S. 29.

3. Zusammenfassung

Die Ermittlung und Sicherstellung von Menge und Qualität der ohne Aufsicht geleisteten Arbeit stellt die Teleführungskraft vor besondere Herausforderungen. Ohne Anpassungen innerbetrieblicher Strukturen und Prozesse und deren Bewußtmachung können die durch die Einführung von Telearbeit notwendigerweise angestrebten Effizienzsteigerungen entweder überhaupt nicht oder nur ansatzweise realisiert werden. Die Einführung von Telearbeit impliziert einen Wandel sowohl hinsichtlich der Aufgaben- als auch in bezug auf die Mitarbeiterorientierung.

Als zentrale Maßnahme bei der Führung von Telearbeitern konnte das Management By Objectives bestimmt werden. Durch vereinbarte Ziele können Probleme der Koordination, Kontrolle und Vergütung beseitigt, aber auch die Motivation über Selbstorganisation und Zielerreichung realisiert werden. Des weiteren kommt der Auswahl des telearbeitsgeeigneten Arbeitsplatzes und der Schulung des zukünftigen Telearbeiters eine große Bedeutung zu.

Die Information und Kommunikation muß bei Telearbeit besonders aktiv betrieben werden. Damit keine Wissensdefizite entstehen, ist auch das Wissensmanagement im Hinblick auf den Unternehmenserfolg wichtig. Die Unternehmenskultur und das Betriebsklima können durch Telearbeit gefährdet werden, hier liegt eine weitere Herausforderung der Teleführungskraft. Des weiteren konnte die Bedeutung der Unternehmensführung und des Vertrauensverhältnisses zwischen Televorgesetztem und Telearbeiter gezeigt werden.

Nachfolgende Abbildung 15 zeigt die Ergebnisse der telearbeitsinduzierten Führungsanforderungen im Überblick.

Abbildung 15:
Telearbeitsinduzierte Führungsanforderungen

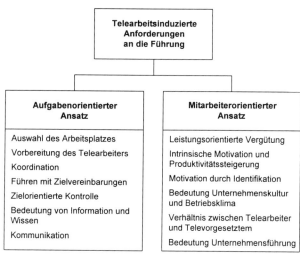

Quelle: eigene Erstellung

Die kritische Bestandsaufnahme der Anforderungen an die Teleführung hat den theoretischen „Soll-Zustand" herausgearbeitet, der hinsichtlich der Führung von Telearbeitern erreicht werden muß, damit sich Telearbeit in der Praxis stärker verbreiten kann. Es muß nun im folgenden eine Bestandsaufnahme des „Ist-Zustandes" der Führung von Telearbeitern in der Praxis durchgeführt werden, damit abschließend ein Soll-Ist-Vergleich möglich wird.

VI. Teil: Empirische Untersuchung: Telearbeit bei der LVM Versicherung in Münster

Die vorangegangenen Teile dieser Arbeit haben sich mit einer kritischen Bestandsaufnahme der Anforderungen an die Führung von Telearbeitern beschäftigt. Im folgenden Schritt soll eine Untersuchung der unternehmerischen Realität Aufschluß über Führung von Telearbeitern in der Praxis geben.

1. Design der Untersuchung

1.1. Untersuchungsziel, -art und -objekt

Da die Problemstellung keine Auswertung von Sekundärdaten ermöglicht, mußte eine Primärdatenerhebung durchgeführt werden. Diese Untersuchung, die bei dem Landwirtschaftlichen Versicherungsverein Münster (LVM) durchgeführt wurde, verfolgt das Ziel, den Ist-Zustand der Teleführung in der Unternehmenspraxis anhand eines Beispiels zu erfassen und zu analysieren.

Das Untersuchungsthema stellt insofern spezielle Anforderungen an die Befragung, da Mitarbeiterführung in einem Unternehmen stets ein sehr subjektives, qualitatives Thema mit sozialem Konfliktpotential ist. Das Abhängigkeitsverhältnis, in dem die Mitarbeiter zu ihrem jeweiligen Vorgesetzten stehen, birgt die Gefahr, daß Mitarbeiter nicht offen ihre Meinung über Führungseigenschaften und -instrumente der Vorgesetzten kundtun. Auf der anderen Seite gehören die meisten der mit Mitarbeiterführung von Telearbeitern beauftragten Vorgesetzten dem mittleren Management an. Sie haben ihrerseits auch wiederum Vorgesetzte und könnten deshalb ebenfalls an der Erweckung eines bestimmten positiven Bildes im Zuge einer Befragung interessiert sein. Die Herausforderung, der sich die Befragung stellen muß, liegt also in der Erfassung der tatsächlichen, wahren Situation unter weitgehendem Ausschluß der jeweiligen persönlichen Interessen.

Zur Erfüllung dieser Anforderungen wurden zwei Maßnahmen ergriffen:
Die **erste Maßnahme** bestand in der separaten Befragung von Telemitarbeitern und ihren Vorgesetzten zum gleichen Sachverhalt. Die Probanden sollten sich dadurch zum einen bewußt werden, in welcher Rolle sie befragt werden, zum anderen sollte dadurch

die Möglichkeit entstehen, ein eventuelles Führungsproblem im Vergleich von divergierenden Antworten zu entdecken, ohne daß die Befragten explizit darauf eingegangen wären. Natürlich lassen sich aber auch aus übereinstimmenden Antworten interessante Rückschlüsse ziehen.

Es wäre ebenfalls interessant gewesen, zusätzlich die Büromitarbeiter gewissermaßen als Kontrollgruppe der Telearbeiter zu befragen. Hier ergab sich das Problem des Umfangs der Gruppe der Büromitarbeiter. Eine Totalerhebung aller ca. 2000 Büromitarbeiter konnte aufgrund unternehmensinterner Entscheidungen nicht vorgenommen werden. Zudem hätte sich bei einer Stichprobenerhebung das Problem des „Matchings" zwischen der Kontrollgruppe und der Gruppe der Telearbeiter ergeben. Als Lösung wurde ein großer Teil der Fragen in Form einer „Differenzbetrachtung" zur Büroarbeit formuliert. Die drei möglichen Antwortkategorien dieser Fragen waren „hat sich durch AbAp verbessert"[373], „hat sich durch AbAp verschlechtert" oder „hat sich durch AbAp nicht verändert". Der Status quo der Büroarbeit wurde also gewissermaßen als Ausgangsposition in die Frage integriert. Somit war eine Bewertung der Telearbeit im Vergleich zur Büroarbeit auch ohne Kontrollgruppe möglich.

Die **zweite Maßnahme** war die Auswahl der schriftlichen Befragungsform mittels eines Fragebogens. Diese Befragungsform sicherte den Befragten den höchsten Grad an Anonymität zu, da kein persönlicher Kontakt mit einem Interviewer notwendig war. Auf die Anonymität und die Wahrung des Datenschutzes wurde zudem am Anfang jedes Fragebogens explizit hingewiesen. Tatsächlich wurden zudem viele Fragebögen mit Schreibmaschine ausgefüllt, um eine mögliche Zuordnung der Handschrift zu verhindern.

Folgende weitere Gründe haben die schriftliche Befragungsform als geeignetes Mittel der Untersuchung qualifiziert:

1. Der gesamte Untersuchungsbereich ist in entscheidenden Fragestellungen noch weitgehend unerforscht, so daß ein großer Fragenkomplex vorhanden ist. Diese Fragen lassen sich in einem Fragebogen systematisch und zeiteffizient stellen.

---

[373] „AbAp" ist die Abkürzung der LVM Versicherungen für „außerbetrieblicher Arbeitsplatz" also für einen Telearbeitsplatz.

2. Den dennoch recht umfangreichen Fragebogen kann der Proband zu einem ihm genehmen Zeitpunkt zu Hause oder am eigenen Arbeitsplatz ausfüllen.
3. Die Untersuchung soll eine möglichst große Menge von Probanden befragen, die eine relativ homogene Zielgruppe darstellen.

Die Auswahl des Untersuchungsobjektes LVM Versicherungen erfolgte nach der Größe und Bedeutung des Telearbeitsprojektes. Die LVM Versicherungsgruppe (Landwirtschaftlicher Versicherungsverein Münster a.G.) bietet „Rund-um-Versicherungsschutz" für die Zielgruppe private Haushalte, Freiberufler und mittleres Gewerbe. Alle Aufgaben werden zentral von der Direktion in Münster wahrgenommen, wo 2.025 Innendienstmitarbeiter beschäftigt sind. Hinzu kommen 175 Angestellte, die im Außendienst arbeiten. In der gesamten Bundesrepublik sind zudem 2.250 selbständige Vertrauensleute als Einfirmenvertreter tätig. Bezirks-, Regional-, oder Filialdirektionen gibt es nicht.

Bei einer 1994 durchgeführten Befragung der Belegschaft zur Akzeptanz neuer Arbeitszeit- und Arbeitsplatzmodelle bekundeten fast 40% der Angestellten die Bereitschaft, ganz oder teilweise zu Hause zu arbeiten. Der Betriebsrat betrachtete diese Aussage von 680 Kolleginnen und Kollegen als Mandat, die alternierende Telearbeit voranzutreiben.

Das Pilotprojekt „Außerbetrieblicher Arbeitsplatz, kurz AbAp" begann am 1.10.1995 und wurde in einer Regelungsabrede zwischen Geschäftsleitung und Betriebsrat auf eine zwölfmonatige Laufzeit begrenzt[374]. Als Ziele wurden folgende Sachverhalte definiert:

- Steigerung der Arbeitseffizienz,
- Reduzierung der Kosten,
- Verbesserung des Services und
- höhere Arbeitsmotivation durch mehr Verantwortung.

Der Grundgedanke von „AbAp" ist einfach: Den internen Büroarbeitsplatz teilen sich jeweils zwei LVM-Telearbeiter aus einer Abteilung, die zusammen ein „AbAp"-Team

---

[374] Vgl. Schmidt, W. (1997), S. 31-33.

bilden. Sie bleiben abwechselnd zu Hause, so daß immer einer einen Büroarbeitsplatz zur Verfügung hat. Die Initiative zur Telearbeit muß vom Mitarbeiter ausgehen, was auch die Freiwilligkeit des Arbeitsmodells unterstreicht.

Nach Ablauf des Pilotprojektes arbeiteten bereits fast 200 Mitarbeiter als alternierende Telearbeiter. Aufgrund der positiven Resonanz der Teilnehmer und der weiterhin großen Nachfrage wurde die Regelungsabrede ab dem 1.10.1996 in eine Betriebsvereinbarung umgewandelt. Damit wurde Telearbeit zum dauerhaften Organisationsbestandteil der LVM Versicherung.

Ende 1997 hatte der LVM bereits fast 400 „AbAp"-Teilnehmer mit weiterhin steigender Tendenz. Mit einem Telearbeiter-Anteil von fast 20 % an der Gesamtheit der Innendienstmitarbeiter ist der Münsteraner Versicherer im Hinblick auf die Größenordnung und Flexibilität in der Ausführung die Nummer Eins der „alternierenden Tele-Arbeitgeber" in Deutschland und vermutlich auch in Europa. Nach Vorstandsaussagen des LVM können technisch insgesamt sogar bis zu 1.400 außerbetriebliche Arbeitsplätze eingerichtet werden. Davon sind bis zu 600 in der näheren Zukunft denkbar[375].

1.2. Vorgehensweise der Untersuchung

Die Konzeption der Untersuchung vollzog sich - wie in Abbildung 16 dargestellt - in fünf Phasen.

Abbildung 16:
Vorgehensweise der Untersuchung

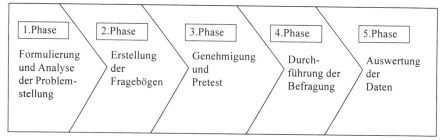

---

[375] Vgl. Müller, S. (1997), S. 8.

Phase 1 (Formulierung und Analyse der Problemstellung)

Die theoretische Aufarbeitung des Themas „Führung von Telearbeitern" bildet die Grundlage für die Formulierung und den Analyserahmen der Problemstellung. Als zentrale Forschungsfrage wird untersucht, welche neuen Anforderungen Telearbeit an die Führung stellt. Die theoretische Aufarbeitung erfolgte im Hinblick auf die aufgaben- und mitarbeiterorientierten Aspekte der Führung. Dieser Gliederung sollte auch die Konzeption der Fragebögen folgen. Die Teilgebiete Kontrolle und Vergütung konnten nicht sinnvoll detailliert erfragt werden. Im Bereich Kontrolle liegt es daran, daß nicht explizit zielorientiert geführt wird, das heißt, daß keine Zielvereinbarungen abgeschlossen werden, anhand derer sich eine zielorientierte Kontrolle oder Leistungsbeurteilung durchführen ließe. Im Bereich Vergütung liegt der Grund beim Betriebsrat, der Fragen nach Entlohnungswünschen bei Telearbeit generell ablehnend gegenüber steht.

Phase 2 (Erstellung der Fragebögen)

Bei der Methode der Datenerhebung kommen drei Instrumente zum Einsatz:

- vorstrukturierte, standardisierte Fragen,
- vorstrukturierte, standardisierte Fragen mit der Möglichkeit, eine eigene Antwort zu ergänzen und
- offene Fragen.

Aufbauend auf der eingangs erläuterten Problemanalyse und den aus ihr abgeleiteten Schwerpunkten wurde ein Fragebogen für die „AbAp"-Mitarbeiter und ein Fragebogen für Vorgesetzte von „AbAp"-Mitarbeitern entworfen (vgl. Anhang Abschnitt 4 und 5). Bis auf wenige Ausnahmen beinhalten die Fragebögen „spiegelbildlich" die gleichen Fragen, das heißt, daß das gleiche Thema aus der Sicht des Mitarbeiters im Mitarbeiterfragebogen und aus der Sicht des Vorgesetzten im Vorgesetztenfragebogen erfragt wird.

Die Fragebögen sind so aufgebaut, daß zunächst Einleitungsfragen den Probanden auf das Thema einstimmen, dann kommen die Sachfragen und abschließend folgen die Fragen zur Person.

Phase 3 (Genehmigung und Pretest)

Da Telearbeit mitbestimmungspflichtig im Rahmen des Betriebsverfassungsgesetztes ist[376], mußten die Fragebögen vom Betriebsrat genehmigt werden. Neben dem bereits erwähnten Konflikt im Bereich der Vergütungsfragen traten hierbei vor allen Dingen Bedenken hinsichtlich einer Vorgesetztenbeurteilung durch die Mitarbeiter in den Vordergrund. Hier konnte aber letztlich ein Kompromiß dadurch herbeigeführt werden, daß das Vorgesetztenverhalten nicht absolut anhand von Noten bewertet, sondern lediglich im Vergleich zum Verhalten vor Einführung bzw. nach Einführung von Telearbeit analysiert wurde.

Ein Pretest der Fragebögen erfolgte mit zwei Vorgesetzten und zwei Telearbeitern und einem Meinungsforscher. Dabei wurde der jeweils relevante Fragebogen ausführlich durchgesprochen, wobei Verständnisprobleme, Unsicherheiten oder unvollständige Antwortkategorien deutlich hervortraten und behoben werden konnten.

Phase 4 (Durchführung der Befragung)

Nach Genehmigung des Betriebsrates und Abschluß der Pretests wurde ein Anschreiben von der Personalabteilung und dem Betriebsrat formuliert, das jedem Fragebogen beigefügt wurde. In diesem Brief bekundeten beide Seiten die Bedeutung und den Nutzen der Befragung im Interesse der Belegschaft und baten um eine rege Teilnahme. Dieses Anschreiben hat nicht zuletzt zu den sehr guten Rücklaufquoten geführt (vgl. Abschnitt 2.1. „Basisdaten").

Die Befragung erfolgte in Form einer Totalerhebung der Grundgesamtheit aller beim LVM beschäftigten alternierenden Telearbeiter und aller ihrer direkten Vorgesetzten. Insgesamt wurden 332 Telearbeiter und 119 Vorgesetzte angeschrieben. Für die Beantwortung der Fragebögen wurde eine Frist von vier Wochen angesetzt, wobei nach drei Wochen eine „Erinnerungs-E-mail" von der Personalabteilung verfaßt wurde. Die Rücksendung der ausgefüllten Fragebögen erfolgte in einem voradressierten verklebten Umschlag an das Büro des Betriebsrates. Dort wurden die Briefumschläge in einer Urne gesammelt und versiegelt zur Abholung bereitgestellt.

Phase 5 (Auswertung der Daten)

Das Auswertungsverfahren dient dazu, die gewonnenen Daten zu strukturieren, zu vergleichen und zu analysieren, um im Anschluß daran Interpretationen der Ergebnisse im Hinblick auf das Untersuchungsziel zu ermöglichen. Bei der Auswertung der Daten wurden in erster Linie Verfahren der Häufigkeitsverteilungen und der Kreuztabellierungen angewandt.

Der Aufbau der Ergebnisse und der Interpretation folgt einem einfachen Schema: Zuerst wird die im Fragebogen gestellte Frage angeführt und zwar mit der Überschrift „Vorgesetztenfrage" oder „Mitarbeiterfrage", wenn es sich um eine Frage handelt, die nur einer der beiden Probandengruppen gestellt wurde, bzw. mit der Überschrift „Mitarbeiter- und Vorgesetztenfrage", wenn die Frage an beide Gruppen gestellt wurde. Gab es bei diesen Mitarbeiter- und Vorgesetztenfragen unterschiedliche Formulierungen, so wurden diese angeführt. Nach der Frage schließt sich die Ergebnisdarstellung häufig in Form von einer Graphik an, der dann jeweils eine kurze Interpretation folgt.

Die angewandten Testverfahren sind der t-Test und der χ^2-Test. Diese Tests finden ihren Einsatz eigentlich nur in der induktiven Statistik[377], das heißt bei der Untersuchung von Stichproben mit anschließenden Rückschlüssen auf die Grundgesamtheit. Die vorliegende Untersuchung fällt hingegen in den Bereich der deskriptiven Statistik, da eine Totalerhebung durchgeführt wurde. Statistische Testverfahren sind für Rückschlüsse auf die Grundgesamtheit hier nicht notwendig. Obwohl die Rücklaufquoten der Totalerhebung sehr hoch sind (vgl. Abschnitt 2.1. „Basisdaten"), haben dennoch nicht 100% der Probanden geantwortet. Um die daraus resultierende geringe Unsicherheit bezüglich der Signifikanz der Ergebnisse für die Grundgesamtheit letztendlich auszuschließen, wurden bei besonders interessanten Ergebnissen zur Sicherheit die Testverfahren der induktiven Statistik angewendet.

---

[376] Vgl. Godehardt, B. (1994), S. 248.
[377] Vgl. Bleymüller, J. (1996), S. 101-106; Bamberg, G. (1996), S. 173-183.

Der t-Test wird als Zweistichprobentest durchgeführt[378] und soll sicherstellen, daß die beobachtete Differenz der Mittelwerte zweier „Stichproben" auch der Differenz der Mittelwerte in der Grundgesamtheit entspricht. Das Testverfahren unterliegt den folgenden Modellvoraussetzungen:

1. Unabhängigkeit der beiden Stichproben,
2. Normalverteilung der Grundgesamtheiten beider Stichproben,
3. Umfanggröße der Grundgesamtheiten erlaubt die Vernachlässigung von Korrekturfaktoren für endliche Gesamtheiten und
4. Varianzhomogenität bei unbekannten Varianzen.

Die Prüfgröße T_{emp}[379] errechnet sich wie folgt:

$$T_{emp} = \frac{(\overline{x}_1 - \overline{x}_2)}{s \sqrt{\frac{n_1 + n_2}{n_1 n_2}}} \quad \text{mit} \quad s = \sqrt{\frac{(n_1 - 1)s_1^2 + (n_2 - 1)s_2^2}{n_1 + n_2 - 2}}$$

Anzahl der Freiheitsgrade (degrees of freedom (df)): $df = n_1 + n_2 - 2$

mit:

$x_{1,2}$ = Stichprobenmittelwerte

$n_{1,2}$ = Stichprobenumfänge

$s_{1,2}$ = Standardabweichungen

Die Nullhypothese ($\mu_1 = \mu_2$) kann abgelehnt werden, wenn T_{emp} größer ist als der Wert, der in der Tabelle der Studentverteilung mit Hilfe der Irrtumswahrscheinlichkeit und der Freiheitsgrade abgelesen wird. Im Text werden jeweils in Klammern die Irrtumswahrscheinlichkeit (α), die Prüfgröße (T_{emp}) und die Anzahl der Freiheitsgrade (df) angegeben.

---

[378] Vgl. Bleymüller, J. (1996), S. 109-112; Bamberg, G. (1996), S. 192-194.
[379] „emp" ist die Abkürzung für empirisch.

Der χ^2-Test auf Unabhängigkeit[380] ist ein Testverfahren, mit dem sich testen läßt, ob zwei nominalskalierte (qualitative) Merkmale voneinander unabhängig sind oder nicht. Diese zwei Merkmale werden zunächst in einer Kontingenztabelle dargestellt. Die Nullhypothese besagt, daß die beiden Merkmale A und B voneinander unabhängig sind. Die Prüfgröße χ^2_{emp} errechnet sich folgendermaßen:

$$\chi^2_{emp} = \sum_{i=1}^{r} \sum_{j=1}^{s} \frac{\left(h_{ij}^0 - h_{ij}^e\right)^2}{h_{ij}^e}$$

Anzahl der Freiheitsgrade (df): df = (r - 1) (s - 1)

mit:

h_{ij}^e = erwartete absolute Häufigkeit

h_{ij}^o = beobachtete absolute Häufigkeit

r = Anzahl der Ausprägungen von Merkmal A

s = Anzahl der Ausprägungen von Merkmal B

Die Nullhypothese kann abgelehnt werden, wenn die Prüfgröße χ^2_{emp} größer ist als der Wert, der aus der Tabelle der χ^2-Verteilung mit Hilfe des Signifikanzniveaus und der Freiheitsgrade abgelesen wird. Im Text werden jeweils in Klammern die Irrtumswahrscheinlichkeit (α), die Prüfgröße (χ^2_{emp}) und die Anzahl der Freiheitsgrade (df) angegeben.

Die Gütebeurteilung der Messung erfolgt in der Marktforschung anhand der Kriterien
- Objektivität,
- Reliabilität und
- Validität.

---

[380] Vgl. Bleymüller, J. (1996), S. 130-132; Bamberg, G. (1996), S. 198-201.

Die Messung ist objektiv, wenn die Meßergebnisse unabhängig vom Durchführenden sind, das heißt, daß zwei verschiedene Durchführende der selben Untersuchung zum gleichen Ergebnis kommen müssen. Die **Objektivität** wird zum einen durch die Form der Befragung mittels eines Fragebogens und zum anderen durch die getrennte Befragung von Vorgesetzten und Telearbeitern gewährleistet.

Die **Reliabilität** bezieht sich auf die formale Genauigkeit der Messung. Unter konstanten Meßbedingungen müssen die Meßergebnisse reproduzierbar sein. Die Messung ist reliabel, da Verständnisprobleme der Probanden, die zu nicht reproduzierbaren Meßergebnissen führen könnten, durch Pretests so weit wie möglich ausgeschlossen wurden. Die Merkmale sind zudem konstant, so daß es hier ebenfalls zu keinen Meßfehlern kommen kann.

Die **Validität** betrifft die Frage, ob das Instrument das mißt, was es messen soll. Dabei sind insbesondere die Generalisierbarkeit der Ergebnisse und die Repräsentativität der Untersuchung zu berücksichtigen. Die Generalisierbarkeit der Ergebnisse ist aufgrund der Totalerhebung gegeben und wird dort, wo es notwendig erscheint, durch Signifikanztests untermauert. Die Repräsentativität der Untersuchung wird durch die weitgehende Übereinstimmung der Basisdaten mit den Daten der Grundgesamtheit nachgewiesen.

2. Untersuchungsergebnisse

2.1. Basisdaten

2.1.1. Telearbeiter

Von den 332 angeschriebenen Telearbeitern der LVM Versicherungen haben 275 ausgefüllte und verwertbare Fragebögen zurückgeschickt. Das entspricht einer Rücklaufquote von 83%. Die Tatsache eines gleich großen Anteils männlicher und weiblicher Telearbeiter (138 Männer, 137 Frauen) zeigt, daß diese flexible Form der Arbeitsorganisation kein frauenspezifisches Thema ist, sondern einen repräsentativen Ausschnitt aus der Gesamtbelegschaft darstellt, die zu 43% aus weiblichen Mitarbeitern besteht.

Ebenfalls repräsentativ ist das Durchschnittsalter der Probanden mit 35 Jahren, da das Durchschnittsalter der Belegschaft 37,2 Jahre beträgt.

Die weiblichen Telearbeiter sind zu 84% verheiratet oder leben in einer Partnerschaft zusammen, während der Anteil der männlichen Telearbeiter bei 90% liegt. Aus der Grundgesamtheit der Belegschaft ist nur die Verteilung des Merkmals „verheiratet" bekannt - 57,7% aller Frauen und 72,1% aller Männer sind verheiratet. Die „in ehe-ähnlicher Gemeinschaft Lebenden" werden dabei nicht erfaßt. Daher ist kein direkter Vergleich der Telearbeiter mit der Gesamtbelegschaft hinsichtlich dieses Merkmals möglich.

Minderjährige Kinder haben 55% der befragten Männer und 29% der befragten Frauen. Die Telearbeiter arbeiten im Durchschnitt 2,5 Tage pro Woche an ihrem außerbetrieblichen Arbeitsplatz.

Die Tabelle 2 zeigt die Verteilung der befragten Telearbeiter hinsichtlich Geschlecht und Funktion. Es wird deutlich, daß die befragten Frauen im Durchschnitt fachlich geringer qualifiziert sind als ihre männlichen Kollegen.

Tabelle 2:
Funktion und Geschlecht der befragten Telearbeiter

(Angaben in Prozent) Mehrfachnennungen mögl.	Männlich	Weiblich	*Telearbeiter gesamt*
Schreibtechnische(r) Mitarbeiter(in)	0	2,5	**2,5**
Sachbearbeiter(in)	29,5	40,5	**70**
Fachkraft/Spezialist	14,5	7	**21,5**
Führungskraft	12,5	3,5	**16**

Durch eine Doppelfunktion einiger Mitarbeiter addieren sich die Zahlen auf über 100%. In der weiteren Auswertung wurde jeweils die höchste Qualifikationsstufe eines Telearbeiters als maßgeblich betrachtet. Die folgende Tabelle zeigt die daraus folgende Funktionsverteilung der befragten Telearbeiter im Vergleich zur Verteilung der gesamten Belegschaft.

Tabelle 3:
Vergleich der Funktionsverteilung der Probanden mit jener der Gesamtbelegschaft

(Angaben in Prozent)	Probanden gesamt (höchste Qualifikationsstufe bei Mehrfachnennungen)	Belegschaft gesamt
Schreibtechnische(r) Mitarbeiter(in)	2	4
Sachbearbeiter(in)	62	56
Fachkraft/Spezialist	20	15
Führungskraft	16	15
sonstige Mitarbeiter	0	10

Die „sonstigen Mitarbeiter" sind Angestellte, die in keine der anderen Kategorien fallen, da sie beispielsweise in der Poststelle, als Pförtner etc. arbeiten.

Bei den Führungskräften handelt es sich um erste Sachbearbeiter, Gruppen- oder Bereichsleiter, die einen außerbetrieblichen Arbeitsplatz haben. Sie wurden gebeten, den Fragebogen aus Sicht ihrer Tätigkeit als Telearbeiter und nicht aus der Sicht einer Führungskraft zu beantworten.

Der Vergleich zeigt, daß die Funktionsverteilung der Telearbeiter jener der Gesamtbelegschaft sehr ähnelt. Die Ausnahme stellen die „sonstigen Mitarbeiter" dar, von denen kein einziger einen außerbetrieblichen Arbeitsplatz hat. Dieser Sachverhalt ist mit der fehlenden Telearbeitseignung der stark anwesenheitsbezogenen Arbeit der „sonstigen Mitarbeiter" zu erklären.

Im Durchschnitt verfügen die Telearbeiter bereits über eine fast einjährige Erfahrung am außerbetrieblichen Arbeitsplatz. Die eingesparten Pendelzeiten betragen täglich im Durchschnitt zwischen 60 und 90 Minuten, wobei 20% der Telearbeiter zwischen 90 und 150 Minuten Wegezeit sparen.

2.1.2. Televorgesetzte

Die Rücklaufquote der Televorgesetzten vom LVM war mit 63% deutlich schlechter als die der Telearbeiter. Von 119 angeschriebenen Probanden haben nur 75 geantwortet. Es muß festgestellt werden, ob dieses Ergebnis mit Zeitmangel und Abwesenheit oder mit mangelndem Interesse an der Förderung dieser Form der Arbeitsorganisation erklärt werden kann.

Der Anteil der männlichen Televorgesetzten überwiegt mit 92% stark. Das ist insofern besonders hoch, da der Anteil der männlichen Vorgesetzten an der Gesamtbelegschaft nur 81% beträgt. Das heißt, daß die weiblichen Televorgesetzten unterdurchschnittlich vertreten sind. Dafür lassen sich zwei Erklärungen finden: entweder die weiblichen Vorgesetzten haben häufiger als ihre männlichen Kollegen keine AbAp-Mitarbeiter, oder sie haben sich an der Beantwortung der Fragebögen besonders wenig beteiligt.

Das Durchschnittsalter der Televorgesetzten liegt zwischen 40 und 50 Jahren, wobei 72% über 40 Jahre alt sind. Im Durchschnitt betreut jeder Televorgesetzte insgesamt acht Mitarbeiter, wovon im Durchschnitt 2,6 einen außerbetrieblichen Arbeitsplatz haben. Festzuhalten ist hierbei, daß nur 10% der unter 40-jährigen Vorgesetzten mehr als zehn Mitarbeiter betreuen, während 44% der über 40-jährigen mehr als zehn Mitarbeiter führen.

Tabelle 4:
Verteilung der Televorgesetzten auf die Merkmale „Alter" und „Anzahl der betreuten Mitarbeiter"

	bis 10 Mitarbeiter	mehr als 10 Mitarbeiter	Summe	**Prozent**
≤ 40 Jahre	19	2	21	**28**
> 40 Jahre	30	24	54	**72**

Ein χ^2-Test zeigt, daß die Merkmale „Alter" und „Anzahl der betreuten Mitarbeiter" voneinander abhängen ($\alpha = 5\%$, $\chi^2_{emp} = 8{,}2$, $df = 1$).

Die Interpretation ist folgende: Die jüngeren Vorgesetzten sind vorrangig erste Sachbearbeiter oder Gruppenleiter. Sie sind für weniger Mitarbeiter verantwortlich als die älteren Vorgesetzten, die häufiger auch Bereichsleiter sind.

Die von den befragten Vorgesetzten betreuten Telearbeiter erfüllen die folgenden Funktionen wie folgt:

Tabelle 5:
Funktion der von den befragten Vorgesetzten betreuten Telearbeiter

Funktion	Verteilung
Schreibtechnischer Mitarbeiter	1%
Sachbearbeiter	76%
Fachkräfte	23%

2.2. Aufgabenorientierter Aspekt der Führung

Die folgenden Untersuchungsergebnisse gliedern sich in zwei Teilbereiche: die Vorbereitung und die Umsetzung von Telearbeit. Dieses von der Gliederung der theoretischen Untersuchung im V. Teil abweichende Vorgehen eignet sich aufgrund seiner Ablauforientierung besser für eine empirische Untersuchung.

2.2.1. Vorbereitung

Vorgesetztenfrage:

DIE ENTSCHEIDUNG ABAPS IN MEINER ABTEILUNG EINZUFÜHREN
○ ist auf meine Initiative hin getroffen worden.
○ ist auf mein Einverständnis gestoßen.
○ ist zunächst nicht auf mein volles Einverständnis gestoßen.
○ ist gegen meinen Willen getroffen worden.

Ergebnis:

Abbildung 17[381]:

Welche Einstellung hatten die Vorgesetzten zur Einführung von AbAps in ihren Abteilungen?

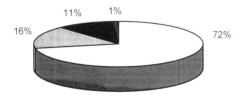

□ mein Einverständnis ▨ ohne volles Einverständnis ■ meine Initiative ■ gegen meinen Willen

---

[381] Ergebnis der Frage 10 des Vorgesetztenfragebogens

Die große Mehrheit von fast drei Viertel der Vorgesetzten war mit der Entscheidung, außerbetriebliche Arbeitsplätze in ihren Abteilungen einzuführen, einverstanden, obwohl die Initiative nur bei 11% von den Führungskräften ausging. Dieses Ergebnis ist sehr positiv und zeigt die innovative Einstellung der meisten Vorgesetzten des LVM.

Es drängt sich aber die Vermutung auf, daß die Führungskräfte nicht ausreichend in den Vorbereitungsprozeß der AbAp-Einführung miteinbezogen wurden, da bei einer Identifikation mit der innovativen Arbeitsform die Eigeninitiative der Vorgesetzten größer hätte sein müssen.

Für dieses Argument spricht auch die Tatsache, daß immerhin noch 17% der Führungskräfte mit der Einführung von AbAps in ihren Abteilungen zunächst nicht ganz oder gar nicht einverstanden waren. Zur weiteren Bestätigung der Vermutung wird nun die Frage nach der Vorgesetztenvorbereitung auf Telearbeit untersucht.

Vorgesetztenfrage:
WIE SEHEN SIE FOLGENDE ASPEKTE DER ABAPS?

	1 sehr gut	2 gut	3 befriedigend	4 mäßig	5 schlecht	6 sehr schlecht
Ihre Vorbereitung auf AbAps						

Ergebnis:

Abbildung 18[382]:

Vorbereitung der Vorgesetzten auf AbAps

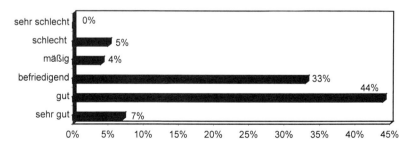

---

[382] Ergebnis der Frage 14 des Vorgesetztenfragebogens

Die Vorgesetzten schätzen ihre Vorbereitung auf außerbetriebliche Arbeitsplätze insgesamt mit gut bis befriedigend ein (arithmetischer Mittelwert: 2,4). Dieses Ergebnis läßt den Rückschluß zu, daß durchaus Bedarf besteht, diese Vorbereitung noch zu verbessern. Interessant ist die Analyse nach den zwei Altersgruppen.

Tabelle 6[383]:
Altersgruppenspezifische Analyse der Frage nach der Vorbereitung der Vorgesetzten auf Abaps

	1 sehr gut	2 gut	3 befriedigend	4 mäßig	5 schlecht	6 sehr schlecht	keine Angaben	arithm. Mittelw.
≤ 40 Jahre	0%	24%	62%	5%	10%	0%		3,0
> 40 Jahre	9%	52%	22%	4%	4%	0%	9%	2,1

Die jüngeren Vorgesetzten (bis 40 Jahre) geben ihrer Vorbereitung im Durchschnitt nur ein befriedigend (arithmetischer Mittelwert: 3,0), während die älteren Führungskräfte (über 40 Jahre) bei der Bewertung einen Mittelwert von 2,1, also ein „Gut" vergeben. Die Einstellung bezüglich der Vorbereitung der Vorgesetzten, die 40 Jahre alt oder jünger sind, ist von der der über 40 Jahre alten Vorgesetzten signifikant verschieden (t-Test mit $\alpha = 5\%$, $T_{emp} = 4,3$, $df = 73$).

Die Ergebnisse der ersten beiden Fragen unterstreichen die Notwendigkeit einer verbesserten Vorbereitung der Vorgesetzten auf Telearbeit. Wieso aber sind die älteren Führungskräfte mit ihrer anfänglichen Schulung im Hinblick auf die neue Organisationsform zufriedener als die jüngeren Vorgesetzten?

Eine Erklärung könnte sein, daß die jüngeren Vorgesetzten öfter erste Sachbearbeiter oder Gruppenleiter sind (vgl. Abschnitt 2.2.1.2. „Televorgesetzte") und damit eine größere Nähe zu den operativen Problemen der Telearbeit haben als die häufig älteren Bereichsleiter, die meist auch erfahrener sind.

Vorgesetztenfrage:
BEI DER EINFÜHRUNG VON ABAPS IN MEINER ABTEILUNG
○ gab es keine Probleme.
○ gab es anfängliche Probleme.
○ sind Probleme entstanden, die noch immer bestehen.

---

[383] Ergebnis der Frage 14 des Vorgesetztenfragebogens nach Altersgruppen

Empirische Untersuchung: Telearbeit bei der LVM Versicherung

Ergebnis:

Abbildung 19[384]:

Gab es bei der Einführung von AbAps Probleme aus Sicht der Vorgesetzten?

noch bestehende Probleme 17%

anfängliche Probleme 35%

keine Probleme 48%

Die Hälfte aller Vorgesetzten gibt an, bei der Einführung von Telearbeit keine Probleme gehabt zu haben. Ein Drittel hatte anfängliche Probleme, die aber beseitigt werden konnten. Dieses Ergebnis wäre sehr gut, wären da nicht noch die restlichen 17%, bei denen die Probleme noch immer bestehen. Diese 17% setzen sich zu fast drei Vierteln aus Vorgesetzten großer Abteilungen (acht und mehr Mitarbeiter) mit relativ vielen Telearbeitern (drei und mehr AbAp-Teilnehmer) zusammen. Diese Tatsache könnte darauf schließen lassen, daß besonders organisatorische Probleme der Telearbeit in den größeren Abteilungen zu dauerhaften Problemen führen.

Tabelle 7[385]:
Abteilungsgrößenspezifische Analyse der Frage nach den Einführungsproblemen von AbAp aus Sicht der Vorgesetzten

	bis 8 Mitarbeiter	mehr als 8 Mitarbeiter	Summe	*Prozent*
keine Probleme	17	19	36	**48**
anfängliche Probleme	13	13	26	**35**
noch immer Probleme	4	9	13	**17**

Tabelle 8[386]:
Analyse der Frage nach den Einführungsproblemen von AbAp aus Sicht der Vorgesetzten hinsichtlich der Anzahl der betreuten Telearbeiter

	bis 2 Telearbeiter	mehr als 2 Telearbeiter	Summe	*Prozent*
keine Probleme	18	18	36	**48**
anfängliche Probleme	11	15	26	**35**
noch immer Probleme	5	8	13	**17**

---

[384] Ergebnis der Frage 11 des Vorgesetztenfragebogens
[385] Ergebnis der Frage 11 des Vorgesetztenfragebogens nach Abteilungsgröße
[386] Ergebnis der Frage 11 des Vorgesetztenfragebogens nach Anzahl der betreuten Telearbeiter

Ein χ^2-Test zeigt jedoch, daß die Abhängigkeit des Merkmals „Probleme bei der Einführung von Telearbeit" von der Größe der Abteilung (α = 5%, χ^2_{emp} = 1,37 und df = 2) bzw. von der Anzahl der Telearbeiter in der Abteilung (α = 5%, χ^2_{emp} = 0,64 und df = 2) nicht signifikant ist.

Vorgesetztenfrage:

FALLS ES PROBLEME GAB ODER GIBT, WELCHE PROBLEME SIND DIES VOR ALLEM?

Ergebnis:

Abbildung 20[387]:

Art der aufgetretenen Probleme

Bei dieser offenen Frage fiel die Kategorisierung der Antworten in organisatorische und technische Probleme leicht, da die Abgrenzung deutlich war: Fast 60% der aufgetretenen Probleme waren technischer Art. Insbesondere wurde die fehlende Ringschaltung bemängelt. Diese bewirkt im Büro, daß eingehende Telefonate ohne eine spezielle Durchwahl automatisch auf allen Apparaten der Abteilung klingeln und somit jeder Mitarbeiter die Pflicht zur Beantwortung hat. Die Wartezeiten für den Anrufer sollen sich dadurch reduzieren. In diese sogenannte Ringschaltung sind die Telearbeiter am außerbetrieblichen Arbeitsplatz nicht mit einbezogen, was eine Mehrbelastung der Büromitarbeiter bedeutet.

Die organisatorischen Probleme machten die anderen 40% der Probleme aus. Allgemein wurden besonders Abstimmungs-, Organisations- und Koordinierungsprobleme sowie Zuständigkeitsprobleme angeführt. Konkret wurden

- die mangelnde Flexibilität des AbAp-Programms,
- die Notwendigkeit doppelter Besprechungen,
- Probleme bei der Einteilung der Arbeit,

---

[387] Ergebnis der Frage 12 des Vorgesetztenfragebogens

- Abstimmungprobleme unter den Mitarbeitern hinsichtlich Urlaubs- und Krankenvertretung,
- Ungerechtigkeiten bei der Postverteilung,
- mangelnde Akzeptanz im Unternehmen,
- Führungsprobleme und
- Terminprobleme genannt.

Obwohl die technischen Probleme öfter genannt wurden als die organisatorischen, sind letztere von größerer Relevanz, da sie wesentlich schwerer zu lösen sind. Es ist deshalb wichtig, die Auseinandersetzung mit den genannten organisatorischen Problemen zu forcieren.

Vorgesetztenfrage:
DER AUSWAHL, DER FÜR EINEN ABAP GEEIGNETEN MITARBEITER
○ kommt eine sehr große Bedeutung hinsichtlich des Erfolgs des AbAps zu. Deshalb halte ich diese Auswahl für eine meiner wichtigen Aufgaben.
○ kommt keine Bedeutung zu. Die Mitarbeiter können selbst entscheiden, ob sie einen AbAp möchten oder nicht.

Ergebnis:

Abbildung 21[388]:

Bedeutung der Auswahl der AbAp-Teilnehmer für den Vorgesetzten

Mitarbeiter entscheiden selbst 19%

meine wichtige Aufgabe 81%

Die Vorgesetzten schätzen die Bedeutung der Auswahl eines geeigneten Telearbeiters im Hinblick auf den Erfolg dieses außerbetrieblichen Arbeitsplatzes hoch ein. Über 80% halten diese Auswahlfunktion deshalb für eine wichtige Vorgesetztenaufgabe. Von den 19%, die der Auswahl der Telearbeiter keine Bedeutung zumessen, sind 93% über 40 Jahre alt.

---

[388] Ergebnis der Frage 22 des Vorgesetztenfragebogens

Tabelle 9[389]:

Altersgruppenspezifische Analyse der Frage nach der Bedeutung der Auswahl der AbAp-Teilnehmer für den Vorgesetzten

	Wichtige Aufgabe	MA entscheiden selbst	Summe	Prozent
≤ 40 Jahre	20	41	61	81
> 40 Jahre	1	13	14	19

Ein χ^2-Test zeigt, daß die Merkmale Alter und Einstellung der Vorgesetzten bezüglich der Auswahl der AbAp-Mitarbeiter voneinander abhängen (α = 10%, χ^2_{emp} = 3,84, df = 1).

Dieses Ergebnis kann wiederum mit den vom Alter abhängenden Vorgesetztenfunktionen erklärt werden. Dabei messen die (älteren) Bereichsleiter der Auswahl der Telearbeiter keine so große Bedeutung zu, da sie weiter vom operativen Geschäft entfernt sind und die Auswahl der AbAp-Mitarbeiter sowieso eher von ihren ersten Sachbearbeitern oder Gruppenleitern durchgeführt wird.

Mitarbeiterfrage:

WIE SEHEN SIE IHREN DIREKTEN VORGESETZTEN IN BEZUG AUF FOLGENDEN ASPEKT?

	1 sehr gut	2 gut	3 befriedigend	4 mäßig	5 schlecht	6 sehr schlecht
Fairneß bei der Genehmigung der AbAps						

Ergebnis:

Abbildung 22[390]:

Wie bewerten die AbAp-Mitarbeiter die Fairneß ihres Vorgesetzten bei der Genehmigung der AbAps?

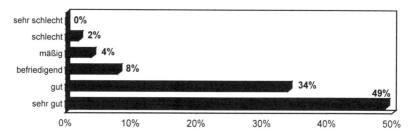

---

[389] Ergebnis der Frage 22 des Vorgesetztenfragebogens nach Altersgruppen
[390] Ergebnis der Frage 15 des Mitarbeiterfragebogens

Bei dieser Frage haben nur 3% der befragten Mitarbeiter keine Angaben gemacht. Der arithmetische Mittelwert liegt bei 1,7, d.h. die Mitarbeiter empfinden, daß ihre Vorgesetzten bei der Genehmigung der AbAps fair sind.

Mitarbeiter- und Vorgesetztenfrage:

WIE SEHEN SIE FOLGENDEN ASPEKT DER ABAPS?

	1 sehr gut	2 gut	3 befriedigend	4 mäßig	5 schlecht	6 sehr schlecht
anfängliche Mitarbeiterschulung						

Ergebnis:

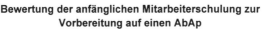

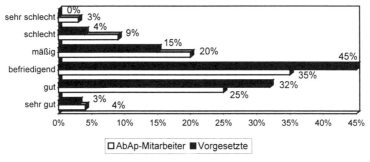

Die Bewertung der Schulung der AbAp-Mitarbeiter hinsichtlich ihres außerbetrieblichen Arbeitsplatzes fällt sowohl bei den Vorgesetzten als auch bei den AbAp-Mitarbeitern schlecht aus. Die Vorgesetzten bewerten diese Schulung mit einem arithmetischen Mittelwert von 2,7 noch etwas besser als die Telearbeiter, die im Durchschnitt nur ein glatte Drei geben (arithmetischer Mittelwert: 3,0). Dieses Ergebnis zeigt ganz deutlich, daß die Mitarbeiterschulungen hinsichtlich außerbetrieblicher Arbeitsplätze als unzureichend empfunden werden.

Zusammenfassend läßt sich feststellen, daß das maßgebliche Defizit der Vorbereitungsphase in der unzureichenden Vorbereitung und Schulung sowohl der Vorge-

---

[391] Ergebnis der Frage 12 des Mitarbeiterfragebogens und der Frage 15 des Vorgesetztenfragebogens

setzten als auch der Telearbeiter liegt. Sinnvolle Inhalte solcher Schulungsmaßnahmen werden sich im folgenden aus der Umsetzungsanalyse ergeben.

2.2.2. Umsetzung

Mitarbeiter- und Vorgesetztenfrage:

WIE ERFOLGT FÜR SIE DIE ABSTIMMUNG MIT KOLLEGEN IM ABAP-PROZEß?(MITARBEITER)
WIE KOORDINIEREN SIE DIE ARBEITSPLÄTZE UNTEREINANDER? (VORGESETZTE)
○ Ich erhalte alle meine Anweisungen von meinem Vorgesetzten persönlich. (Mitarbeiter)
   Ich gebe meine Anweisungen jedem Mitarbeiter persönlich. (Vorgesetzte)
○ Ich habe ganz konkrete Regeln an die ich mich halte. (Mitarbeiter)
   Meine Mitarbeiter haben konkrete Regeln an die sie sich halten müssen. (Vorgesetzte)
○ Meine Aufgabe wird für einen bestimmten Zeitraum strukturiert und geplant. (Mitarbeiter)
   Ich strukturiere und plane die Aufgaben meiner Mitarbeiter für einen bestimmten Zeitraum im voraus. (Vorgesetzte)
○ Ich stimme mich selbst immer wieder mit meinen Kollegen bei der Arbeit ab. (Mitarbeiter)
   Meine Mitarbeiter stimmen sich selbst mit ihren Kollegen ab. (Vorgesetzte)

Ergebnis:

Abbildung 24[392]:

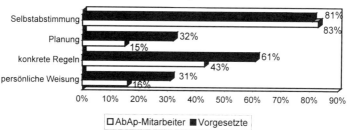

Bei dieser Frage waren Mehrfachnennungen von Antworten möglich. Vorgesetzte und AbAp-Mitarbeiter sind sich hinsichtlich der Instrumente der Arbeitsplatzkoordination einig. Diese Koordination erfolgt im wesentlichen durch eine Selbstabstimmung der Mitarbeiter untereinander und an zweiter Stelle durch konkrete Regeln, an die sich die Mitarbeiter halten. Die Planung und die persönliche Weisung sind als Koordinationsinstrumente von untergeordneter Bedeutung. Es läßt sich feststellen, daß das Instrument der persönlichen Weisung am häufigsten für Sachbearbeiter genutzt wird,

---

[392] Ergebnis der Frage 4 des Mitarbeiterfragebogens und der Frage 5 des Vorgesetztenfragebogens

während Fachkräfte stärker mittels Zielvereinbarungen geführt werden. Schreib- und Führungskräfte haben überwiegend feste Regeln, an die sie sich halten müssen.

Die Vorgesetzten beschäftigen sich folglich nicht vorrangig mit der Koordination der Arbeitsplätze, da Selbstabstimmung und konkrete Regeln vom Vorgesetzten nur wenig laufendes Engagement erfordern. Es stellt sich die Frage, ob im Zuge der Telearbeit diese Koordinationsinstrumente auf Dauer ausreichend sind.

Mitarbeiter- und Vorgesetztenfrage:
WELCHE ROLLE SPIELT BEI IHRER ABAP-TÄTIGKEIT (BEI IHREN ABAP-MITARBEITERN (VORGESETZTE)) DIE TEAMARBEIT?
O Ich arbeite (sie arbeiten (Vorgesetzte)) immer im Team.
O Ich arbeite (sie arbeiten (Vorgesetzte)) manchmal im Team.
O Ich arbeite (sie arbeiten (Vorgesetzte)) nie im Team.

Ergebnis:

Abbildung 25[393]:

Rolle der Teamarbeit

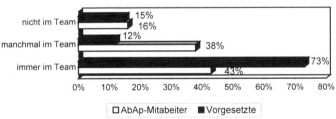

Fast drei Viertel aller Vorgesetzten meinen, daß ihre AbAp-Mitarbeiter immer im Team arbeiten. Demgegenüber sind nur 43% der AbAp-Mitarbeiter der Ansicht, daß sie immer im Team arbeiten; fast genauso viele meinen, sie arbeiten nur manchmal im Team. Entscheidendes Ergebnis der Frage ist aber trotzdem, daß die große Mehrheit der AbAp-Mitarbeiter immer oder manchmal im Team arbeitet, der Teamarbeit also eine große Bedeutung zukommt. Es stellt sich deshalb im folgenden die Frage nach der Organisation der Teambesprechungen bei Telearbeit.

---

[393] Ergebnis der Frage 3 des Mitarbeiterfragebogens und der Frage 4 des Vorgesetztenfragebogens

Mitarbeiter- und Vorgesetztenfrage:

WIE WERDEN BEI IHNEN IN DER ABTEILUNG SITZUNGEN BZW. TEAMBESPRECHUNGEN ORGANISIERT? (MITARBEITER)
WIE ORGANISIEREN SIE ABTEILUNGS- BZW. TEAMBESPRECHUNGEN ? (VORGESETZTE)

O Immer an einem Wochentag an dem kein Kollege (Mitarbeiter (Vorgesetzte)) am AbAp arbeitet.

O Durch flexible Absprachen, bei Bedarf muß ein AbAp-Mitarbeiter ins Büro kommen, um an Besprechung teilzunehmen.

O Ein Kollege (Mitarbeiter (Vorgesetzte)), der gerade am AbAp arbeitet, kann durch ein Telefonkonferenzsystem in die Sitzung einbezogen werden, ohne dafür ins Büro kommen zu müssen.

O Eine Besprechung findet gegebenenfalls auch ohne einen Kollegen (Mitarbeiter (Vorgesetzte)) statt, der gerade am AbAp arbeitet.

Ergebnis:

Abbildung 26[394]:

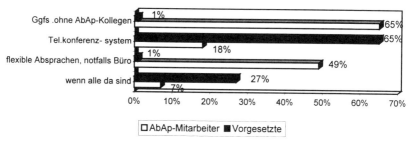

Bei der Beantwortung der Frage waren Mehrfachnennungen möglich. Bei dieser Frage treten deutliche Divergenzen zwischen den AbAp-Mitarbeitern und ihren Vorgesetzten auf. 65% der Vorgesetzten organisieren die Teambesprechungen per Telefonkonferenzsystem und 27% an Tagen, an denen kein Mitarbeiter am AbAp arbeitet. Das heißt, die Vorgesetzten meinen, die Teambesprechungen so zu organisieren, daß zum einen jeder AbAp-Mitarbeiter dabei ist und zum anderen kein AbAp-Mitarbeiter dafür extra ins Büro kommen muß.

---

[394] Ergebnis der Frage 18 des Mitarbeiterfragebogens und der Frage 21 des Vorgesetztenfragebogens

Die AbAp-Mitarbeiter hingegen sind zu 65% der Meinung, daß Teambesprechungen gegebenenfalls auch ohne einen AbAp-Mitarbeiter stattfinden. Fast 50% meinen außerdem, daß für Teambesprechungen notfalls ein AbAp-Mitarbeiter extra ins Büro kommen muß. Telefonkonferenzen bzw. Teambesprechungen unter Anwesenheit aller, haben bei AbAp-Mitarbeitern nur geringe Bedeutung.

Dieses Ergebnis zeigt, daß es bei der Organisation von Teambesprechungen Probleme gibt, die um so bedeutender sind, als fast alle AbAp-Mitarbeiter immer bzw. manchmal im Team arbeiten. Das Problem manifestiert sich insbesondere in den Augen der AbAp-Mitarbeiter, die das Gefühl haben, in Teambesprechungen nicht mehr voll eingebunden zu sein. Hinzu kommt, daß die Vorgesetzten sich dieser Situation nicht bewußt zu sein scheinen, was die Problematik noch verstärkt.

Mitarbeiter- und Vorgesetztenfrage:

WIE WIRD IHNEN DIE ARBEIT FÜR ZU HAUSE ZUGETEILT? (MITARBEITER)
WIE ORGANISIEREN SIE DIE ARBEIT IHRER ABAP-MITARBEITER? (VORGESETZTE)

○ Mein Vorgesetzter teilt mir die Arbeit je nach Anfall zu. (Mitarbeiter)
Ich teile die Arbeit je nach Anfall zu. (Vorgesetzte)
○ Ich informiere meinen Vorgesetzten darüber, welche Arbeit ich zu Hause erledige. (Mitarbeiter)
Ich erwarte, daß mich meine Mitarbeiter darüber informieren, welche Arbeit sie zu Hause erledigen werden. (Vorgesetzte)
○ Ich habe bei meiner Arbeit stets ein klar definiertes Ziel, das ich in einer bestimmten Zeit absprachegemäß erreiche. (Mitarbeiter)
Meine Mitarbeiter haben bei ihrer Arbeit stets ein klar definiertes Ziel, das sie in einer bestimmten Zeit absprachegemäß erreichen. (Vorgesetzte)
○ _____

Ergebnis:

Abbildung 27[395]:

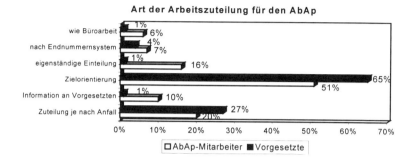

Die Beantwortung der Frage erlaubte Mehrfachnennungen. Hinsichtlich der Organisation der Arbeitszuteilung für AbAp-Mitarbeiter haben die Vorgesetzten eine klare Meinung: Zwei Drittel der Vorgesetzten führen die AbAp-Mitarbeiter mit Zielvereinbarungen und ein Drittel mit persönlichen Weisungen.

Die AbAp-Mitarbeiter hingegen meinen nur zur Hälfte, daß sie über Zielvereinbarungen geführt werden und nur zu einem Fünftel, daß persönliche Weisungen des Vorgesetzten die Arbeitseinteilung für zu Hause regeln. 16% hingegen teilen sich die Arbeit für zu Hause selbst ein, und 10% informieren ihren Vorgesetzten über die Arbeit, die sie am AbAp erledigen werden.

Obwohl die Einschätzungen nicht völlig übereinstimmend sind, so sind Parallelen feststellbar. Die Arbeitszuteilung für die AbAp-Mitarbeiter erfolgt mithin durch Zielvorgaben und persönliche Weisung, zu einem kleineren Teil unter Umständen auch durch eine eigene Einteilung der betroffenen Mitarbeiter.

Mitarbeiter- und Vorgesetztenfrage:
WIE SEHEN SIE IHREN DIREKTEN VORGESETZTEN IN BEZUG AUF FOLGENDE ASPEKTE? (MITARBEITER)
AUS ANDEREN BEFRAGUNGEN HABE ICH GELERNT, DAß ES DURCHAUS UNTERSCHIEDE IM FÜHRUNGSVERHALTEN GEGENÜBER ABAP- UND BÜROMITARBEITERN GIBT. BITTE BEURTEILEN SIE MÖGLICHST OBJEKTIV, OB AUCH SIE IN IHREM VERHALTEN ZWISCHEN ABAP- UND BÜROMITARBEITERN UNTERSCHEIDEN. (VORGESETZTE)

---

[395] Ergebnis der Frage 17 des Mitarbeiterfragebogens und der Frage 20 des Vorgesetztenfragebogens

Empirische Untersuchung: Telearbeit bei der LVM Versicherung 171

	Hat sich durch AbAp verbessert	Hat sich durch AbAp nicht verändert	Hat sich durch AbAp verschlechtert
Häufigkeit der Kontrolle (hat sich durch AbAp verbessert bedeutet hier: Häufigkeit der Kontrolle hat abgenommen) (Mitarbeiter) Kontrollmöglichkeiten (Vorgesetzte)			

Ergebnis:

Abbildung 28[396]:

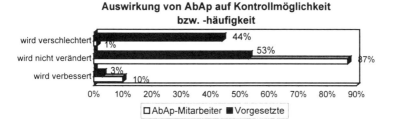

44% der Vorgesetzten meinen, durch Telearbeit würden die Kontrollmöglichkeiten verschlechtert, während nur ein Prozent der AbAp-Mitarbeiter dieser Meinung ist. Es zeigt sich also ganz deutlich, daß im Bereich der Kontrolle ein Problemfeld der Telearbeit liegt. Im Rahmen dieser Arbeit konnte keine weitere Analyse dieses Sachverhaltes durchgeführt werden. In weiteren Untersuchungen müßte dieser Aspekt jedoch deutlich vertieft werden.

Mitarbeiter- und Vorgesetztenfrage:
WÜNSCHEN SIE SICH, DAß IHR TARIFVERTRAG NÄHER AUF DEN ABAP EINGEHT? (MITARBEITER)
KÖNNTEN SIE SICH VORSTELLEN, DAß DIE ABAP-MITARBEITER EINEN TARIFVERTRAG WÜNSCHEN, DER NÄHER AUF DEN ABAP EINGEHT?(VORGESETZTE)
○ Nein
○ Ja. Inwiefern?

---

[396] Ergebnis der Frage 14 des Mitarbeiterfragebogens und der Frage 18 des Vorgesetztenfragebogens

Ergebnis:

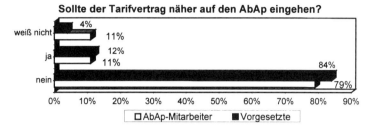

Abbildung 29[397]:

Die Frage nach der Zufriedenheit der AbAp-Mitarbeiter mit der Entlohnung bei Telearbeit durfte nur in der vorliegenden sehr indirekten Form gestellt werden. Das Ergebnis ist eindeutig. Eine Telearbeitsorientierung des Tarifvertrages wird nur von einer kleinen Minderheit gewünscht.

Mitarbeiter- und Vorgesetztenfrage:

WIE SEHEN SIE IHREN ABAP IN BEZUG AUF FOLGENDE GESICHTSPUNKTE? (MITARBEITER)
DENKEN SIE JETZT EINMAL AN IHRE ABAP-MITARBEITER. WAS GLAUBEN SIE, WIE ABAP VON DIESEN HINSICHTLICH FOLGENDER ASPEKTE UND RAHMENBEDINGUNGEN GESEHEN WIRD? (VORGESETZTE)

	1 sehr gut	2 gut	3 befriedigend	4 mäßig	5 schlecht	6 sehr schlecht
Arbeitsbedingungen zu Hause						
Arbeitsbedingungen im Büro						
Grad an Selbständigkeit						
Schwierigkeitsgrad der Arbeit						
Abwechslungsreichtum d. Arbeit						
Verantwortungsumfang						
Kompetenzumfang						
Erreichbarkeit am AbAp						

Empirische Untersuchung: Telearbeit bei der LVM Versicherung

Ergebnis:

Tabelle 10[398]:
Bewertung einzelner Aspekte des AbAp

Rangfolge der Vorgesetzten (nach arithmetischem Mittelwert)	arithm. Mittelw.	Rangfolge der AbAp-Mitarbeiter (nach arithmetischem Mittelwert)	arithm. Mittelw.
Grad an Selbständigkeit	1,6	Arbeitsbedingungen zu Hause	1,5
Arbeitsbedingungen zu Hause	1,7	Grad an Selbständigkeit	1,6
Verantwortungsumfang	1,8	Erreichbarkeit am AbAp	1,6
Kompetenzumfang	1,9	Verantwortungsumfang	1,8
Schwierigkeitsgrad der Arbeit	2,1	Schwierigkeitsgrad der Arbeit	1,8
Abwechslungsreichtum der Arbeit	2,1	Kompetenzumfang	1,9
Arbeitsbedingungen im Büro	2,1	Abwechslungsreichtum der Arbeit	2,0
Erreichbarkeit am AbAp	2,2	Arbeitsbedingungen im Büro	2,4

Die sekundären Organisationsanforderungen werden von den AbAp-Mitarbeitern und den Vorgesetzten weitgehend einheitlich bewertet. Als sehr positiv werden die Arbeitsbedingungen zu Hause und der Grad an Selbständigkeit bei der Telearbeit angesehen. Relativ am schlechtesten wurden die Arbeitsbedingungen im Büro und der Abwechslungsreichtum bei der Arbeit am AbAp bewertet. Der einzige Unterschied in der Bewertung zeigt sich bei der Erreichbarkeit am AbAp, wie dies in der folgenden Tabelle deutlich wird.

Tabelle 11[399]:
Ergebnis des Aspektes „Erreichbarkeit am AbAp"

	1 sehr gut	2 gut	3 befriedigend	4 mäßig	5 schlecht	6 sehr schlecht	arithm. Mittelw.
Vorgesetzte	20%	51%	27%	3%	0%	0%	**2,2**
AbAp-MA	45%	47%	8%	0%	0%	0%	**1,6**

Die Vorgesetzten geben ihr den letzten Platz mit einem Mittelwert von 2,2, während die AbAp-Mitarbeiter ihre Erreichbarkeit mit dem zweitbesten Mittelwert von 1,6 bewerten, wobei die Einstellung der Vorgesetzten von der der AbAp-Mitarbeiter signifikant verschieden ist (t-Test mit $\alpha = 5\%$, $T_{emp} = 6,99$, $df = 348$).

---

[397] Ergebnis der Frage 22 des Mitarbeiterfragebogens und der Frage 25 des Vorgesetztenfragebogens
[398] Ergebnis der Frage 12 des Mitarbeiterfragebogens und der Frage 15 des Vorgesetztenfragebogens

Hier scheint sich ein Problem abzuzeichnen. Die Ursache für diese unterschiedliche Bewertung des selben Sachverhaltes kann auf drei Ebenen liegen. Es handelt sich entweder um ein technisches, organisatorisches oder kognitives Problem. Zwar wurden im vorherigen Abschnitt technische Probleme der Telearbeit herausgearbeitet, diese bezogen sich aber hauptsächlich auf die Telefonfunktion der Ringschaltung und haben somit nur etwas mit der gerechten Verteilung eingehender Telefonate auf alle Mitarbeiter zu tun, nicht aber mit der Erreichbarkeit der AbAp-Mitarbeiter. Ein organisatorisches Problem würde bedeuten, daß die Telearbeiter gar nicht am Schreibtisch sitzen und arbeiten, sondern sich sonst irgendwie und irgendwo beschäftigen. Aufgrund der Tatsache, daß es sich bei Telearbeitsplätzen um eine für Mitarbeiter sehr vorteilhafte organisatorische Lösung handelt, liegt es nahe, daß sich die Telearbeiter ihrer Verpflichtungen durchaus bewußt sind und diese auch ernst nehmen. Natürlich ist eine kurze Abwesenheit vom Arbeitsplatz hin und wieder nicht vermeidbar, sie ist aber auch im Büro normal. Es könnte also sein, daß sich bei der Einschätzung der Erreichbarkeit am AbAp neben der objektiven Bewertung eine kognitive Komponente Einfluß verschafft hat.

Die AbAp-Mitarbeiter vergleichen ihre Erreichbarkeit am AbAp mit ihrer Erreichbarkeit im Büro. Im Büro ist ihre Erreichbarkeit nicht gewährleistet, sobald sie ihr Zimmer verlassen, um sich beispielsweise mit einem Kollegen über einen Arbeitsvorgang abzustimmen. Zu Hause wird der Mitarbeiter aber nur telefonisch oder per Email mit Kollegen kommunizieren, er verläßt seinen Schreibtisch seltener, und selbst wenn er ihn verläßt, kann er das Läuten des Telefons in der Wohnung hören und wird sich bemühen, das Telefonat entgegenzunehmen.

Die Vorgesetzten hingegen wissen bei den Büromitarbeitern, daß sie im Büro sind. Gibt es einmal ein Problem mit der Erreichbarkeit, so liegt eine von vielen Erklärungen auf der Hand, und der Vorgesetzte versucht es später noch einmal oder hinterlegt beispielsweise einen Zettel auf dem Schreibtisch etc. Gibt es aber ein Problem mit der Erreichbarkeit eines AbAp-Mitarbeiters, so drängt sich sofort der Zweifel auf, ob der Mitarbeiter zu Hause überhaupt arbeitet. Die Nicht-Erreichbarkeit wird folglich als viel

---

[399] Ergebnis der Frage 12 des Mitarbeiterfragebogens und der Frage 15 des Vorgesetztenfragebogens hinsichtlich des Aspektes „Erreichbarkeit am AbAp"

brisanter empfunden, weil keine arbeitsgebundene Erklärung auf der Hand liegt. Zudem ist eine kurze Befragung von Kollegen über den Grund der Abwesenheit vom Schreibtisch nicht möglich. Zwar könnte eine kurze Nachricht über Email hinterlegt werden, die Zweifel und die Ungewißheit aber bleiben.

Die Interpretation des Ergebnisses läßt darauf schließen, daß die Vorgesetzten ein Vertrauensproblem aufgrund geringer Überprüfungsmöglichkeiten bei der Führung von AbAp-Mitarbeitern haben, und so Zweifel entstehen, die unter Umständen jedoch einer echten Grundlage entbehren.

Ein weiteres wichtiges Ergebnis dieser Frage ergibt der Vergleich der Antworten von verheirateten bzw. in Partnerschaft lebenden Probanden mit den befragten Singles. Es zeigt sich, daß die Singles eine überwiegend schlechtere und nur vereinzelt gleich gute Einschätzung der zu bewertenden Aspekte abgeben. Diese Feststellung könnte aus der Tatsache resultieren, daß für in Partnerschaft lebende Telearbeiter der außerbetriebliche Arbeitsplatz mehr Vorteile bringt und darum positiver eingeschätzt wird als für Singles.

Mitarbeiter- und Vorgesetztenfrage:
WIE SEHEN SIE IHREN DIREKTEN VORGESETZTEN IN BEZUG AUF FOLGENDE ASPEKTE? (MITARBEITER)
AUS ANDEREN BEFRAGUNGEN HABE ICH GELERNT, DAß ES DURCHAUS UNTERSCHIEDE IM FÜHRUNGSVERHALTEN GEGENÜBER ABAP- UND BÜROMITARBEITERN GIBT. BITTE BEURTEILEN SIE MÖGLICHST OBJEKTIV, OB AUCH SIE IN IHREM VERHALTEN ZWISCHEN ABAP- UND BÜROMITARBEITERN UNTERSCHEIDEN. (VORGESETZTE)

	Hat sich durch AbAp verbessert	Hat sich durch AbAp nicht verändert	Hat sich durch AbAp verschlechtert
Lob/Kritik - Feedbackverhalten			
Klarheit der Anweisungen			
Entscheidungsfreudigkeit			
Informationsweitergabe			
Vertrauen in Leistungen			
gerechte Aufgabenverteilung			
Regelmäßigkeit der Kommunikation			
Förderung/Planung der berufl. Entwicklungsmöglichkeit			
Organisation von Teambesprechungen			
Organisation der Teamarbeit			

Ergebnis:

Abbildung 30[400]

Einfluß von AbAp auf unterschiedliche Führungsaspekte aus Sicht der Televorgesetzten

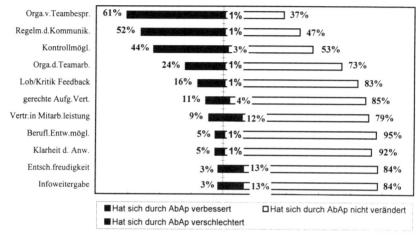

Abbildung 31[401]:

Einfluß von AbAp auf unterschiedliche Führungsaspekte aus Sicht der AbAp-Mitarbeiter

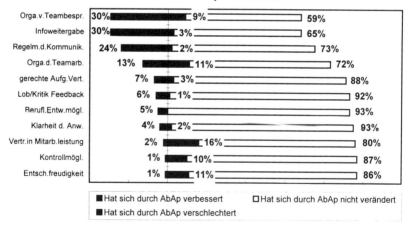

---

[400] Ergebnis der Frage 18 des Vorgesetztenfragebogens
[401] Ergebnis der Frage 14 des Mitarbeiterfragebogens

Tabelle 12[402]:
Einfluß von AbAp auf unterschiedliche Aspekte der Führung

„Hat sich durch AbAp verbessert"

Rangfolge der Vorgesetzten	Prozent	Rangfolge der AbAp-Mitarbeiter	Prozent
Informationsweitergabe	13	Vertrauen in Leistungen	16
Entscheidungsfreudigkeit	13	Organisation der Teamarbeit	11
Vertrauen in Leistungen	12	Entscheidungsfreudigkeit	11

„Hat sich durch AbAp verschlechtert"

Rangfolge der Vorgesetzten	Prozent	Rangfolge der AbAp-Mitarbeiter	Prozent
Orga. von Teambesprechungen	61	Orga. von Teambesprechungen	30
Regelmäßigkeit der Kommunikation	52	Informationsweitergabe	30
Organisation der Teamarbeit	24	Regelmäßigkeit der Kommunikation	24

„Hat sich durch AbAp nicht verändert"

Rangfolge der Vorgesetzten	Prozent	Rangfolge der AbAp-Mitarbeiter	Prozent
Förderung/Planung der berufl. Entwicklungsmögl.	95	Förderung/Planung der berufl. Entwicklungsmögl.	93
Klarheit der Anweisungen	92	Klarheit der Anweisungen	93
gerechte Aufgabenverteilung	85	Lob/Kritik Feedbackverhalten	92

In den Ergebnissen dieser Frage stellt man in großen Teilen wieder eine Übereinstimmung zwischen AbAp-Mitarbeitern und Vorgesetzten fest. So sind beide Probandengruppen von einer verbesserten Entscheidungsfreudigkeit der Vorgesetzten und von einem größeren Vertrauen in die Mitarbeiterleistung seit Einführung der außerbetrieblicher Arbeit überzeugt. Einstimmigkeit besteht auch darüber, daß sich sowohl die Organisation von Teambesprechungen als auch die Regelmäßigkeit der Kommunikation durch Telearbeit verschlechtert haben. Unverändert ist die Förderung bzw. Planung der beruflichen Entwicklungsmöglichkeiten der Mitarbeiter geblieben ebenso wie die Klarheit der Vorgesetztenanweisungen.

Keine Übereinstimmung besteht hingegen bei der Bewertung der Informationsweitergabe und der Organisation der Teamarbeit. Während die Vorgesetzten die Informationsweitergabe durch Telearbeit als verbessert betrachten, wird sie von den AbAp-Mitarbeitern als durch Telearbeit deutlich verschlechtert beurteilt. Andersherum

---

[402] Ergebnis der Frage 14 des Mitarbeiterfragebogens und der Frage 18 des Vorgesetztenfragebogens

sieht die Einschätzung der Organisation der Teamarbeit aus. Nach Empfinden der AbAp-Mitarbeiter hat sie sich durch AbAp verbessert, während die Vorgesetzten eine Verschlechterung durch AbAp feststellen.

Bei beiden Aspekten muß die Interpretation der Beurteilungsdivergenz wiederum an dem kognitiven Element ansetzen. Die Vorgesetzten haben seit der Einführung von AbAp das Gefühl, Informationen öfter wiederholen zu müssen, damit alle Mitarbeiter sie empfangen. Dadurch entsteht der Eindruck einer verbesserten Informationsweitergabe. Die AbAp-Mitarbeiter hingegen haben das Gefühl, aus dem Informationsfluß in gewisser Weise herausgelöst zu sein und Informationen zu verpassen. Für sie entsteht der Eindruck, daß sich die Informationsweitergabe seitens des Vorgesetzten seit der Einführung außerbetrieblicher Arbeit verschlechtert hat.

Eine Interpretation der unterschiedlichen Einschätzung der Organisation der Teamarbeit fällt hingegen schwerer. Die Tatsache, daß die AbAp-Mitarbeiter mit der Organisation der Teamarbeit jetzt zufriedener sind als vor Einführung der Telearbeit, zeigt, daß eine Vereinbarung von außerbetrieblicher Arbeit mit Teamarbeit durchaus möglich ist. Die Vorgesetzten haben in diesem Bereich folglich eine Art Komplex. Sie unterschätzen ihre eigenen Fähigkeiten, Teamarbeit trotz Telearbeit zu organisieren und reden sich ein Versagen auf diesem Gebiet ein.

Auffällig ist, daß die AbAp-Mitarbeiter mit der Organisation der Teamarbeit zufrieden zu sein scheinen, während sie eine deutliche Verschlechterung der Organisation von Teambesprechungen seit Einführung der Telearbeit bemängeln. Scheinbar liegt der Grund hier in der als unzureichend empfundenen Informations- und Kommunikationspolitik und nicht in der Organisation der Teamarbeit im inhaltlichen Sinn. Hier bedarf es in jedem Fall weiterer abteilungsspezifischer Analysen und spezifischer Verbesserungsmaßnahmen.

Mitarbeiter- und Vorgesetztenfrage:
WELCHE VERBESSERUNGSVORSCHLÄGE BZW. ANMERKUNGEN HÄTTEN SIE BEZÜGLICH ABAP IN IHREM UNTERNEHMEN?

ERGEBNIS:

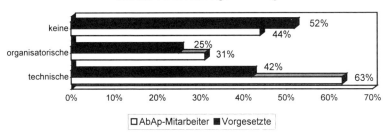

Abbildung 32[403]:

Art der Verbesserungsvorschläge

Zunächst ist als Ergebnis festzustellen, daß die Hälfte aller Vorgesetzten und 44% der Telearbeiter keine Verbesserungsvorschläge gemacht haben. Dies läßt sich als Zeichen sowohl vollkommener Zufriedenheit mit der Organisationsform als auch geringen Interesses an der Beantwortung einer offenen Frage interpretieren. Da aber oftmals explizit „keine" angegeben wurde, liegt die Vermutung nah, daß eher Zufriedenheit als Desinteresse der Grund für keine Angaben war.

Die Mehrzahl der Verbesserungsvorschläge ist bei Vorgesetzten und AbAp-Mitarbeitern technischer Natur. Die Vorgesetzten führen hier insbesondere eine Verbesserung der Telefonfunktionen, das heißt konkret der Ring-, Rück- und Konferenzschaltung, sowie die Einführung von Videokonferenzsystemen an.

Die AbAp-Mitarbeiter fügen diesen Verbesserungsvorschlägen noch folgende hinzu: Ausstattung der AbAps mit Druckern und Faxgeräten, Verbesserung der EDV hinsichtlich Antwortzeiten, Image Software, Systemabstürze, Informationen bei Störungen, Betreuung durch die EDV und Software.

Die organisatorischen Verbesserungsvorschläge der Vorgesetzten beziehen sich auf die Einführung verbesserter Kontrollfunktionen, wie zum Beispiel die Einführung von Zeiterfassungssystemen und Arbeitsplatzkontrollen für AbAps. Außerdem wird mehrfach der Vorschlag gemacht, daß AbAp-Mitarbeiter eigene Teams außerhalb der

---

[403] Ergebnis der Frage 28 des Mitarbeiterfragebogens und der Frage 29 des Vorgesetztenfragebogens

Gruppe bilden und der Informations- und Erfahrungsaustausch auch abteilungsübergreifend institutionalisiert werden sollte.

Die AbAp-Mitarbeiter führen folgende organisatorische Verbesserungsvorschläge an: Die aktenlose Bearbeitung sollte ebenso ermöglicht werden wie das Scannen von Daten; die AbAp-Mitarbeiter möchten mehr Anerkennung für ihre Arbeit am AbAp, wünschen sich einen besseren Informationsfluß, einen stärkeren Teamgeist und ebenfalls einen abteilungsübergreifenden Informations- und Erfahrungsaustausch.

Als Zusammenfassung läßt sich festhalten, daß ein wesentliches Problem bei der Umsetzung der Telearbeit im Bereich der Organisation von Teambesprechungen liegt. Diese hat eine große Bedeutung hinsichtlich des Informations- und Kommunikationsflusses im Unternehmen. Das Gefühl, an Teambesprechungen nicht mehr regelmäßig teilzuhaben, ist gleichbedeutend mit dem Gefühl, nicht mehr voll dazuzugehören und nicht mehr komplett informiert zu werden. Als Resultat reduziert sich die Teamorientierung der Telearbeiter. Rückläufige Arbeitsqualität und -produktivität können die Folge dieser Isolierung sein. Zur Beseitigung dieses Problems kann sicher die Schulung von Mitarbeitern und Vorgesetzten einen erheblichen Beitrag leisten. Außerdem ist es empfehlenswert, einen abteilungsübergreifenden Erfahrungsaustausch zu institutionalisieren.

Die Arbeitszuteilung für den AbAp erfolgt zwar bei großen Teilen - aber bei weitem nicht bei allen Probanden - über Zielvereinbarungen. Insbesondere die Tatsache, daß etwa zwei Drittel der Vorgesetzten meinen, mit Zielvereinbarungen zu führen, aber nur die Hälfte der AbAp-Mitarbeiter angibt, über Ziele geführt zu werden, zeigt, daß es Mißverständnisse gibt. Zielorientierte Führung muß folglich im Rahmen der anfänglichen Schulung von Vorgesetzten und AbAp-Mitarbeitern viel intensiver behandelt werden, da dieses Führungsinstrument bisher beim LVM nur vereinzelt benutzt wird und somit keine Erfahrungswerte existieren. Im Hinblick auf den Erfolg von Telearbeit ist die zielorientierte Führung aber ein essentielles Instrument.

Verbesserungsvorschläge sind entweder technischer oder organisatorischer Art. Zwar überwiegen die technischen Probleme hinsichtlich der Anzahl der Nennungen, sie sind aber weder vielfältig noch schwer zu beheben: Es müssen insbesondere die Telefonfunktionen für Telearbeiter erweitert werden, so daß diese in die Ringschaltung miteingebunden sind und auch Konferenzschaltungen durchführen können. Des weiteren ist über die Einführung von Videokonferenzsystemen nachzudenken, denn diese könnten die Probleme im Bereich der Organisation von Teambesprechungen reduzieren. Auch die EDV bedarf einer Verbesserung der Leistungsfähigkeit im Hinblick auf die Telearbeit.

Die organisatorischen Probleme sind hingegen nachhaltiger. Sie beziehen sich auf Koordinations-, Abstimmungs-, Zuständigkeits-, Informations-, Kontroll- und Führungsprobleme. Diese organisatorischen Probleme, die sich besonders in den großen Abteilungen mit relativ vielen Telearbeitern manifestieren, haben ihre Ursache sicherlich zu einem großen Teil in der unzureichenden Schulung von Vorgesetzten und Mitarbeitern. Es bedarf hier einer systematischen Analyse, damit eine Lösung gefunden wird, die für einen weiteren Ausbau der Telearbeit beim LVM zuträglich ist.

Es bestehen gerade aus Sicht der Führungskräfte Kontrollprobleme im Zusammenhang mit Telearbeit. Eine Verschlechterung der beruflichen Entwicklungschancen auf Grund von Telearbeit wird nicht empfunden. Die Entscheidungsfreudigkeit der Vorgesetzten sowie ihr Vertrauen in die Mitarbeiterleistungen wird durch Telearbeit verbessert. Allerdings wird die Erreichbarkeit der Telearbeiter von ihren Vorgesetzten als problematisch eingeschätzt, was wiederum auf ein Vertrauensdefizit schließen läßt.

2.2.3. Zusammenfassung der Ergebnisse

Die aufgabenorientierte Führungsanalyse von Telearbeit beim LVM konnte einige Problemfelder aufzeigen. Die Untersuchung der Vorbereitungsphase hat die Unzulänglichkeit der anfänglichen Schulung von AbAp-Mitarbeitern und ihren Vorgesetzten verdeutlicht.

In der Umsetzungsphase sind Schwierigkeiten in der Organisation von Teambesprechungen, bei der zielorientierten Führung und Kontrolle, beim Informationsfluß und der Kommunikation sowie bei der Erreichbarkeit der AbAp-Mitarbeiter sichtbar geworden. Allerdings handelt es sich bei letzterem wohl stärker um ein kognitives Problem, das auf mangelndes Vertrauen von Teleführungskräften schließen lassen könnte.

182 Empirische Untersuchung: Telearbeit bei der LVM Versicherung

2.3. Mitarbeiterorientierter Aspekt der Führung

Das folgende Kapitel der Ergebnisanalyse teilt sich in fünf Teile auf. Zunächst wird die allgemeine Motivationssituation der AbAp-Mitarbeiter und ihrer Vorgesetzten beim LVM untersucht. Hierbei werden Fragen nach den gemachten Erfahrungen und der zukünftigen Bedeutungsentwicklung der neuen Arbeitsform gestellt. Weiter werden Wünsche nach einer Ausweitung der persönlichen Telearbeit sowie das Image der Telearbeiter beim LVM analysiert und interpretiert. Der zweite Teil der Analyse beschäftigt sich mit konkreten direkten und indirekten Motivationsquellen. Im dritten Teil wird das Verhältnis zwischen Büromitarbeitern und Telearbeitern analysiert. Anschließend untersucht der vierte Teil die Führungseigenschaften der Vorgesetzten und der letzte Teil nimmt schließlich eine Auswertung der Fragen nach den Vor- und Nachteilen von Telearbeit vor.

2.3.1. Allgemeine Motivationsanalyse

Mitarbeiter- und Vorgesetztenfrage:

BITTE BEWERTEN SIE IHRE ERFAHRUNGEN BEZÜGLICH DES ABAP, INDEM SIE EINE SCHULNOTE ANKREUZEN.

1 (sehr gut)	2 (gut)	3 (befriedigend)	4 (ausreichend)	5 (schlecht)	6 (sehr schlecht)

Ergebnis:

Abbildung 33[404]:

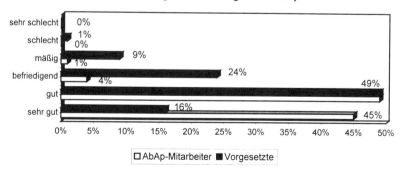

[404] Ergebnis der Frage 9 des Mitarbeiterfragebogens und der Frage 7 des Vorgesetztenfragebogens

Die AbAp-Mitarbeiter bewerten die Telearbeit im Durchschnitt mit sehr gut bis gut (arithmetischer Mittelwert:1,6), während ihre Vorgesetzten nur gute bis befriedigende Erfahrungen gemacht haben (arithmetischer Mittelwert:2,3).

Das Ergebnis dieser Frage zeigt erneut, daß die Singles unter den Telearbeitern den außerbetrieblichen Arbeitsplatz weniger würdigen (arithmetische Mittelwert: 1,7) als die verheirateten bzw. in Partnerschaft lebenden Kollegen.

Die Tatsache, daß insgesamt recht gute Noten vergeben wurden, darf nicht über den Unterschied, der in der Einschätzung zwischen Telearbeitern und Vorgesetzten liegt, hinweg täuschen. Es wird an dieser Stelle ganz deutlich, daß die Vorgesetzten mit der Einführung außerbetrieblicher Arbeit weit weniger gute Erfahrungen gemacht haben als die betroffenen Mitarbeiter.

Mitarbeiterfrage:
WIE SEHEN SIE IHREN DIREKTEN VORGESETZTEN IN BEZUG AUF FOLGENDE ASPEKTE?

	1 sehr gut	2 gut	3 befriedigend	4 mäßig	5 schlecht	6 sehr schlecht
Seine Einstellung zu AbAps						

Ergebnis:

Abbildung 34[405]:

Wie schätzen die AbAp-Mitarbeiter die Einstellung ihres Vorgesetzten zu AbAps ein?

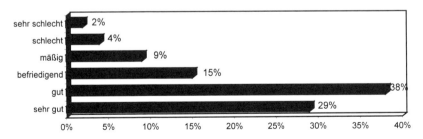

---

[405] Ergebnis der Frage 15 des Mitarbeiterfragebogens

In dieser Frage wird geprüft, ob sich die AbAp-Mitarbeiter der im Vergleich zu ihrer eigenen Meinung deutlich skeptischeren Einstellung ihres Vorgesetzten hinsichtlich Telearbeit bewußt sind.

Die AbAp-Mitarbeiter bewerten die Einstellung ihrer Vorgesetzten hinsichtlich Telearbeit mit einer Durchschnittsnote von 2,2. Da die Vorgesetzten ihre eigenen Erfahrung durchschnittlich mit einer 2,3 bewertet haben, ist die Einschätzung der AbAp-Mitarbeiter richtig.

Mitarbeiter- und Vorgesetztenfrage:
WIE WERDEN IHRER MEINUNG NACH ABAP-MITARBEITER IN IHREM UNTERNEHMEN GESEHEN?

○ modern
○ bequem
○ familienorientiert
○ umweltbewußt
○ isoliert
○ flexibel
○ einsatzbereit
○ karriereorientiert
○ _____

Ergebnis:

Tabelle 13[406]:
Image der Abap-Mitarbeiter

Rangfolge der Vorgesetzten	%	Rangfolge der AbAp-Mitarbeiter	%
flexibel	79	flexibel	66
modern	68	familienorientiert	53
einsatzbereit	49	modern	53
umweltbewußt	39	umweltbewußt	42
familienorientiert	35	einsatzbereit	38
bequem	28	bequem	34
wirtschaftlich/ kostenbewußt	7	isoliert	7
isoliert	5	wirtschaftlich/ kostenbewußt	1
clever	1	karriereorientiert	1
karriereorientiert	1		

---

[406] Ergebnis der Frage 21 des Mitarbeiterfragebogens und der Frage 23 des Vorgesetztenfragebogens

Das Image der Telearbeiter beim LVM wird ebenfalls von Vorgesetzten und AbAp-Mitarbeitern nahezu identisch eingeschätzt. Die Telearbeiter werden in erster Linie als flexibel, modern, einsatzbereit und familienorientiert beurteilt. Etwa ein Drittel jeder Probandengruppe gibt aber auch an, daß die Telearbeiter als bequem angesehen werden.

Mitarbeiter- und Vorgesetztenfrage:

WIE FINDEN SIE ES, DAß IN IHREM UNTERNEHMEN DIE MÖGLICHKEIT EINES ABAP BESTEHT?
○ sehr gut
○ gut
○ neutral
○ weniger gut
○ nicht gut

Ergebnis:

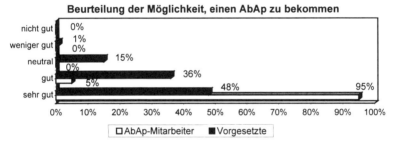

Abbildung 35[407]:

Das Ergebnis zeigt eine geradezu euphorische Zustimmung der AbAp-Mitarbeiter zur Telearbeit generell. 95% von ihnen bewerten die Möglichkeit, an einem außerbetrieblichen Arbeitsplatz zu arbeiten, mit sehr gut. Auch die Vorgesetzten zeigen bei dieser Frage ihre allgemeine Zustimmung zu Telearbeit, allerdings nur mit einer durchschnittlichen Note von 1,7 im Gegensatz zu 1,05 als Durchschnitt bei den AbAp-Mitarbeitern.

Mitarbeiter- und Vorgesetztenfrage:

WIRD IHRER MEINUNG NACH DIE BEDEUTUNG VON ABAPS IN DER ZUKUNFT
○ steigen?
○ langsam steigen?

---

[407] Ergebnis der Frage 8 des Mitarbeiterfragebogens und der Frage 6 des Vorgesetztenfragebogens

○ gleichbleiben?
○ langsam abnehmen?
○ abnehmen?

Ergebnis:

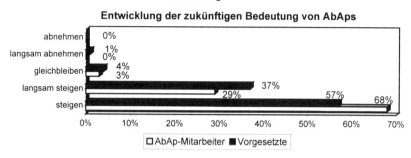

Abbildung 36[408]:

Die Frage nach der allgemeinen Entwicklung der zukünftigen Bedeutung der Telearbeit zeigt eine einstimmige Einschätzung. Über 90% sowohl der Vorgesetzten als auch der AbAp-Mitarbeiter meinen, daß die Bedeutung von Telearbeit in der Zukunft steigt oder langsam steigen wird.

Dieses Ergebnis hat eine große Motivationsbedeutung, denn jeder Mensch möchte gerne fortschrittlich sein, und die Möglichkeit, zukünftige Entwicklungen mitgestalten zu können, ist sehr reizvoll.

Mitarbeiterfrage:

WIE VIELE TAGE IN DER WOCHE WÜRDEN SIE GERNE AM ABAP ARBEITEN?
○ mehr als bisher
○ so wie bisher
○ weniger als bisher

---

[408] Ergebnis der Frage 23 des Mitarbeiterfragebogens und der Frage 27 des Vorgesetzten Fragebogens

Ergebnis:

Abbildung 37[409]:

Wunsch der AbAp-Mitarbeiter hinsichtlich Anzahl der AbAp-Tage

mehr als bisher 22%
weniger als bisher 1%
so wie bisher 77%

Drei Viertel der AbAp-Mitarbeiter sind mit dem derzeitigen Umfang der außerbetrieblichen Arbeit zufrieden, und immerhin 22% könnten sich eine Ausweitung ihrer Telearbeit vorstellen. Dieses Ergebnis zeigt neben einer allgemeinen Zufriedenheit und Motivation hinsichtlich Telearbeit, daß das vom LVM gewählte Modell der alternierenden Telearbeit hinsichtlich der Aufteilung zwischen Büro- und Heimarbeitszeit bei den Mitarbeitern breite Zustimmung findet.

Vorgesetztenfrage:

ARBEITEN SIE SELBST AUCH AN EINEM ABAP?
- ○ Ja. Ich arbeite im Schnitt _____ Tage pro Woche zu Hause.
- ○ Manchmal, aber sehr unregelmäßig.
- ○ Nein. Würden Sie gerne einen AbAp haben?   ○ Nein.
                                                 ○ Ja. _____ Tag(e) pro Woche.

Ergebnis:

Abbildung 38[410]:

Telearbeitsteilnahme der Vorgesetzten

haben keinen AbAp 88%
haben einen AbAp 12%

Die Minderheit von 12% der Vorgesetzten hat einen außerbetrieblichen Arbeitsplatz. 9% der Vorgesetzten nimmt an dem allgemeinen alternierenden Telearbeitsmodell teil

---

[409] Ergebnis der Frage 6 des Mitarbeiterfragebogens
[410] Ergebnis der Frage 26 des Vorgesetztenfragebogens

und arbeitet im Durchschnitt 2,5 Tage pro Woche am AbAp. Die restlichen drei Prozent arbeiten weniger Tage oder unregelmäßig in Telearbeit.

88% der Vorgesetzten haben keinen außerbetrieblichen Arbeitsplatz. Diese setzten sich aus 51% zusammen, die auch keinen Telearbeitsplatz wollen, und immerhin 37%, die gerne für im Durchschnitt 2,5 Tage pro Woche zu Hause arbeiten möchten. Das heißt, daß ein Drittel aller Teleführungskräfte auch gerne einen Telearbeitsplatz hätte.

Zusammenfassend ist die Grundstimmung hinsichtlich Telearbeit im allgemeinen positiv beim LVM. Diese Zustimmung resultiert aus mehreren Komponenten. Der wesentliche Grund ist die der Telearbeit allgemein zuerkannte Fortschrittlichkeit und Zukunftsorientierung. Diese Tatsache bewirkt bei allen Telearbeits-Beteiligten eine Motivationsschub, denn der Wunsch, fortschrittlich zu sein oder zu wirken, ist in der heutigen Zeit groß. Die differenziertere Untersuchung der Einstellungen zu außerbetrieblicher Arbeit hat aber durchaus Unterschiede zwischen Vorgesetzten und AbAp-Mitarbeitern ergeben: Die Telearbeiter weisen einen höheren Motivationsgrad auf als ihre Vorgesetzten.

Das gewählte Modell der alternierenden Telearbeit mit sich abwechselnden Büro- und Heimarbeitstagen findet große Zustimmung unter den Telearbeitern. Auch die Vorgesetzten würden gerne mehr aktiv an Telearbeit teilnehmen. Die vermutlich dadurch resultierende Steigerung ihrer Motivation macht es empfehlenswert, über eine weitere Einbindung der Vorgesetzten in das Telearbeitsmodell nachzudenken. Durch diese Einbindung würde gleichzeitig auch mehr Verständnis für die Probleme der AbAp-Mitarbeiter seitens der Vorgesetzten entstehen.

Empirische Untersuchung: Telearbeit bei der LVM Versicherung

2.3.2. Motivationsquellen

Mitarbeiter- und Vorgesetztenfrage:

WIE BEURTEILEN SIE DEN EINFLUß DES ABAP AUF FOLGENDE ASPEKTE IN IHREM UNTERNEHMEN?

	Wird durch AbAp verbessert	Wird durch AbAp nicht verändert	Wird durch AbAp verschlechtert
Unternehmensimage			
Betriebsklima			
Kunden-/ Serviceorientierung			
Umweltschutzorientierung			
wirtschaftlicher Erfolg des Untern.			
Erfolg gegenüber den Mitbewerbern			
Mitarbeitermotivation			
Arbeitseffizienz/-produktivität			
Verhältnis zu Ihrem Vorgesetzten (Mitarbeiter) Verhältnis zu Ihren Mitarbeitern (Vorgesetzte)			
Betreuung durch Vorgesetzten (Mitarbeiter) Ihre Mitarbeiterführung (Vorgesetzten)			
Identifikation mit dem Untern.			
Berufl.Entwicklungsmöglichkeiten der AbAp-Mitarbeiter			

Ergebnis:

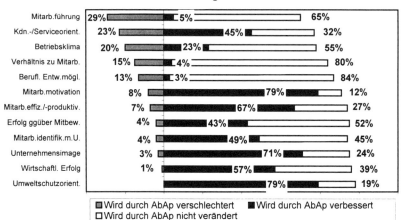

Abbildung 39[411]:

Einfluß von AbAp auf unterschiedliche Motivatoren aus Sicht der Televorgesetzten

---

[411] Ergebnis der Frage 13 des Vorgesetztenfragebogens

Abbildung 40[412]:

Einfluß von AbAp auf unterschiedliche Motivatoren aus Sicht der AbAp-Mitarbeiter

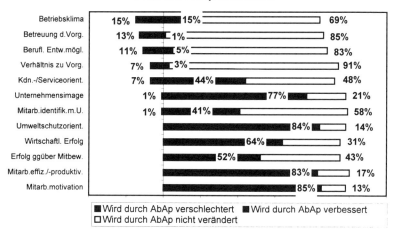

	Wird durch AbAp verschlechtert	Wird durch AbAp nicht verändert	Wird durch AbAp verbessert
Betriebsklima	15%	15%	69%
Betreuung d.Vorg.	13%	1%	85%
Berufl. Entw.mögl.	11%	5%	83%
Verhältnis zu Vorg.	7%	3%	91%
Kdn.-/Serviceorient.	7%	44%	48%
Unternehmensimage	1%	77%	21%
Mitarb.identifik.m.U.	1%	41%	58%
Umweltschutzorient.		84%	14%
Wirtschaftl. Erfolg		64%	31%
Erfolg ggüber Mitbew.		52%	43%
Mitarb.effiz./-produktiv.		83%	17%
Mitarb.motivation		85%	13%

Tabelle 14[413]:
Einfluß von AbAp auf unterschiedliche Motivatoren

„Wird durch AbAp verbessert"

Rangfolge der Vorgesetzten	Prozent	Rangfolge der AbAp-Mitarbeiter	Prozent
Mitarbeitermotivation	79	Mitarbeitermotivation	85
Umweltschutzorientierung	79	Umweltschutzorientierung	84
Unternehmensimage	71	Arbeitseffizienz/-produktivität	83

„Wird durch AbAp nicht verändert"

Rangfolge der Vorgesetzten	Prozent	Rangfolge der AbAp-Mitarbeiter	Prozent
Berufliche Entw.möglichkeit	84	Verhältnis zu Vorgesetzten	91
Verhältnis zu Mitarbeitern	80	Betreuung durch Vorgesetzten	85
Mitarbeiterführung	65	Berufliche Entw.möglichkeiten	83

---

[412] Frage 13 des Mitarbeiterfragebogens
[413] Ergebnis der Frage 13 des Mitarbeiter- und des Vorgesetztenfragebogens

„Wird durch AbAp verschlechtert"

Rangfolge der Vorgesetzten	Prozent	Rangfolge der AbAp-Mitarbeiter	Prozent
Mitarbeiterführung	29	Betriebsklima	15
Kunden-/Serviceorientierung	23	Betreuung durch Vorgesetzten	13
Betriebsklima	20	Berufliche Entw.möglichkeiten	11

In diesem Teil wurde der Einfluß der Telearbeit auf einzelne ausgewählte Aspekte geprüft. Diese Aspekte zeichnen sich dadurch aus, daß es sich bei ihnen um Motivationsquellen handelt.

Die Aussagen von AbAp-Mitarbeitern und ihren Vorgesetzten sind bei dieser Frage erneut relativ homogen. Die Mitarbeitermotivation wird von beiden Probandengruppen als der Aspekt identifiziert, der sich durch Telearbeit am meisten verbessert hat. Danach folgten die Umweltschutzorientierung und an Platz drei und vier das Unternehmensimage und die Arbeitseffizienz bzw. -produktivität. Alle diese Aspekte werden von den Singles unter den Telearbeitern erneut deutlich weniger stark betont als von den verheirateten oder in Partnerschaft lebenden Kollegen.

Von der Einführung der außerbetrieblichen Arbeitsplätzen am wenigsten betroffen sind laut Meinung der AbAp-Mitarbeiter und ihrer Vorgesetzten die beruflichen Entwicklungsmöglichkeiten der Mitarbeiter, das Verhältnis zwischen Mitarbeitern und Vorgesetztem und auch die Mitarbeiterführung bzw. Betreuung durch den Vorgesetzten.

Allerdings wird der letzte Gesichtspunkt auch in der folgenden Tabelle angeführt, die die Aspekte beinhaltet, die sich durch die Einführung von Telearbeit verschlechtert haben. Diese doppelte Aufführung ist dadurch möglich, daß eine große Anzahl von Probanden die Mitarbeiterführung bzw. Betreuung durch den Vorgesetzten als durch Telearbeit unverändert bewertet hat. Dennoch hat aber im Vergleich eine relativ große Anzahl auch eine Verschlechterung festgestellt. Die Verteilung der Prozentzahlen hat in diesem Fall ergeben, daß der Aspekt in beide Kategorien Eingang gefunden hat.

Zusätzlich wurde das Betriebsklima als durch Telearbeit verschlechtert eingestuft. Die Vorgesetzten bemerkten eine weitere Verschlechterung der Kunden- und Serviceorientierung durch die neue Form der Arbeitsorganisation, während die AbAp-Mitarbeiter mit 11% auch die beruflichen Entwicklungsmöglichkeiten als verschlechtert bewerteten. Hier ist wiederum feststellbar, daß der Aspekt der beruflichen Entwicklungsmöglichkeiten in zwei Kategorien, nämlich „nicht verändert" und „verschlechtert" auftaucht. Die Begründung ist hier die gleiche wie bei der Mitarbeiterführung.

Mitarbeiter- und Vorgesetztenfrage:

WARUM ARBEITEN SIE PERSÖNLICH AM ABAP? (MITARBEITER)
WELCHER ASPEKT IST IHRER MEINUNG WESENTLICH IM HINBLICK AUF DAS MITARBEITERINTERESSE AN ABAPS? (VORGESETZTE)

○ Vereinbarkeit von Beruf und Familie
○ Einsparung der Pendelzeiten
○ ungestörteres/konzentrierteres Arbeiten
○ angenehmere Umgebung
○ _____

Ergebnis:

Tabelle 15[414]:
Gründe für die Teilnahme an AbAp

Rangfolge der Vorgesetzten	%	Rangfolge der AbAp-Mitarbeiter	%
Einsparung von Pendelzeiten	91	Einsparung von Pendelzeiten	90
Ungestörtes/konzentriertes Arbeiten	88	Ungestörtes/konzentriertes Arbeiten	89
Vereinbarkeit von Beruf und Familie	57	Vereinbarkeit von Beruf und Familie	48
angenehmere Umgebung	28	angenehmere Umgebung	41
kreatives Arbeiten, Lust auf was Neues	3	Einsparung von Fahrtkosten	5
Einsparung von Fahrtkosten	3	flexible Einteilung der Arbeitszeit	3
flexible Einteilung der Arbeitszeit	1	kreatives Arbeiten, Lust auf was Neues	2

Bei der Beantwortung dieser Frage waren Mehrfachnennungen möglich. Das Ergebnis zeigt fast komplett übereinstimmende Ranglisten von Vorgesetzten und AbAp-Mitarbeitern. Diese Konformität beweist, daß sich die Vorgesetzten der persönlichen Beweggründe der Mitarbeiter hinsichtlich ihrer Telearbeitsteilnahme bewußt sind.

Die erste Position dieser Beweggründe nimmt die Einsparung von Pendelzeiten ein, dicht gefolgt von dem Vorteil der ungestörteren und konzentrierteren Arbeitsatmosphäre zu Hause. Die Vereinbarkeit von Beruf und Familie folgt an Platz drei, eine

---

[414] Ergebnis der Frage 7 des Mitarbeiterfragebogens und der Frage 24 des Vorgesetztenfragebogens

angenehmere Umgebung auf Platz vier. Mit großem Abstand hinsichtlich der Bedeutung folgen weitere Aspekte wie die Einsparung von Fahrtkosten, die flexiblere Einteilung der Arbeitszeit und die Herausforderung einer neuen Form der Arbeitsorganisation.

Auffällig ist zudem, daß Mütter von minderjährigen Kindern die Vereinbarkeit von Beruf und Familie als wichtigsten Beweggrund für ihre Telearbeitsteilnahme angeben.

In Summe sind die Motivationsquellen der Telearbeit für die AbAp-Mitarbeiter hauptsächlich Veränderungen, die sich vorteilhaft auf ihr Privatleben auswirken, wie Einsparung der Pendelzeiten, ungestörteres Arbeiten, eine größere Familienorientierung und eine angenehmere Arbeitsumgebung.

Für die Vorgesetzten sind die Veränderungen jedoch durchgehend nur auf das Berufsleben bezogen und somit handelt es sich hier um eine Motivationsquelle mit indirektere Wirkung. Die Bedeutung „direkter Motivationsquellen" ist im Hinblick auf ihre Wirkung hingegen weitaus größer und nachhaltiger.

2.3.3. Verhältnis von Büromitarbeitern zu Telearbeitern

Mitarbeiter- und Vorgesetztenfrage:

DENKEN SIE JETZT EINMAL AN IHRE KOLLEGEN, DIE KEINEN ABAP HABEN. WIE STEHEN DIE IHRER MEINUNG NACH ZU FOLGENDEN ASPEKTEN? (Mitarbeiter)
VERSETZEN SIE SICH JETZT EINMAL IN DIE LAGE IHRER BÜROMITARBEITER. WIE BEURTEILEN DIESE MITARBEITER FOLGENDE PUNKTE? (VORGESETZTE)

	1 sehr gut	2 gut	3 befriedigend	4 mäßig	5 schlecht	6 sehr schlecht
AbAp allgemein						
Büro- im Verhältnis zu AbAp-Arbeit						
Kommunikation mit AbAp-Kollegen						
sozialer Kontakt zu AbAp-Kollegen						

Ergebnis:

Abbildung 41[415]:

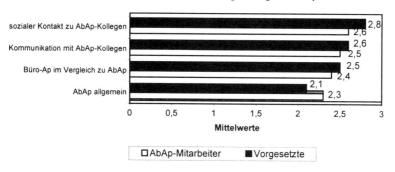

Alle Mittelwerte der Tabelle liegen zwischen den Noten gut und befriedigend. Im Vergleich zu den sonst vergebenen Noten ist dieses Ergebnis als deutlich negativ zu interpretieren.

Im Durchschnitt am schlechtesten wird der soziale Kontakt zwischen Büro- und AbAp-Kollegen benotet (arithmetischer Mittelwert Vorgesetzte: 2,8, AbAp-Mitarbeiter: 2,6). Der innerbetriebliche Arbeitsplatz wird von Büromitarbeitern deutlich schlechter als der AbAp bewertet (arithmetischer Mittelwert:2,5). Die Kommunikation zwischen Büro- und AbAp-Mitarbeitern wird aus Sicht der Vorgesetzten mit einer durchschnittlichen Schulnote von 2,6 negativer bewertet als aus Sicht der AbAp-Mitarbeiter (arithmetischer Mittelwert 2,3). Die Bewertung der Telearbeit durch Büromitarbeiter liegt bei AbAp-Mitarbeitern bei einem Mittelwert von 2,4, die Vorgesetzten bewerten hier im Durchschnitt mit einer 2,1.

Obwohl bei dieser Frage die betroffenen Büromitarbeiter nicht direkt gefragt wurden und die Ergebnisse nur durch die Aussagen Dritter (der Vorgesetzten und der telearbeitenden Kollegen) zustande kommen, läßt sich ein Problem im Verhältnis der Büromitarbeiter zu den Telearbeitern konstatieren, das von den Vorgesetzten und den AbAp-Mitarbeitern gleichermaßen erkannt wird. Ein solches Problem kann von großer Bedeutung für die Stimmung im Unternehmen und im Hinblick auf das Betriebsklima

Empirische Untersuchung: Telearbeit bei der LVM Versicherung   195

im allgemeinen sein. Es bedarf deshalb einer weiteren Vertiefung dieser Problemstellung, wie sie in der nächsten Frage erfolgt.

Mitarbeiter- und Vorgesetztenfrage:

GIBT ES IHRER MEINUNG NACH SPANNUNGEN ZWISCHEN BÜRO- UND ABAP-KOLLEGEN?
   ○ Ja   Welche/Warum?
   ○ Nein

Ergebnis:

Abbildung 42[416]:
Gibt es Spannungen zwischen Büro- und AbAp-Kollegen?

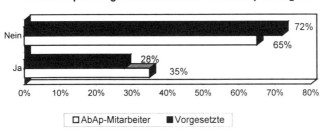

Etwa ein Drittel der Vorgesetzten und der AbAp-Mitarbeiter konstatiert Spannungen zwischen Büro- und AbAp-Mitarbeitern. Es bedarf nun der Analyse der Art dieser Spannungen.

Ergebnis:

Abbildung 43[417]:
Art der Spannungen zwischen Büro- und AbAp-Kollegen

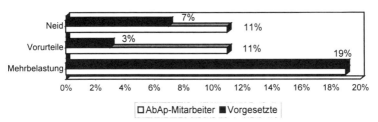

---

[415] Ergebnis der Frage 19 des Mitarbeiterfragebogens und der Frage 16 des Vorgesetztenfragebogens
[416] Ergebnis der 20 des Mitarbeiterfragebogens und der Frage 17 des Vorgesetztenfragebogens
[417] Ergebnis der Frage 20 des Mitarbeiterfragebogens und der Frage 17 des Vorgesetztenfragebogens

Ein Großteil der Spannungen wird auf die Mehrbelastung der Büromitarbeiter durch Telearbeit zurückgeführt. Von den Büroarbeitskräften wird die Lösung von „Ad-hoc" Problemen und die Erledigung eiliger Arbeiten verlangt, Vertreterbesuche müssen von ihnen ebenso abgehandelt werden wie die Annahme von Telefonaten aufgrund der fehlenden Ringschaltung. Zusätzlich fallen noch Arbeiten für AbAp-Mitarbeiter an, wie zum Beispiel Auskünfte über im Büro befindliche Akten oder Formulare.

Die Vorurteile der Büro-Kollegen belasten das Verhältnis zwischen ihnen und den AbAp-Kollegen. So stehen immer wieder Vermutungen im Raum, daß AbAp-Mitarbeiter nicht arbeiten, sondern zu Hause Urlaub oder zumindest ihren Haushalt machen. Sie gelten oft als „Drückeberger" oder „Faulpelze".

Die Spannungen zwischen Büro- und AbAp-Mitarbeitern werden aber auch durch Neid seitens der Büromitarbeiter hervorgerufen. Es entsteht ihrerseits das Gefühl, in einer Zwei-Klassengesellschaft zu arbeiten. Mißgunst und Mobbing werden als Folgen angeführt.

Die Analyse des Verhältnisses zwischen Büromitarbeitern und Telearbeitern zeigt zusammenfassend, ein deutliches Problem in diesem Bereich. Sowohl die Kommunikation als auch der soziale Kontakt zwischen Büro- und AbAp-Mitarbeitern ist unbefriedigend. Spannungen sind vor allem auf die Mehrbelastung der Büro-Kollegen und auf ihren Neid bzw. ihre Vorurteile gegenüber AbAp-Mitarbeitern zurückzuführen.

2.3.4. Führungseigenschaften des Televorgesetzten

Mitarbeiterfrage:
WIE SEHEN SIE IHREN DIREKTEN VORGESETZTEN IN BEZUG AUF FOLGENDEN ASPEKT?

	1 sehr gut	2 gut	3 befriedigend	4 mäßig	5 schlecht	6 sehr schlecht
Kompetenz in der Führung von AbAp-Mitarbeitern						

Empirische Untersuchung: Telearbeit bei der LVM Versicherung

Ergebnis:

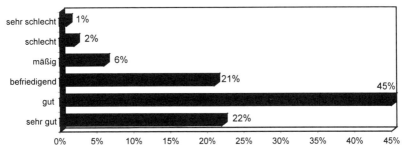

Abbildung 44[418]:
AbAp-Führungskompetenz des Vorgesetzten aus Sicht der AbAp-Mitarbeiter

Die Mitarbeitereinschätzung der allgemeinen Teleführungskompetenz ihres Vorgesetzten ist insgesamt gut (arithmetischer Mittelwert: 2,2). Allerdings bewerten 30% der AbAp-Mitarbeiter die Teleführungskompetenz ihres Vorgesetzten nur mit befriedigend bis schlecht.

Vorgesetztenfrage:

WIE SEHEN SIE FOLGENDEN ASPEKT DER ABAPS?

	1 sehr gut	2 gut	3 befriedigend	4 mäßig	5 schlecht	6 sehr schlecht
Qualität Ihrer Führung von AbAp-Mitarbeitern						

Ergebnis:

Abbildung 45[419]:
Einschätzung der eigenen AbAp-Führungsqualität

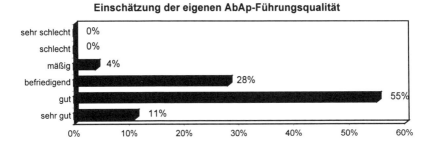

---

[418] Ergebnis der Frage 15 des Mitarbeiterfragebogens
[419] Ergebnis der Frage 14 des Vorgesetztenfragebogens

Die Vorgesetzten schätzen ihre eigene Teleführungskompetenz ebenfalls mit im Durchschnitt gut ein (arithmetischer Mittelwert: 2,2). Allerdings stufen sich auch 32% der Vorgesetzten nur mit befriedigend bis mäßig ein.

Bei der allgemeinen Einschätzung der Teleführungskompetenz der Vorgesetzten tritt bei etwa einem Drittel der Vorgesetzten und einem Drittel der AbAp-Mitarbeiter Unzufriedenheit zu Tage.

Mitarbeiter- und Vorgesetztenfrage:

WIE SEHEN SIE IHREN ABAP IN BEZUG AUF FOLGENDEN GESICHTSPUNKT? (MITARBEITER)
WIE SEHEN SIE FOLGENDEN ASPEKT DER ABAPS? (VORGESETZTE)

	1 sehr gut	2 gut	3 befriedigend	4 mäßig	5 schlecht	6 sehr schlecht
Verhältnis zu Ihrem Vorges. (Mitarb.)						
Ihr Vorgesetzten-AbAp-Mitarbeiter Verhältnis (Vorgesetzte)						

Ergebnis:

Abbildung 46[420]**:**

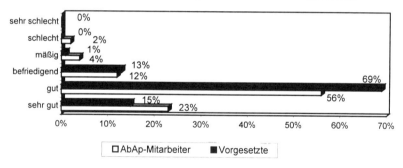

Verhältnis zwischen AbAp-Mitarbeitern und Vorgesetztem

Das Verhältnis zwischen AbAp-Mitarbeitern und Vorgesetzten wird von beiden Probandengruppen mit gut (arithmetischer Mittelwert: 2,0) bewertet. Es liegt also im zwischenmenschlichen Bereich keine Schwierigkeit vor, die auf Telearbeit zurückzuführen sein könnte.

---

[420] Ergebnis der Frage 12 des Mitarbeiterfragebogens und der Frage 14 des Vorgesetztenfragebogens

Empirische Untersuchung: Telearbeit bei der LVM Versicherung

Mitarbeiter- und Vorgesetztenfrage:

WIE SEHEN SIE DAS VERHALTEN IHRES DIREKTEN VORGESETZTEN IM VERGLEICH BÜRO- ZU ABAP-MITARBEITER? (MITARBEITER)
WAS GLAUBEN SIE, WIE SICH IHR VERHALTEN DURCH ABAP VERÄNDERT HAT? (VORGESETZTE)

	Hat sich durch AbAp verbessert	Hat sich durch AbAp nicht verändert	Hat sich durch AbAp verschlechtert	Könnte besser werden
Kollegialität				
Kooperativität				
Strenge (Hat sich durch AbAp verbessert bedeutet: weniger streng)				
Fachkompetenz				
Gerechtigkeit/ Fairneß				
Zuverlässigkeit				
Objektivität				

Ergebnis:

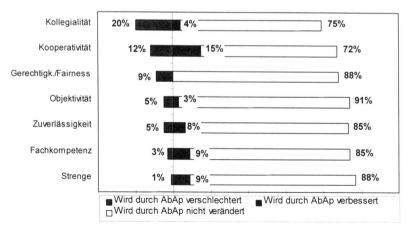

Abbildung 47[421]:
Einfluß von AbAp auf unterschiedliche Führungseigenschaften aus Sicht der Televorgesetzten

---

[421] Ergebnis der Frage 19 des Vorgesetztenfragebogens

Abbildung 48[422]:

Einfluß von AbAp auf unterschiedliche Führungseigenschaften aus Sicht der AbAp-Mitarbeiter

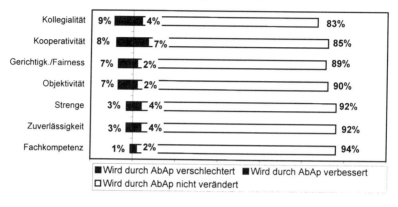

■ Wird durch AbAp verschlechtert   ■ Wird durch AbAp verbessert
□ Wird durch AbAp nicht verändert

Tabelle 16[423]:
Einfluß von AbAp auf unterschiedliche Führungseigenschaften

„Hat sich durch AbAp verbessert"

Rangfolge der Vorgesetzten	Prozent	Rangfolge der AbAp-Mitarbeiter	Prozent
Kooperativität	15	Kooperativität	7
Strenge	9	Strenge	4
Fachkompetenz	9	Kollegialität	4
		Zuverlässigkeit	4

„Hat sich durch AbAp nicht verändert"

Rangfolge der Vorgesetzten	Prozent	Rangfolge der AbAp-Mitarbeiter	Prozent
Objektivität	91	Fachkompetenz	94
Strenge	88	Zuverlässigkeit	92
Gerechtigkeit/Fairneß	88	Strenge	92

---

[422] Ergebnis der Frage 16 des Mitarbeiterfragebogens
[423] Ergebnis der Frage 16 des Mitarbeiterfragebogens und der Frage 19 des Vorgesetztenfragebogens

„Hat sich durch AbAp verschlechtert"

Rangfolge der Vorgesetzten	Prozent	Rangfolge der AbAp-Mitarbeiter	Prozent
Kollegialität	20	Kollegialität	9
Kooperativität	12	Kooperativität	8
Gerechtigkeit/Fairneß	9	Objektivität	7
		Gerechtigkeit/Fairneß	7

Die Analyse der Ergebnisse zeigt, daß die Prozentzahlen der beiden Tabellen „Hat sich durch AbAp verbessert" und „Hat sich durch AbAp verschlechtert" absolut sehr niedrig sind. Besonders bei den AbAp-Mitarbeitern bewegen sie sich ausschließlich unter 10%. Das bedeutet, daß die AbAp-Mitarbeiter - aber auch in etwas geringerem Maße ihre Vorgesetzten - kaum Veränderungen bei den erfragten Führungseigenschaften im Hinblick auf die Einführung von Telearbeit erkennen konnten.

Allenfalls bei der Kooperativität kann man auf eine Verbesserung, bei der Kollegialität hingegen auf eine Verschlechterung nach der Einführung außerbetrieblicher Arbeitsplätze schließen. Insgesamt haben sich die Führungseigenschaften der Vorgesetzten durch Telearbeit jedoch nicht wesentlich verändert.

Insgesamt läßt die Analyse der Führungseigenschaften den Schluß zu, daß es in diesem Bereich zu keinen Veränderungen durch die Einführung der Telearbeit gekommen ist. Auch absolut betrachtet ist das Verhältnis zwischen AbAp-Mitarbeitern und Vorgesetzten mit gut bewertet worden.

Die allgemeine Bewertung der Teleführungskompetenz der Vorgesetzten zeigt eine Zufriedenheit sowohl der Vorgesetzten als auch der AbAp-Mitarbeiter. Allerdings bewerten jeweils ein Drittel der Befragten diese Führungskompetenz nur mit befriedigend oder schlechter. Hier dürfen die guten Durchschnittswerte nicht über ein Problem in einer Teilmenge hinwegtäuschen.

2.3.5. Analyse der Vor- und Nachteile

Mitarbeiter- und Vorgesetztenfrage:

BITTE SCHREIBEN SIE DIE FÜR SIE ENTSCHEIDENDEN VORTEILE DES ABAP AUF. NENNEN SIE DABEI BITTE DEN WICHTIGSTEN VORTEIL AN ERSTER STELLE.

Ergebnis:

Tabelle 17[424]:
Vorteile von AbAp

Rangfolge der Vorgesetzten	%	Rangfolge der AbAp-Mitarbeiter	%
Steigerung der Arbeitsqualität	37	Einsparung von Fahrtzeiten	78
Zufriedenheit der Mitarbeiter	37	ruhiges, konzentrierteres Arbeiten	65
höhere Motivation, selbständiges Arbeiten, mehr Eigenverantwortung	19	Vereinbarkeit von Beruf und Familie	31
höhere Servicebereitschaft, längere Servicezeiten durch flexible Zeiteinteilung	17	flexible Gestaltung der Arbeitszeit	23

Zusätzlich ergibt die Auswertung, daß 21% der Vorgesetzten, aber nur 3% der Telearbeiter keine Vorteile in der neuen Form der Arbeitsorganisation sehen. Dieses Ergebnis zeigt erneut die Skepsis vieler Teleführungskräfte bezüglich außerbetrieblicher Arbeitsplätze.

Es liegt in der Natur der unterschiedlichen Funktionen, daß die Vorgesetzten andere Vorteile der Telearbeit als wichtig oder nennenswert betrachten als die AbAp-Mitarbeiter. So sind die Vorgesetzten vor allem mit der Steigerung der Arbeitsqualität durch Telearbeit zufrieden. Die Ursachen für diese Verbesserung werden ebenfalls gleich als Vorteile angegeben: die gesteigerte Zufriedenheit der AbAp-Mitarbeiter und ihre höhere Motivation durch mehr Selbständigkeit und Eigenverantwortung bei der Arbeit. Außerdem sehen die Vorgesetzten noch einen Vorteil in der höheren Servicebereitschaft des LVM, hervorgerufen durch längere Servicezeiten, die durch die flexible Zeiteinteilung der Telearbeit ermöglicht werden.

Die AbAp-Mitarbeiter sehen in der Telearbeit vor allem ihre individuellen, direkten Vorteile. Dabei hat die Einsparung der Fahrzeiten mit Abstand die größte Bedeutung, aber auch die Möglichkeit des ruhigen und konzentrierten Arbeitens wird hoch eingeschätzt. Die Vereinbarkeit von Beruf und Familie folgt mit 30% auf Platz drei der Rangliste, gefolgt von der Flexibilität bei der Zeiteinteilung.

Wichtig im Hinblick auf die Motivation ist bei diesem Ergebnis, daß sowohl die Telearbeiter als auch ihre Vorgesetzten Vorteile der außerbetrieblichen Arbeit erkennen.

---

[424] Ergebnis der Frage 10 des Mitarbeiterfragebogens und der Frage 8 des Vorgesetztenfragebogens

Interessant ist dabei, daß die Vorgesetzten die gesteigerte Motivation der AbAp-Mitarbeiter sozusagen als Ergebnis der Telearbeit explizit anführen, während die Telearbeiter die Gründe für diese Motivationssteigerung, nicht aber die Motivationssteigerung selbst als Vorteile nennen.

Mitarbeiter- und Vorgesetztenfrage:
BITTE SCHREIBEN SIE NUN DIE FÜR SIE ENTSCHEIDENDEN NACHTEILE DES ABAP AUF. NENNEN SIE DABEI BITTE DEN WICHTIGSTEN NACHTEIL AN ERSTER STELLE.

Ergebnis:

Tabelle 18[425]:
Nachteile von AbAp

Rangfolge der Vorgesetzten	%	Rangfolge der AbAp-Mitarbeiter	%
mangelnde Präsenz, kein direkter Kontakt, nur telefonisch erreichbar	29	mangelnder sozialer Kontakt	27
erhöhter Verwaltungs-/Koordinationsaufwand	29	mangelhafte Telefonfunktion (Ringschaltung)	16
Kommunikationsprobleme, mangelnder Informationsfluß, Mehrfachbesprechungen	21	sonstige technische Probleme (überforderte DV, EDV Abstürze, lange Antwortzeiten)	15
verzögerte Arbeitsabläufe, zeitversetzte Rücksprache, Verlangsamung von Entscheidungen	19	Kommunikationsprobleme, mangelnder Informationsfluß, Mehrfachbesprechungen	13
mangelhafte Kontrollmöglichkeiten	16	kein Aktenzugriff, Transport der Akten, Kollegen müssen im Büro gestört werden	13

Zusätzlich ergab die Auswertung der Frage, daß 13% der Vorgesetzten und 25% der AbAp-Mitarbeiter keine Nachteile von Telearbeit sahen. Auch dieses Ergebnis bestätigt die große Euphorie der Telearbeiter und im Vergleich dazu eine eher skeptische Zurückhaltung der Vorgesetzten bezüglich der neuen Form der Arbeitsorganisation.

Nachteile von außerbetrieblichen Arbeitsplätzen sehen die Vorgesetzten vor allem in der mangelnden Präsenz der Mitarbeiter im Büro. Der fehlende direkte Kontakt erhöht gleichsam den Verwaltungs- und Koordinationsaufwand und erschwert die Kommunikation und den Informationsfluß. Mehrfachbesprechungen und verzögerte Arbeitsabläufe sind die Folge, die Entscheidungsgeschwindigkeit wird reduziert. 16% der Vorgesetzten nennen außerdem mangelhafte Kontrollmöglichkeiten als einen wesentlichen Nachteil der Telearbeit.

Für die AbAp-Mitarbeiter ist der mit Abstand größte Nachteil der Telearbeit der reduzierte soziale Kontakt. An zweiter Stelle folgt das spezielle technische Problem der fehlenden Ringschaltung beim Telefon, gefolgt von allgemeinen technischen Problemen wie beispielsweise die Überforderung der EDV-Anlage, die sich in langen Antwortzeiten und Abstürzen der Software manifestiert. Die Kommunikations- und Informationsprobleme werden von den Mitarbeitern genauso wie von den Vorgesetzten als Nachteil der Telearbeit angeführt. Außerdem ist für erstere aber auch die praktische Umsetzung der Telearbeit nachteilig: Da das papierlose Büro noch nicht existiert, müssen Akten an den außerbetrieblichen Arbeitsplatz transportiert und zusätzlich bei Bedarf Bürokollegen um Hilfe gebeten werden.

Mitarbeiter- und Vorgesetztenfrage:
WIE STELLT SICH IHRE ABAP-TÄTIGKEIT FÜR SIE ZUSAMMENFASSEND DAR?
○ Es überwiegen die Vorteile.
○ Es überwiegen eher die Vorteile.
○ Vor- und Nachteile gleichen sich aus.
○ Es überwiegen eher die Nachteile.
○ Es überwiegen die Nachteile.

Ergebnis:

Abbildung 49[426]:

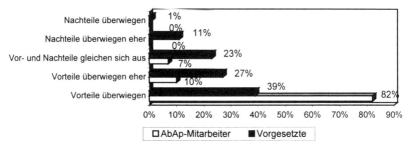

---

[425] Ergebnis der Frage 11 des Mitarbeiterfragebogens und der Frage 9 des Vorgesetztenfragebogens
[426] Ergebnis der 27 des Mitarbeiterfragebogens und der Frage 28 des Vorgesetztenfragebogens

Insgesamt überwiegen für 82% der AbAp-Mitarbeiter die Vorteile. Für weitere 10% überwiegen eher die Vorteile.

Die Vorgesetzten hingegen sind mit Telearbeit nicht ganz so zufrieden. Nur bei 39% der Vorgesetzten kann eine uneingeschränkte Zustimmung zur Telearbeit registriert werden. Bei 27% überwiegen immerhin noch eher die Vorteile. Allerdings gleichen sich bei einem Drittel der Vorgesetzten die Vor- und Nachteile aus, oder die Nachteile überwiegen sogar die Vorteile.

Die genannten Nachteile der Telearbeit sind zwar sowohl für Vorgesetzte als auch für AbAp-Mitarbeiter unerfreulich; die Telearbeiter selbst haben aber diesen Nachteilen individuelle, persönlich Vorteile entgegenzusetzen, die die beruflich-organisatorischen Nachteile erträglich werden lassen. Lediglich der mangelnde soziale Kontakt liegt auf der gleichen persönlichen Ebene wie die Vorteile der Telearbeit. Wirklich motivierend sind für die AbAp-Mitarbeiter ihre persönlichen Vorteile. Die Nachteile können diese Motivationswirkung aufgrund ihres geringen Bezugs zum Privatleben des Mitarbeiters - mit Ausnahme des reduzierten sozialen Kontakts - nicht aufheben.

Die Vorgesetzten hingegen erfahren aus der Telearbeit keine persönlichen, direkten Vorteile. Für sie sind die Vorteile allgemeiner beruflicher, also indirekter Art. Die Nachteile der erschwerten Führungsaufgabenerfüllung durch Telearbeit liegen also für den Vorgesetzten auf der gleichen Ebene wie die Vorteile. Man könnte deshalb von einer möglichen Neutralisierung der Vorteile durch die auftretenden Nachteile sprechen, die sich auf die Motivation der Vorgesetzten auswirkt.

2.3.6. Zusammenfassung der Ergebnisse

Zusammenfassend läßt sich die Motivationssituation der AbAp-Mitarbeiter mit sehr gut und die ihrer Vorgesetzten mit etwas weniger gut beschreiben. Die Erklärung dafür liegt in der Telearbeit selbst. Die Eigenschaften der Telearbeit schaffen für die Mitarbeiter ganz persönliche, individuelle Vorteile, die sich direkt positiv auf ihre Lebensqualität auswirken. Diese Vorteile, die gleichzeitig auch die Beweggründe der Mitarbeiter für die Teilnahme an dem Telearbeitsprogramm darstellen, wirken in höchsten Maße motivierend. Diese Motivation kann durch die durchaus vorhandenen Nachteile aber nicht beeinträchtigt werden, da die Nachteile beruflich-organisatorischer Art sind und die Lebensqualität des Mitarbeiters nur indirekt betreffen. Eine Ausnahme stellt hier der reduzierte soziale Kontakt dar, der von den AbAp-Mitarbeitern als nachteilig empfunden wird. Allerdings wiegt dieser reduzierte soziale Kontakt aufgrund des vom LVM gewählten alternierenden Telearbeitsmodell nicht besonders stark. Die Nachteile der Telearbeit können also folglich die vom AbAp-Mitarbeiter empfundenen Vorteile nicht antasten. Die Motivationswirkung der Telearbeit auf die AbAp-Mitarbeiter ist deshalb sehr groß.

Bei den Vorgesetzten hingegen fehlen die persönlichen, individuellen und direkten Vorteile der Telearbeit. Natürlich sehen die Führungskräfte auch Vorteile, diese sind aber alle indirekter Art und betreffen beruflich-organisatorische Dinge oder das Unternehmen im allgemeinen. Die von den Vorgesetzten empfundenen Nachteile sind aber ebenfalls alle beruflich-organisatorischer Natur. So scheint es naheliegend, daß der Vorgesetzte keine nachhaltige Motivationssteigerung aus der Telearbeit erfährt, da sie durch die neu entstandenen Nachteile und Probleme wieder neutralisiert wird.

Ein Problem manifestiert sich auch bei dem Verhältnis zwischen Büromitarbeitern und Telearbeitern. Negative Einstellungen der Büromitarbeiter hinsichtlich Telearbeit, schlechtere Kommunikation und weniger sozialer Kontakt mit den AbAp-Mitarbeitern belasten das Arbeitsklima in den Abteilungen. Spannungen sind vor allem auf die Mehrbelastung der Büromitarbeiter und auf ihren Neid bzw. ihre Vorurteile gegenüber den AbAp-Mitarbeitern zurückzuführen.

Im Bereich der Führungseigenschaften konnten keine telearbeitsinduzierten Veränderungen festgestellt werden. Das zwischenmenschliche Verhältnis zwischen AbAp-Mitarbeitern und ihren Vorgesetzten ist mit gut bewertet worden. Außerdem ist festzuhalten, daß durch die Einführung von Telearbeit keine Verschlechterung der beruflichen Entwicklungsmaßnahmen bemerkt wurde.

VII. Teil: Perspektiven und Lösungsansätze für die Führungspraxis

1. Kritische Gegenüberstellung der empirischen und theoretischen Untersuchungsergebnisse

Im folgenden Abschnitt sollen die Ergebnisse der Untersuchung beim LVM (vgl. Teil VI) mit den im V. Teil erarbeiteten telearbeitsinduzierten Führungsanforderungen verglichen werden. Ziel ist es dabei, insbesondere die abweichenden Ergebnisse herauszuarbeiten.

Aufgabenorientierte Führung

Die beim LVM befragten Telearbeiter decken mit den von ihnen erfüllten Funktionen das ganze Spektrum von Unterstützungskräften über Sachbearbeiter und Fachkräfte bis hin zu Führungskräften ab. Diese Verteilung zeigt, daß ein Dezentralisierungspotential bei allen Funktionen nicht nur theoretisch vorhanden ist, sondern praktisch genutzt werden kann. Dabei kommt der Auswahl des für Telearbeit geeigneten Arbeitsplatzes beim LVM nur eine geringe Bedeutung zu. Die Initiative geht vielmehr vom jeweiligen Mitarbeiter aus.

Beim LVM muß der Mitarbeiter von sich aus den Wunsch nach einem Telearbeitsplatz äußern. Dieses Vorgehen gewährleistet zum einen die Freiwilligkeit und Motivation des zukünftigen Telearbeiters, zum anderen fällt die Analyse des Dezentralisierungspotentials eines Arbeitsplatzes der Person zu, die die Anforderungen und Abläufe dieses Arbeitsplatzes am besten kennt. Hier ist eine Abweichung zum theoretischen Teil festzustellen, der diese Aufgabe der jeweils zuständigen Führungskraft zugeordnet hat.

Der Auswahl des geeigneten Telearbeiters lassen die Vorgesetzten beim LVM eine große Bedeutung zukommen. Im Gegensatz dazu wurde im theoretischen Teil - unter Hinweis auf den mündigen, verantwortungsbewußten Arbeitnehmer - die letztendliche Entscheidung für eine Teilnahme am Telearbeitsprogramm dem Mitarbeiter selbst zugesprochen. Da es aber keine Unzufriedenheit seitens der Telearbeiter mit der Fairneß bei der Telearbeitsplatzgenehmigung durch den Vorgesetzten gibt, scheint der vom LVM gewählte Weg in der Praxis durchaus gangbar zu sein. Vorteilhaft an diesem Vorgehen ist außerdem, daß die Vorgesetzten durch die Auswahl der geeigneten Telearbeiter eine neue Aufgabe bekommen, die die Angst vor einem Bedeutungsverlust im Rahmen von Telearbeit etwas reduziert und damit den möglicherweise daraus resultierenden anfänglichen Widerstand verringern kann.

Die Schulung im Hinblick auf Telearbeit fällt beim LVM deutlich zurückhaltend aus. Hierbei ist nicht nur die Vorbereitung der Telearbeiter, sondern auch die ihrer Vorgesetzten gemeint. Daraus ergibt sich vor allem das Problem, daß die Organisationsanforderungen der neuen Arbeitsform im voraus nicht avisiert und besprochen werden. Es handelt sich hierbei um die erschwerte Information und Kommunikation gerade auch im Hinblick auf die Organisation von Teambesprechungen, die bei Telearbeit besonderer planerischer Talente bedarf.

Auch die Koordination der Arbeitsplätze untereinander stellt durch die Einrichtung außerbetrieblicher Arbeitsplätze eine neue Herausforderung für alle Beteiligten dar. Das Instrument der Planung gewinnt zunehmend an Bedeutung und findet in der Führung mit Zielvereinbarungen seine Anwendung. Dieses Führungsmodell läßt sich aber nicht einfach implementieren, sondern bedarf umfangreicher vorbereitender und begleitender Maßnahmen. Bei richtiger Anwendung kann das Kontrollproblem zwischen Telemitarbeitern und ihren Vorgesetzten dann durch Vertrauen und zielorientierte Kontrolle gelöst werden.

Die beruflichen Entwicklungsperspektiven stellen für die Telearbeiter des LVM keinen Unsicherheitsfaktor dar. Die Kommunikation bezüglich der völligen Gleichbehandlung von Telearbeitern mit Büromitarbeitern hat in diesem Punkt sein Ziel erreicht.

Die fehlende Führung durch Zielvereinbarungen beim LVM macht auch eine zielorientierte Leistungsbeurteilung unmöglich. Für die ergebnisorientierte Kontrolle ist es erforderlich, daß die Leistungsziele der Mitarbeiter im Rahmen von Zielvereinbarungen operationalisierbar gemacht werden. Dazu müssen Leistungsstandards vereinbart werden, die die Ziele dahingehend präzisieren, daß sie angeben, unter welchen Bedingungen ein Ziel als erreicht gilt. Diese Vorgaben können dann relativ einfach mittels Leistungsbeurteilungen überprüft werden.

Da die ergebnisorientierte Kontrolle beim LVM noch nicht existiert, ist die Unzufriedenheit der Vorgesetzten mit den ihnen zur Verfügung stehenden Kontrollinstrumenten (vgl. Abschnitt 2.2.2. „Umsetzung") nur verständlich.

Vergütungsfragen sind in Deutschland ein Thema der Gewerkschaften und Betriebsräte. Die Tarifgebundenheit der meisten Unternehmen macht flexible Lohn- und Gehaltsstrukturen nahezu unmöglich. So verwundert es auch nicht, wenn der Betriebsrat des LVM zwar der Telearbeit als Organisationsform und damit zusammenhängenden Forschungsarbeiten zustimmt und diese unterstützt, allerdings bei telearbeitsorientierten Vergütungsmodellen keinerlei Diskussionsbereitschaft, geschweige denn Kooperationsbereitschaft zeigt. Die im Rahmen der durchgeführten Untersuchung zum Thema Vergütung gestellte Frage mußte deshalb auch so abstrakt gestellt werden, daß das Ergebnis (vgl. 2.2.2. „Umsetzung") im Grunde nicht aussagefähig ist. Allerdings kann hinter der ablehnenden Haltung der Telearbeiter und Vorgesetzten hinsichtlich einer Anpassung des Tarifvertrages an die Telearbeit auch die Angst vor einer möglichen Verschlechterung der eigenen Situation stehen. Diese Angst könnte die Chancen, die aus einer flexibleren Vergütungsform resultieren, verblassen lassen. Diese Erklärung scheint besonders vor dem Hintergrund der einseitigen Problemdarstellung seitens des Betriebsrates denkbar.

Mitarbeiterorientierte Führung

Die Motivationssituation der Telearbeiter beim LVM läßt sich mit sehr gut, die der Vorgesetzten mit etwas weniger gut beschreiben. Die Ursache liegt in erster Linie in dem von Wunderer (1997) entwickeltem Identifikationsmodell der Motivation[427] (vgl. Teil V. Abschnitt 2.3 „Motivation durch Identifikation"). Die Telearbeiter verwirklichen durch die neue Arbeitsform ihre persönlichen Werte und werden dadurch motiviert. Für die Vorgesetzten gibt es hingegen keine solchen Identifikationsaspekte der Telearbeit. Ihre Werte werden durch Telearbeit ihrer Mitarbeiter nicht direkt realisiert. Deshalb ist die Motivation der Teleführungskräfte geringer als die der Telearbeiter.

---

[427] Vgl. Wunderer, R. (1997), S. 130.

Des weiteren spielt auch die intrinsische Motivation eine Rolle, die den Mitarbeiter überhaupt dazu bewegt, sich um einen Telearbeitsplatz zu bewerben. Die Produktivitätssteigerungsrate konnte in diesem Zusammenhang zwar noch nicht eindeutig beziffert werden, die Steigerung der Leistungsqualität wurde aber von den Vorgesetzten als entscheidender Vorteil der Telearbeit angeführt (Vgl. Abschnitt 2.3.5. „Analyse der Vor- und Nachteile")

Die Motivation der Telearbeiter durch Zielvereinbarungen und dem daraus resultierenden Vertrauen konnte beim LVM nicht festgestellt werden, da das Modell der Führung durch Zielvereinbarungen bisher nicht umgesetzt wurde. Dies ist auch der wesentliche Grund dafür, warum die Vorgesetzten den Telearbeitern am außerbetrieblichen Arbeitsplatz nicht vollkommen vertrauen.

Ein weiterer Aspekt, der bei der theoretischen Analyse nicht genügend berücksichtigt worden ist, betrifft die Büromitarbeiter im Rahmen der Telearbeit. Obwohl sie zunächst gar nicht unmittelbar von der neuen Organisationsform betroffen sind, so zeigen sich mittelbar deutliche Auswirkungen. Neid und Vorurteile seitens der Büromitarbeiter bewirken zusammen mit einer Mehrbelastung aufgrund von organisatorischen und technischen Fehlplanungen Spannungen zwischen den Mitarbeitern einer Abteilung. Der soziale Kontakt wird reduziert, das Betriebsklima leidet und die Leistungen könnten im schlechtesten Fall zurückgehen.

Die Bedeutung der Unternehmenskultur spielt in sofern eine große Rolle, da sie durchaus unter der Einführung von Telearbeit leiden kann. Die aufgetretenen Spannungen zwischen Büromitarbeitern und Telearbeitern beim LVM beeinträchtigen das starke Zusammengehörigkeitsgefühl der Arbeitnehmer, das Grundlage für eine ausgeprägte Unternehmenskultur ist. Ein schlechtes Betriebsklima läßt keine ausgeprägte Unternehmenskultur zu, da jeder versucht, für sich das beste herauszuholen, und dabei gemeinsame Werte und Traditionen verloren gehen.

2. Lösungsansätze

Es bedarf konkreter Maßnahmen, um die Lücke zwischen notwendigen Führungsanforderungen und tatsächlichen Führungsinstrumenten zu schließen.

Die Umsetzung der zielorientierten Führung ist von zentraler Bedeutung für eine erfolgreiche Telearbeit. Durch die Vereinbarung von Leistungszielen wird Vertrauen in und Kontrolle von Telearbeit erst möglich. Zudem werden zielorientierte und damit für Telearbeit sinnvolle Vergütungsalternativen möglich.

Zudem ist es notwendig, verbesserte anfängliche Schulungen aller an Telearbeit Beteiligten durchzuführen. Vorrangiges Ziel dieser Schulung muß es sein, organisatorische Inhalte der Telearbeit wie zum Beispiel die Bedeutung der zielorientierten Führung, der Planung, der Kommunikation und Information, der Organisation von Teambesprechungen, etc. zu klären. Mit Schulungen zu diesen Inhalten, die sowohl Telearbeiter, Büromitarbeiter und Vorgesetzte umfassen, kann die Umsetzung von Telearbeit verbessert und durch neue Komponenten ergänzt werden. Mit diesen Maßnahmen wird gleichzeitig auch die generelle Arbeitsorganisation optimiert.

Die Einrichtung von regelmäßigen abteilungsinternen Gesprächsterminen (einem sogenannten „jour fix"), an denen alle Abteilungsmitglieder teilnehmen müssen, ist im Rahmen einer Verbesserung der Information und Kommunikation notwendig. Zweck dieser Gesprächsrunden ist vor allem die gemeinsame inhaltliche und organisatorische Lösung auftretender Probleme.

Des weiteren ist die Institutionalisierung eines Erfahrungsaustausches nach Einführung der Telearbeit empfehlenswert. Diese abteilungsübergreifenden Gespräche verbessern ebenfalls den Informationsfluß, helfen den sozialen Kontakt und die Kommunikation zu verbessern, können Vorurteile und Mißverständnisse abbauen und Verbesserungsmaßnahmen generieren.

Entscheidend hinsichtlich des Betriebsklimas und der Unternehmenskultur ist, daß es bei der Vorbereitung und Umsetzung von Telearbeit auch einer Berücksichtigung der auf den ersten Blick „nicht direkt betroffenen" Büromitarbeiter bedarf. Es ist wichtig, diesen Mitarbeitern grundlegende Informationen über die neue Form der Arbeitsorganisation zu geben und sie in abteilungsinterne und -übergreifende Gespräche mit einzubeziehen. Es muß eine neue Unternehmenskultur geschaffen werden, bei der durch Informationen und Erfahrungsaustausch sowohl Vorurteile abgebaut und Spannungen reduziert und als auch organisatorische Maßnahmen eingeleitet werden, damit es zu einer fairen Verteilung des Arbeitsvolumens auf Büro- und Telearbeiter kommt.

Hinsichtlich dieser gerechteren Arbeitsverteilung ist die technische Verfügbarmachung von Informationen ein wesentlicher Aspekt. Diese Komponente umfaßt neben der Realisierung des papierarmen Büros auch die Telefonfunktionen, die eine telekommunikative Anbindung der Telearbeiter an das Büro ermöglichen. Dabei sollte auch über Videokonferenzsysteme oder Bildtelefone nachgedacht werden.

Zentral ist - neben der Einbeziehung der Büroarbeiter – auch die intensive Schulung und Vorbereitung der Vorgesetzten. Sogar eine Eignungsauswahl scheint in vielen Fällen angebracht zu sein, damit der Erfolg des Projektes nicht an Führungskräften scheitert, die ihren Mitarbeitern nur unter direkter Kontrolle Leistung zutrauen.

Zur Motivationssteigerung der Vorgesetzten müssen direkte Motivationsquellen geschaffen werden. Eine Möglichkeit ist es, die Vorgesetzten selbst in flexiblem Maße am außerbetrieblichen Arbeitsplatz arbeiten zu lassen. Dadurch würden neben den nachhaltig persönlichen Vorteilen auch Erfahrungen seitens der Vorgesetzten gesammelt, die bei der Lösung von Konflikten oder organisatorischen Problemen sehr hilfreich sein könnten. Es wären aber unter Umständen auch andere direkte Motivationsquellen für Teleführungskräfte denkbar.

Schluß

1. Ergebnisse

Gegenstand der Arbeit war die Untersuchung der Telearbeit hinsichtlich der mit ihr verbundenen veränderten Führungsanforderungen. Dabei wurde die Untersuchung auf die **alternierende Form** der Telearbeit konzentriert. Diese Erscheinungsform, bei der der Arbeitsplatz zwischen Büro und Wohnstätte wechselt, hat aufgrund der überwiegenden Vorteilhaftigkeit für alle Beteiligten die größten Zukunftschancen.

Die Führungsprobleme bei Telearbeit treten insbesondere im Bereich der **qualifizierten Sachbearbeitung** auf. Bei hochqualifizierter Telearbeit handelt es sich hauptsächlich um Spezialisten und Fachkräfte mit Spezialwissen. Diese „Knowledge Worker" sind aufgrund ihrer Tätigkeit meist intrinsisch motiviert und arbeiten überwiegend selbständig an zumeist in sich abgeschlossenen Aufgaben. Die Anforderungen an die Führung dieser Arbeitnehmer werden durch die Einführung von alternierender Telearbeit kaum verändert. Die unqualifizierten Telearbeiter, die zumeist im Bereich der Texterfassung oder -bearbeitung tätig sind, stellen auch nur verhältnismäßig niedrige Anforderungen an die Führungskraft. Die meist nur extrinsisch motivierten Arbeitnehmer bedürfen klarer Ziele. Da die Arbeitsergebnisse leicht quantifizierbar sind, stellt die Zielformulierung und die Ergebniskontrolle kein Problem dar.

Die Führung der qualifizierten Sachbearbeiter ist hingegen eine Herausforderung für die Führungskräfte. Die Teamarbeit darf unter der Telearbeit nicht leiden, der reibungslose Arbeitsablauf muß sowohl innerhalb der Abteilung als auch an den Schnittstellen zu anderen Abteilungen im Unternehmen gewährleistet bleiben. Die Formulierung von Zielen ist anspruchsvoll, da die Arbeitsergebnisse nicht einfach quantifiziert werden können und von diversen Rahmenbedingungen abhängen. Zudem ist der Bedarf an Kommunikation und Informationsaustausch unter Kollegen und mit dem Vorgesetzten im Bereich der qualifizierten Sachbearbeitung meist hoch.

Auf der Seite der Führungskräfte wurde die **mittlere Führungsebene** als Untersuchungsobjekt identifiziert. Die Führungsspitze muß der Telearbeit gegenüber grundsätzlich positiv eingestellt sein, damit die dezentrale Arbeitsform überhaupt im

Unternehmen eingeführt werden kann. Die untersten Führungskräfte sind so nah an den Bedürfnissen und Wünschen der fast durchgehend pro Telearbeit eingestellten Arbeitnehmer, daß sie die Telearbeit ebenfalls überwiegend unterstützen. Die mittleren Führungskräfte hingegen werden durch die Einführung von Telearbeit in ihren Abteilungen stark verunsichert. Da sie die Verantwortung für das Arbeitsergebnis ihrer Mitarbeiter tragen, befürchten sie, daß durch die Einführung von Telearbeit, verbunden mit schlechteren Kontrollmöglichkeiten, die Arbeitnehmer weniger leisten und die Führungskraft ihren Einfluß auf diese Leistung verliert. Schlechtere Abteilungsergebnisse würden aber direkt auf den Vorgesetzten zurückfallen, der sich deshalb gegen die Einführung oder Unterstützung von Telearbeit wehrt.

Die **zielorientierte Führung** ist das wichtigste Instrument zur Bewältigung der veränderten Führungssituation bei Telearbeit. Neben der Strukturierung der Arbeit durch die Zielformulierung, die dem Telearbeiter ein selbständigeres Arbeiten ermöglicht, wird die Selbstmotivation zur Zielerreichung gefördert. Die Kontrolle der Leistung ist aufgrund der Ziele objektiviert und erfolgt zu festgelegten Terminen. Auch die **Vergütung** läßt sich zielorientiert und damit telearbeitsadäquat gestalten. Die Anforderungen an die Führungskraft steigen durch dieses „Management by Objectives" zwar an, sind die Ziele aber einmal vereinbart, so reduziert sich der tägliche Führungsaufwand erheblich. Der Vorgesetzte hat mehr Zeit sich um die Kommunikation mit den Mitarbeitern zu kümmern und grundsätzliche Entscheidungen zu treffen.

Trotz der zielorientierten Führung kommt dem **Vertrauen** zwischen Vorgesetztem und Telearbeiter eine große Bedeutung zu. Ohne eine grundsätzlich positive Einstellung zur Leistungsbereitschaft der Mitarbeiter seitens der Führungskraft kann Telearbeit auf Dauer nicht erfolgreich praktiziert werden. Es ist deshalb besonders wichtig die mittleren **Führungskräfte** im Vorfeld zu **schulen** und soweit es möglich ist, selbst zumindest zeitweise Telearbeit **praktizieren** zu lassen, um ihr Verständnis für die Arbeitsform zu sensibilisieren.

Auch sind **Schulungen der Telearbeiter und der indirekt betroffenen Büromitarbeiter** für eine erfolgreiche Telearbeit unverzichtbar. Durch intensive Vorbereitungsmaßnahmen können viele Probleme von Anfang an verhindert werden.

Der **Information und Kommunikation** kommt eine ganz besonders große Bedeutung bei der erfolgreichen Führung von Telearbeitern zu. Der Informationsaustausch kann nur durch ein gut funktionierendes „**Wissensmanagegement**" gewährleistet werden. Das Intranet spielt dabei auf der technischen Seite eine große Rolle. Aus organisatorischer Sicht ist insbesondere die **Kultur der lernenden Unternehmung** maßgeblich für die Bereitschaft zur Weitergabe des eigenen Wissens und die Nutzung des unternehmensintern und –extern zur Verfügung stehenden Wissens. In diesem Bereich kommt dem Verhalten der Führungskraft eine Vorbildfunktion für die Mitarbeiter zu.

Hinsichtlich der Kommunikation ist die Institutionalisierung von regelmäßigen abteilungsinternen **Teambesprechungen mit allen Team-Mitarbeitern** und abteilungsübergreifenden **Erfahrungsaustausch-Gesprächen** notwendig.

Eine weiteres Handlungsfeld der Führungskräfte entsteht durch die Einführung von Telearbeit bei den Mitarbeitern, die weiterhin ausschließlich im Büro arbeiten werden. Durch Telearbeit wird gewissermaßen eine „**Zwei-Klassen-Gesellschaft**" begründet: Auf der einen Seite stehen die Telearbeiter und auf der anderen die Büromitarbeiter. Letztere fühlen sich durch die Telearbeit benachteiligt, sie sind neidisch und werden teilweise tatsächlich mehr belastet. Diesen Nachteilen stehen den Büromitarbeitern keine Vorteile durch die neue Form der Arbeitsorganisation entgegen. Die Folgen können von abteilungsinternen Spannungen bis zu einer Verschlechterung des **Betriebsklimas** reichen. Die Führungskräfte müssen hier durch verstärkte Kommunikation und Besprechungen sowie durch eine gerechte Arbeitsbelastung das Teamgefühl aufrechterhalten.

Dabei ist eine gute **technische Ausstattung** die Grundvoraussetzung für eine erfolgreiche Telearbeit. Obwohl die IuK-Technologie heute die notwendigen Funktionen und Kapazitäten ohne weiteres zur Verfügung stellen kann, ist doch die Technik teilweise immer noch der Grund für auftretende Probleme. Führungskräfte sind gefordert technische Komplikationen durch den Einsatz angemessener Technik und die Unterstützung von Spezialisten zu verhindern.

Hinsichtlich des Erfolgs von Telearbeit kommt abschließend der **strategischen Ausrichtung** der gesamten Unternehmung eine zentrale Rolle zu. Wird die dezentrale

Form der Arbeitsorganisation nur vereinzelt in Unterstützungsabteilungen nicht aber in zentralen Bereichen des Unternehmens eingeführt und wird Telearbeit nur als frauenspezifischen Thema verstanden, so wird sich der Erfolg aus betriebswirtschaftlicher Sicht nicht einstellen können. Das Unternehmen muß sich in seiner strategischen Ausrichtung zu dezentraler Arbeit und den dafür notwendigen Maßnahmen wie Wissensmanagement und Kultur der lernenden Unternehmung bekennen. Telearbeit kann nicht erfolgreich für ein Unternehmen sein, wenn es nicht mit voller Aufmerksamkeit und Konsequenz umgesetzt wird.

2. Schlußfolgerungen

Um eine größere Akzeptanz und Verbreitung von Telearbeit in Deutschland zu erreichen, mußten die spezifischen Anforderungen, die die Telearbeit an das mittlere Management stellt, sowie die dadurch ausgelösten Fragen und Ängste zunächst detailliert theoretisch analysiert werden. Die empirische Untersuchung der Praxis machte einen Vergleich der theoretisch notwendigen mit den praktisch realisierten Teleführungsanforderungen möglich. Zur Behebung der festgestellten Defizite zwischen Theorie und Praxis konnten konkrete Lösungsansätze für die Probleme der mittleren Führungsebene herausgearbeitet werden. Bei einer Umsetzung dieser Lösungsansätze würde ein wesentlicher Hemmfaktor der Akzeptanz und Verbreitung von Telearbeit in Deutschland entfallen.

Der in der Arbeit verwandte Terminus der „telearbeitsinduzierten Führungsanforderungen" sollte verdeutlichen, daß diese Führungsanforderungen für eine erfolgreiche Durchführung von Telearbeit notwendige Bedingung ist. Ohne diese Führungsinstrumente wird sich Telearbeit in den einzelnen Unternehmen und in Deutschland allgemein nicht wesentlich weiter verbreiten können. Gleichzeitig sind die telearbeitsinduzierten Führungsanforderungen aber auch für die aktuelle Führung von zentralen Arbeitnehmern von Bedeutung. Zwar sind die Führungsanforderungen im Gegensatz zur Telearbeit nicht zwingend notwendig für die Abwicklung des Tagesgeschäftes in herkömmlichen zentralisierten Organisationen, sie verbessern jedoch die Qualität des Führungsprozesses erheblich und dienen somit dem Unternehmen insgesamt im Hinblick auf Arbeitnehmerzufriedenheit, -produktivität und Unternehmenszielerreichung. Damit sind die telearbeitsinduzierten Führungsanforderungen notwendig für Telearbeit, aber auch sinnvoll für alle zentralisierten Arbeitsformen.

Telearbeit kristallisiert bestehende Führungsdefizite zentralisierter Organisationsformen heraus. Damit trägt die Analyse der Telearbeit und speziell der mit ihr verbundenen Führungsherausforderung zu einem gegenwartsorientierten Verständnis von Arbeit und den am Arbeitsprozeß beteiligten Menschen bei.

3. Zusammenfassung

Telearbeit ist eine dezentrale Form der Arbeitsorganisation, die Vorteile sowohl aus Sicht aller Beteiligten als auch für die Gesamtgesellschaft bringt. Obwohl Telearbeit heute technisch möglich ist, verbreitet sie sich in Deutschland vergleichsweise nur zögerlich. Der Grund dafür liegt vornehmlich in der mittleren Führungsebene. Zweifel und Ängste der Televorgesetzten bezüglich der Vorbereitung und Umsetzung der neuen Form der Arbeitsorganisation lassen Pilotprojekte zu Mißerfolgen werden oder blockieren ihre Durchführung von Anfang an.

Ein Ziel der Arbeit war es dazu beizutragen, daß die aufgezeigten Führungshemmnisse verringert oder überwunden werden. Um das zu erreichen wurden die Anforderungen an die Führung von Telearbeitern zunächst theoretisch aus dem Transaktionskostenansatz bestimmt. Dabei mußte eine Lücke in der Theorie insofern überwunden werden, als es keine aktuellen Mitarbeiterführungstheorien gibt, die auf die Anforderungen der Telearbeit passen. Anschließend erfolgte die Analyse der Teleführung in der Praxis mittels einer empirischen Untersuchung. Der Vergleich zwischen Theorie und Praxis zeigt Defizite auf, zu deren Überwindung schließlich Lösungsansätze herausgearbeitet werden konnten.

Die Anforderungen an die Teleführung wurden in aufgaben- und mitarbeiterorientierte Aspekte untergliedert. Der aufgabenorientierte Aspekt umfaßt die Auswahl des geeigneten Arbeitsplatzes und die Vorbereitung des Telearbeiters, die Koordination, die zielorientierte Führung und Kontrolle, die Bedeutung der Information und des Wissensmanagements und die Kommunikation.

Als mitarbeiterorientierte Anforderungen an Teleführung wurden die leistungsorientierte Vergütung, die intrinsische Motivation und Produktivitätssteigerung, die Motivation durch Identifikation, die Bedeutung der Unternehmenskultur und des Betriebsklimas, das Verhältnis zwischen Telearbeiter und Televorgesetztem und die Bedeutung der Unternehmensführung herausgearbeitet.

Die empirische Erhebung konnte Problemfelder in der praktischen Umsetzung der Teleführung aufzeigen und daraus Lösungsansätze ableiten. Defizite im Bereich der aufgabenorientierten Führung konnten bei der zielorientierten Führung insgesamt, der anfänglichen Schulungen, der Information und Kommunikation und der Organisation von Teambesprechungen festgestellt werden. Hinsichtlich des mitarbeiterorientierten Teleführungsaspektes liegen die Probleme der Praxis vor allem in der Motivation der Vorgesetzten und in der mangelhaften Einbeziehung der Büroarbeiter in den gesamten Prozeß der Telearbeitsimplementierung. Die Vergütungsproblematik bei Telearbeit wurde erörtert und die Forderung nach einem flexiblen, zielorientierten Vergütungssystem wurde aufgestellt.

Die herausgearbeiteten Anforderungen an die Teleführung sind notwendig für eine erfolgreiche Umsetzung von Telearbeit. Die Realisierung dieser Anforderungen im ganzen Unternehmen ist durchaus sinnvoll und wünschenswert - wenn auch nicht zwingend notwendig – und würde die Führungsqualität insgesamt deutlich verbessern. Damit dient die vorliegende Analyse zwar in erster Linie der Telearbeit, die Ergebnisse helfen aber gleichzeitig auch die Qualität des Führungsprozesses im allgemeinen zu verbessern.

Anhang

1. Telearbeit bei der Telekom AG

Das Pilotprojekt „Alternierende Teleheimarbeit bei der Deutschen Telekom AG" zur Erprobung von alternierender Teleheimarbeit läuft von März 1996 bis September 1998 und umfaßt 165 Telearbeitsplätze. Ziel des Projektes ist es, die Einsatzmöglichkeiten der alternierenden Teleheimarbeit in verschiedenen Anwendungsbereichen zu erproben und „Telekom-intern" Erfahrungen zu sammeln, die gleichzeitig auch in das Knowhow einfließen, das an Kunden der Deutschen Telekom AG weitergegeben werden kann. Somit ist das Projekt sowohl mitarbeiter- als auch kundenorientiert. Zur Begleitung des Pilotprojekts wurde ein Tarifvertrag zwischen der Deutschen Telekom AG und der Deutschen Postgewerkschaft abgeschlossen.

Das Telearbeitsprojekt basiert auf der freiwilligen Teilnahme der Arbeitnehmer, die ihrerseits Initiative ergreifen müssen, um einen alternierenden Teleheimarbeitsplatz eingerichtet zu bekommen. Damit ein Telearbeitsteilprojekt in einer Organisationseinheit (Niederlassung, Zentrale oder Zentrum) überhaupt anlaufen kann, muß zunächst das Interesse dieser Einheit der Gesamtprojektleitung signalisiert werden. Es muß dann ein Projektleiter der Organisationseinheit bestimmt werden, der fortan die Koordination der Telearbeiter vor Ort übernimmt. Einer Organisationseinheit wird empfohlen, eine Gruppe von sechs bis sieben Telearbeitern auszuwählen, um eine Überschaubarkeit und eine gerechte Verteilung der geplanten 165 Telearbeitsplätze auf alle Organisationseinheiten zu gewährleisten. Das umfangreiche zunächst örtliche (Antragsteller => Ressortleiter => Abteilungsleiter => Niederlassungsleiter => örtlicher Betriebsrat) und dann zentrale Genehmigungsverfahren (zuständiger Fachbereich der Zentrale => Projektleitung => Lenkungsausschuß und Tarifpartner) sichert das Einvernehmen über die Einrichtung jedes einzelnen Telearbeitsplatzes.

Die Arbeitszeitaufteilung zwischen Büro- und Heimarbeitsplatz erfolgt in individueller Absprache zwischen dem Telearbeiter und seinem Vorgesetzten und orientiert sich somit flexibel an den Notwendigkeiten der einzelnen Arbeitsplätze. Die Arbeitszeit am Heimarbeitsplatz unterteilt sich in betriebsbestimmte und selbstbestimmte Arbeitszeiten, wobei die betriebsbestimmten Zeiten gewissermaßen Kernarbeitszeiten am

Heimarbeitsplatz sind. Die selbstbestimmte Arbeitszeit, als verbleibende Differenz zur individuellen regelmäßigen (tarifvertraglich bestimmten) Arbeitszeit, kann der Arbeitnehmer flexibel gestalten. Die geleisteten Arbeitszeiten und -aufgaben sind in einem sogenannten Arbeitstagebuch durch den Telearbeiter selbst festzuhalten und dem jeweiligen Projektleiter zur Kontrolle am Monatsende vorzulegen. Überstunden bedürfen der vorherigen Genehmigung.

Im Zuge der Einrichtung von Telearbeitsplätzen dürfen die bestehenden aufbau- und ablauforganisatorischen Regelungen der entsprechenden Organisationseinheiten nicht verändert werden. Die notwendigen Arbeitsmittel für das Heimbüro werden vom Arbeitgeber kostenlos zur Verfügung gestellt, dürfen aber nur für betriebliche Zwecke genutzt werden. Eine pauschale Aufwandserstattung findet im Rahmen des Pilotprojektes nicht statt. Zugang zur häuslichen Arbeitsstätte haben - nach Vereinbarung mit dem Arbeitnehmer - sowohl der jeweilige Projektleiter als auch der Betriebsrat.

Seit August 1997 sind die geplanten 165 Telearbeitsplätze in Betrieb. Sie verteilen sich auf sieben Teilprojekte:

- Telearbeit im Privatkundenvertrieb,
- Telearbeit im Versandhandel,
- Telearbeit in der Softwareerstellung,
- Telearbeit in der Zentrale,
- Telearbeit Modell Regensburg,
- Telearbeit im Technologiezentrum Darmstadt und
- Telearbeit im Bezirk Nord.

Damit sind alle Organisationseinheiten (Niederlassung 74 Telearbeitsplätze, Zentrale 16 Telearbeitsplätze und Zentren 75 Telearbeitsplätze) abgedeckt. Auch die großen Unternehmensbereiche Geschäftskunden, Privatkunden, Technik-Dienste und Technik-Netze haben zu etwa gleichen Anteilen Telearbeitsplätzen genehmigt bekommen. Die Telearbeitsprojekte siedeln sich zum Großteil im ländlichen bzw. kleinstädtischen Raum an, verteilen sich aber relativ gleichmäßig in Deutschland.

Die Beschäftigungsfelder der Telearbeiter sind:

- Kundenauskunftsdienste (9%),
- Kundennahe Tätigkeiten, Vertrieb, Innendienst (12%),
- Technik, Betrieb (3%),
- Administration (64%) und
- Management, Führung (12%).

Die Mehrheit der Telearbeitsplätze (105) haben sich in der Administration angesiedelt. Hier ist eine weitere Feingliederung nach Art der administrativen Tätigkeit sinnvoll:

- Verwaltungstätigkeiten (53 Telearbeitsplätze),
- Softwareerstellung (13 Telearbeitsplätze),
- Forschung und Entwicklung (28 Telearbeitsplätze) und
- Fortbildung (11 Telearbeitsplätze).

Von den 165 Telearbeitern sind 72 weiblich und 93 männlich. Über das Alter liegen bisher keine Informationen vor.

Prozeßbegleitende Maßnahmen sollen den Erfolg des Pilotprojektes sichern. So werden zum einen im Verlauf des Projektes unterschiedliche Veranstaltungen mit den Telearbeitern und ihren Vorgesetzten durchgeführt, um einen Erfahrungsaustausch zu generieren, zum anderen werden Zwischenberichte der Teilprojekte geschrieben, die zusammen mit einem Abschlußbericht in ein Handbuch als „Leitfaden zu Telearbeit" einfließen sollen. Zudem läuft eine externe wissenschaftliche Begleitstudie, die eine Gesamtevaluation des Projektes zum Ziel hat.

Das Projekt erfreut sich einer großen Akzeptanz bei der Belegschaft. Als Problembereich der Telearbeit ist bei der Deutschen Telekom AG der Datenschutz und die Datensicherung erkannt worden.

2. Telearbeit bei der BMW AG

An dem Projekt „TWIST - Teleworking in flexiblen Strukturen" sind die Konsortialpartner BMW AG (Anwender), Siemens Nixdorf AG (Technologiesupport), Tally GmbH (Technologielieferant) und die BPU - Betriebswirtschaftliche Projektgruppe für Unternehmensentwicklung GmbH (Begleit- und Innovationsforschung) beteiligt. Im Rahmen der Initiative „BayernOnline" der bayerischen Staatsregierung (Vgl. II. Teil Abschnitt 1.3.4. „Deutschland") wird in einer ca. zweieinhalb Jahre (von April 1996 bis Ende 1998) laufenden und wissenschaftlich begleiteten Pilotanwendung erprobt, welche Chancen und Risiken Telearbeit für den einzelnen Mitarbeiter, für das Unternehmen BMW, für die Gesellschaft und Umwelt sowie für den Standort Bayern bietet. Die Einzelheiten des Pilotprojektes wurden in einer Betriebsvereinbarung „Telearbeit" festgehalten.

Mitarbeiterinnen und Mitarbeiter der BMW AG erledigen im Rahmen alternierender Telearbeit ihre Arbeit im Wechsel an ihrem Arbeitsplatz bei BMW und zu Hause. Dabei werden die Telearbeitstage flexibel zwischen dem Telearbeiter und seinem Vorgesetzten abgesprochen. Generell sind nur ganze Telearbeitstage erlaubt, wobei die anteilige IRWAZ (**I**ndividuelle, **R**egelmäßige **W**ochen**A**rbeits**Z**eit) auf dem Arbeitszeitkonto des Telearbeiters für jeden außerbetrieblichen Arbeitstag gutgeschrieben wird. Überstunden am Heimarbeitsplatz können somit nicht anfallen.

Neben der Teleheimarbeit gibt es für einige Telearbeiter auch die Möglichkeit, die sogenannte mobile Telearbeit an wechselnden Einsatzorten zu praktizieren. Die Realisierung einer weiteren Ausprägungsform, die Telearbeit in Satellitenbüros, ist für die Zukunft geplant.

Im Rahmen des Projektes TWIST hatte BMW Ende 1997 ca. 310 Telearbeiter, die mit einem PC oder einer Workstation über ISDN-Karte oder Router online von zu Hause aus mit BMW verbunden sind. Für das Jahr 1998 ist die Installation von ca. 100 weiteren Telearbeitsplätzen geplant. Im Mittelpunkt der technischen Maßnahmen steht die Unterstützung der Telearbeit durch moderne und vernetzte Telekommunikationstechnologien. Hierfür werden standardisierte DV-Lösungen am Telearbeitsplatz und die DV-technische Anbindung an die BMW-Infrastruktur bereitgestellt. Die

Installation und Betreuung der standardisierten Technikausstattung, die einen multifunktionalen PC mit Netzanbindung und umfangreicher Bürokommunikationssoftware umfaßt, ist an einen externen PC-Service vergeben worden. Die technische Ausstattung darf nicht privat genutzt werden, und der Telearbeiter hat die Informationssicherheit am Heimarbeitsplatz zu gewährleisten.

Im Rahmen einer Einführungsveranstaltung wird jeder zukünftige Telearbeiter ausführlich auf die neue Form der Arbeitsorganisation vorbereitet. Dazu gehört die Aufklärung über das Gesetz des „Sonntags-Arbeitsverbotes" und über die EU-Richtlinie zur Beschaffenheit von Bildschirmarbeitsplätzen genauso wie Informationen über Verhaltensvorschriften nach Arbeitsunfällen am Heimarbeitsplatz und Vorschriften zur Gewährleistung der Datensicherheit.

Telearbeit bei der BMW AG ist ausschließlich freiwillig. Die Initiative muß vom Mitarbeiter selbst ausgehen. Neben der telearbeitsgeeigneten Tätigkeit muß der Telearbeitsanwärter außerdem ein eigenes Arbeitszimmer an seinem Wohnort aufweisen. Da man bei BMW keinen finanziellen Anreiz für Telearbeit leisten will, gibt es keine Kostenerstattungen für Heizung oder Strom. Büromöbel stehen bei Bedarf zur Selbstabholung im Unternehmen zur Verfügung.

Bei der bisher realisierten Pilotgruppe, die sich zu ca. 70% aus Männern zusammensetzt, sind sowohl Führungskräfte als auch Mitarbeiter aus dem Tarifbereich verschiedener Ressorts vertreten. Beispiele der Aufgabengebiete sind:

- Internationale Einkaufssteuerung,
- CAE-Simulation,
- Bearbeitung von Versuchsstücklisten oder
- Entwicklung Getriebesteuerung.

Der Schwerpunkt liegt dabei auf produktionsnahen Funktionen sowie der Forschung und Entwicklung. Das bedeutet, daß Telearbeit vorrangig in den Kernbereichen von BMW eingeführt wurde.

Darüber hinaus wird an der Umsetzung weiterer innovativer Telearbeitsplätze gearbeitet. Solche innovative Formen der Telearbeit sind beispielsweise der Einsatz von "mobile computing" mit Netzverbindung über Handy, die Einbindung von CAD-Telearbeitsplätzen, Telearbeitsplätze mit PC-Video oder die Arbeitsorganisation eines "virtuellen" Teams mit Hilfe der Telearbeit.

3. Telearbeit bei der IBM Deutschland GmbH

Die Firma IBM machte sich als erste in größerem Maße um Telearbeitsplätze in Deutschland verdient und ist wohl immer noch das bekannteste und meist zitierte Beispiel für die Umsetzbarkeit dieser neuen Arbeitsform[428]. 1992 schloß die deutsche IBM eine Betriebsvereinbarung über "Außerbetriebliche Arbeitsstätten" ab und erhielt dafür den Innovationspreis der Deutschen Wirtschaft[429]. Damit war das öffentliche Interesse und die Diskussion um Telearbeit erneut entfacht. Die Telearbeit bei der IBM erfolgt ausschließlich auf freiwilliger Basis und ist den Mitarbeitern vorbehalten, deren Arbeitsplatz eine Dezentralisierung möglich erscheinen läßt, ohne daß der Betriebsablauf davon gestört wird. Ein wichtiger Punkt zu Gunsten einer Teilnahmeberechtigung an der Telearbeit sind auch soziale bzw. familiäre Gründe. Allerdings steht es der IBM frei, aus betrieblichen oder wirtschaftlichen Gründen von der Einrichtung der außerbetrieblichen Arbeitsstätten abzusehen. IBM stellt den Telearbeitern das technische Equipment kostenlos zur Verfügung und zahlt zusätzlich eine Kostenpauschale von 40,- DM im Monat. Die Telearbeiter verbringen über 50 Prozent ihrer Arbeitszeit zu Hause oder beim Kunden[430]. Mit dem Konzept des "Shared Desk" wird diese Arbeitsform nunmehr auf einer neuen Qualitätsstufe vorangetrieben. Die Mitarbeiter haben im Unternehmen keinen persönlichen Schreibtisch mehr, sondern nur noch einen kleinen Schrank für die auf ein Minimum reduzierten Arbeitsunterlagen. Wer ins Unternehmen kommt, muß sich dort entweder zum Arbeiten einen freien Schreibtisch suchen, oder trifft sich zur Besprechung mit Vorgesetzten oder Kollegen. Die Einsparungen bei IBM belaufen sich pro reduziertem Schreibtisch zwischen DM 2.000 und

---

[428] Vgl. Grau, W. (1996), S. 82-86; o.V. (1997a), S. 20-24; Heller, M. (1995); Durkin, T. (1995), S.11-13; Kurz, M., Kuhn, T. (1995), S. 244-262; Dax, P., Kirrmann, M. (1993), S. 207-210.
[429] Vgl. Wedde, P. (1994), S. 36.
[430] Vgl. Sichau, I. (1997).

DM 2.500 im Jahr[431]. Das Interesse der Beschäftigten ist größer als die vom Unternehmen zur Verfügung gestellten Telearbeitsplätze. Bis Ende 1997 sollen insgesamt 4.000 Mitarbeiter an Telearbeit teilnehmen. Davon arbeiten etwa 350 Telearbeiter an außerbetrieblichen Arbeitsstätten im Sinne der angeführten Betriebsvereinbarung. Der Rest sind mobile Telearbeiter, die mittels Notebook ihrer Tätigkeit als Systemingenieure oder Vertriebsbeauftragte nachgehen[432]. Bei der IBM wird Telearbeit vorwiegend in den Bereichen Softwareentwicklung, Personal- und Finanzsachbearbeitung eingesetzt.

---

[431] Vgl. o.V. (1997h).
[432] Vgl. Scholz, G., Stobbe, C. (1994), S. 1349f.

4. AbAp-Mitarbeiter Fragebogen der empirischen Untersuchung

Fragebogen zum AbAp

Herzlichen Dank vorab, daß Sie an dieser Befragung teilnehmen. Im Rahmen meiner Doktorarbeit untersuche ich das Thema AbAp. Sicher haben Sie als AbAp-Mitarbeiter(in) bereits Ihre persönlichen Erfahrungen mit den Vor- und Nachteilen dieser neuen Arbeitsform gemacht. Mit der Beantwortung dieses Fragebogens helfen Sie mir, die für die Praxis wesentlichen Aspekte und Probleme von AbAp zu erkennen. Die Doktorarbeit soll dazu beitragen, die Situation in der Praxis zu durchleuchten und Verbesserungsmöglichkeiten aufzuzeigen. Damit das gelingen kann, ist Ihre *ehrliche Meinung* unverzichtbar.

Die Befragung ist absolut anonym und läßt keine Zuordnung der Antworten auf Ihre Person und Ihren Vorgesetzten zu. Ihre Angaben unterliegen dem Datenschutz und werden ausschließlich in eine globale Auswertung aller Fragebögen einfließen. Nur diese zusammengefaßten Ergebnisse werden in der Doktorarbeit verwendet.

Ich bitte Sie nun, sich die Fragen bzw. Aussagen sorgfältig durchzulesen und jede einzelne gewissenhaft zu beantworten.

Vielen Dank für Ihre Hilfe.   Annette Imeyer

1. SEIT WIE VIELEN MONATEN ARBEITEN SIE SCHON IM ABAP? _____ Monaten

2. IN WELCHER FUNKTION ARBEITEN SIE? (SIE KÖNNEN MEHRERE KREUZE MACHEN.)
    ○ Schreibtechnische(r) Mitarbeiter(in)
    ○ Sachbearbeiter(in)   (z.B. Antrags-, Bestands-, Vertrags-, Schadens-, Leistungs-,
                            Vertriebs-Sachbearbeiter(in), Buchhalter(in))
    ○ Fachkraft/Spezialist (spezielles Fach- bzw. Expertenwissen ist für Ihre Arbeit
                            notwendig; z.B. Programmierer(in), Jurist(in) etc.)
    ○ Führungskraft   (1.Sachbearbeiter, Gruppenleiter, Bereichsleiter. Bitte
    (männlich/weiblich)   beantworten Sie in diesem Fall den Fragebogen aus Sicht Ihrer
                            Tätigkeit als AbAp-Mitarbeiter und <u>nicht</u> aus der Sicht einer
                            Führungskraft.)

3. WELCHE ROLLE SPIELT BEI IHRER ABAP-TÄTIGKEIT DIE TEAMARBEIT?
   - ◯ Ich arbeite immer im Team.
   - ◯ Ich arbeite manchmal im Team.
   - ◯ Ich arbeite nie im Team.

4. WIE ERFOLGT FÜR SIE DIE ABSTIMMUNG MIT KOLLEGEN IM ABAP-PROZEß? (SIE KÖNNEN MEHRERE KREUZE MACHEN.)
   - ◯ Ich erhalte alle meine Anweisungen von meinem Vorgesetzten persönlich.
   - ◯ Ich habe ganz konkrete Regeln an die ich mich halte.
   - ◯ Meine Aufgabe wird für einen bestimmten Zeitraum strukturiert und geplant.
   - ◯ Ich stimme mich selbst immer wieder mit meinen Kollegen bei der Arbeit ab.

5. WIE VIELE TAGE IN DER WOCHE ARBEITEN SIE IM SCHNITT AM ABAP? _____Tage

6. WIE VIELE TAGE IN DER WOCHE WÜRDEN SIE GERNE AM ABAP ARBEITEN?
   - ◯ mehr als bisher
   - ◯ so wie bisher
   - ◯ weniger als bisher

7. WARUM ARBEITEN SIE PERSÖNLICH AM ABAP? (SIE KÖNNEN MEHRERE KREUZE MACHEN.)
   - ◯ Vereinbarkeit von Beruf und Familie
   - ◯ Einsparung der Pendelzeiten
   - ◯ ungestörteres/konzentrierteres Arbeiten
   - ◯ angenehmere Umgebung
   - ◯ _____

8. WIE FINDEN SIE ES, DAß IN IHREM UNTERNEHMEN DIE MÖGLICHKEIT EINES ABAP BESTEHT?
   - ◯ sehr gut
   - ◯ gut
   - ◯ neutral
   - ◯ weniger gut
   - ◯ nicht gut

9. BITTE BEWERTEN SIE IHRE ERFAHRUNGEN BEZÜGLICH DES ABAP IN DEM SIE EINE SCHULNOTE ANKREUZEN.

1 (sehr gut)	2 (gut)	3 (befriedigend)	4 (ausreichend)	5 (schlecht)	6 (sehr schlecht)

10. BITTE SCHREIBEN SIE DIE <u>FÜR SIE</u> ENTSCHEIDENDEN VORTEILE DES ABAP AUF. NENNEN SIE DABEI BITTE DEN WICHTIGSTEN VORTEIL AN ERSTER STELLE.

11. BITTE SCHREIBEN SIE NUN DIE <u>FÜR SIE</u> ENTSCHEIDENDEN NACHTEILE DES ABAP AUF. NENNEN SIE DABEI BITTE DEN WICHTIGSTEN NACHTEIL AN ERSTER STELLE.

Anhang

12. WIE SEHEN SIE IHREN ABAP IN BEZUG AUF FOLGENDE GESICHTSPUNKTE?
BITTE ÜBERLEGEN SIE BEI JEDEM ASPEKT ERNEUT IN WELCHER RUBRIK SIE IHR KREUZ MACHEN MÖCHTEN.

	1 sehr gut	2 gut	3 befriedigend	4 mäßig	5 schlecht	6 sehr schlecht
Arbeitsbedingungen zu Hause						
Arbeitsbedingungen im Büro						
Betreuung durch Ihren Vorg.						
anfängl. Vorbereitung auf AbAp						
Grad an Selbständigkeit						
Schwierigkeitsgrad der Arbeit						
Abwechslungsreichtum d. Arb.						
Verantwortungsumfang						
Kompetenzumfang						
Verhältnis zu Ihrem Vorges.						
Ihre Erreichbarkeit am AbAp						

13. WIE BEURTEILEN SIE DEN EINFLUß DES ABAP AUF FOLGENDE ASPEKTE IN IHREM UNTERNEHMEN?

	Wird durch AbAp verbessert	Wird durch AbAp nicht verändert	Wird durch AbAp verschlechtert
Unternehmensimage			
Betriebsklima			
Kunden-/ Serviceorientierung			
Umweltschutzorientierung			
wirtschaftlicher Erfolg des Untern.			
Erfolg gegenüber den Mitbewerbern			
Ihre Motivation zu arbeiten			
Ihre Arbeitseffizienz/-produktivität			
Verhältnis zu Ihrem Vorgesetzten			
Betreuung durch Ihren Vorgesetzten			
Ihre Identifikation mit dem Untern.			
Ihre berufl.Entwicklungsmöglichk.			

14. WIE SEHEN SIE IHREN DIREKTEN VORGESETZTEN IN BEZUG AUF FOLGENDE ASPEKTE?

	Hat sich durch AbAp verbessert	Hat sich durch AbAp nicht verändert	Hat sich durch AbAp verschlechtert
Lob/Kritik - Feedbackverhalten			
Klarheit der Anweisungen			
Entscheidungsfreudigkeit			
Informationsweitergabe			
Vertrauen in Ihre Leistungen			
gerechte Aufgabenverteilung			
Regelmäßigkeit der Kommunikation mit Ihnen			
Förderung Ihrer berufl. Entw. durch den Vorgesetzten			
Häufigkeit der Kontrolle (hat sich druch AbAp verbessert bedeutet hier: Häufigkeit der Kontrolle hat abgenommen)			
Organisation von Teambesprechungen			
Organisation der Teamarbeit			

15. WIE SEHEN SIE IHREN DIREKTEN VORGESETZTEN IN BEZUG AUF FOLGENDE ASPEKTE?

	1 sehr gut	2 gut	3 befriedigend	4 mäßig	5 schlecht	6 sehr schlecht
Fairneß bei der Genehmigung der AbAps						
Kompetenz in der Führung von AbAp-Mitarbeitern						
Seine Einstellung zu AbAps						

Anhang

16. Wie SEHEN SIE DAS VERHALTEN IHRES DIREKTEN VORGESETZTEN IM VERGLEICH IBAP ZU ABAP?(BITTE ENTSCHEIDEN SIE SICH JEWEILS FÜR EINE DER „HAT SICH DURCH ABAP..."- KATEGORIEN. SIE KÖNNEN DANN ENTSCHEIDEN, OB SIE EIN ZUSÄTZLICHES KREUZ BEI „KÖNNTE BESSER WERDEN" MACHEN WOLLEN.)

	Hat sich durch AbAp verbessert	Hat sich durch AbAp nicht verändert	Hat sich durch AbAp verschlechtert	Könnte besser werden
Kollegialität				
Kooperativität				
Strenge (Hat sich durch AbAp verbessert bedeutet: Ist weniger streng geworden)				
Fachkompetenz				
Gerechtigkeit/ Fairneß				
Zuverlässigkeit				
Objektivität				

17. WIE WIRD IHNEN DIE ARBEIT FÜR ZU HAUSE ZUGETEILT?
   ○ Mein Vorgesetzter teilt mir die Arbeit je nach Anfall zu.
   ○ Ich informiere meinen Vorgesetzten darüber welche Arbeit ich zu Hause erledige.
   ○ Ich habe bei meiner Arbeit stets ein klar definiertes Ziel, das ich in einer bestimmten Zeit absprachegemäß erreiche.
   ○ _____

18. WIE WERDEN BEI IHNEN IN DER ABTEILUNG SITZUNGEN BZW. TEAMBESPRECHUNGEN ORGANISIERT?
   ○ Immer an einem Wochentag an dem kein Kollege am AbAp arbeitet.
   ○ Durch flexible Absprachen, bei Bedarf muß ein AbAp-Mitarbeiter ins Büro kommen, um an Besprechung teilzunehmen.
   ○ Ein Kollege, der gerade am AbAp arbeitet, kann durch ein Telefonkonferenzsystem in die Sitzung einbezogen werden, ohne dafür ins Büro kommen zu müssen.
   ○ Eine Besprechung findet gegebenenfalls auch ohne einen Kollegen statt, der gerade am AbAp arbeitet.

19. DENKEN SIE JETZT EINMAL AN IHRE KOLLEGEN, DIE KEINEN ABAP HABEN.
    WIE STEHEN DIE IHRER MEINUNG NACH ZU FOLGENDEN ASPEKTEN?

	1 sehr gut	2 gut	3 befriedigend	4 mäßig	5 schlecht	6 sehr schlecht
AbAp allgemein						
IbAp im Verhältnis zu AbAp						
Kommunikation mit AbAp-Kollegen						
sozialer Kontakt zu AbAp-Kollegen						

20. GIBT ES IHRER MEINUNG NACH SPANNUNGEN ZWISCHEN IBAP- UND ABAP-KOLLEGEN?
    ○ Ja   Welche/Warum? _____

    ○ Nein

21. WIE WERDEN IHRER MEINUNG NACH ABAP-MITARBEITER IN IHREM UNTERNEHMEN
    GESEHEN? (SIE KÖNNEN MEHRERE KREUZE MACHEN.)
    ○ modern
    ○ bequem
    ○ familienorientiert
    ○ umweltbewußt
    ○ isoliert
    ○ flexibel
    ○ einsatzbereit
    ○ karriereorientiert
    ○ _____

22. WÜNSCHEN SIE SICH, DAß IHR TARIFVERTRAG NÄHER AUF DEN ABAP EINGEHT?
    ○ Nein
    ○ Ja. Wie? _____

23. Wird Ihrer Meinung nach die Bedeutung von ABAPs in der Zukunft
    - ○ steigen?
    - ○ langsam steigen?
    - ○ gleichbleiben?
    - ○ langsam abnehmen?
    - ○ abnehmen?

24. Sind Sie Single/Alleinstehend oder verheiratet bzw. mit Partner?
    - ○ Single/Alleinstehend   ○ Verheiratet/ mit Partner

25. Haben Sie Kinder?
    - ○ Ja   ○ 1 _____Alter
              ○ mehrere _____Alter
    - ○ Nein

26. Wie sieht Ihr Partner/ Partnerin bzw. Ihre Familie Ihren ABAP?
    - ○ Positiv
    - ○ Negativ
    - ○ Neutral

27. Wie stellt sich Ihre ABAP-Tätigkeit für Sie zusammenfassend dar?
    - ○ Es überwiegen die Vorteile.
    - ○ Es überwiegen eher die Vorteile.
    - ○ Vor- und Nachteile gleichen sich aus.
    - ○ Es überwiegen eher die Nachteile.
    - ○ Es überwiegen die Nachteile.

28. Welche Verbesserungsvorschläge bzw. Anmerkungen hätten Sie bezüglich ABAP in Ihrem Unternehmen? _____

_____
_____
_____
_____
_____

29. WIE LANGE BRAUCHEN SIE IM SCHNITT TÄGLICH, UM VON IHRER WOHNUNG BZW. IHREM HAUS INS BÜRO ZU KOMMEN UND WIEDER ZURÜCK? _____Minuten

30. WIE ALT SIND SIE?
    - ○ <20 Jahre
    - ○ 20-30 Jahre
    - ○ >30-40 Jahre
    - ○ >40-50 Jahre
    - ○ >50-60 Jahre
    - ○ >60 Jahre

31. IHR GESCHLECHT?   ○ Männlich   ○ Weiblich

Vielen Dank für die Beantwortung dieses Fragebogens!

5. Vorgesetzten Fragebogen der empirischen Untersuchung

Vorgesetzten Fragebogen zum AbAp

Herzlichen Dank vorab, daß Sie an dieser Befragung teilnehmen. Im Rahmen meiner Doktorarbeit untersuche ich das Thema AbAp. Sicher haben Sie als Führungskraft von AbAp-Mitarbeitern bzw. -Mitarbeiterinnen bereits Ihre persönlichen Erfahrungen mit den Vor- und Nachteilen dieser neuen Arbeitsform gemacht. Mit der Beantwortung dieses Fragebogens helfen Sie mir, die für die Praxis wesentlichen Aspekte und Probleme von außerbetrieblicher Arbeit zu erkennen. Die Doktorarbeit soll dazu beitragen, die Situation in der Praxis zu durchleuchten und Verbesserungsmöglichkeiten aufzuzeigen. Damit das gelingen kann, ist Ihre *ehrliche Meinung* unverzichtbar.

Die Befragung ist absolut anonym und läßt keine Zuordnung der Antworten auf Ihre Person oder Ihre Mitarbeiter zu. Ihre Angaben unterliegen dem Datenschutz und werden ausschließlich in eine globale Auswertung aller Fragebögen einfließen. Nur diese zusammengefaßten Ergebnisse werden in der Doktorarbeit verwendet.

Ich bitte Sie nun, sich die Fragen bzw. Aussagen sorgfältig durchzulesen und jede einzelne gewissenhaft zu beantworten.

Vielen Dank für Ihre Hilfe   Annette Imeyer

1. FÜR WIE VIELE MITARBEITER SIND SIE INSGESAMT ZUSTÄNDIG? _____ Mitarbeiter

2. DAVON ARBEITEN WIE VIELE MITARBEITER AN EINEM ABAP? _____ Mitarbeiter

3. IN WELCHER(N) FUNKTION(EN) ARBEITEN DIE ABAP-MITARBEITER?
   ○ Schreibtechnische(r) Mitarbeiter(in)
   ○ Sachbearbeiter(in)   (z.B. Antrags-, Bestands-, Vertrags-, Schadens-, Leistungs-,
                            Vertriebs-Sachbearbeiter(in), Buchhalter(in))
   ○ Fachkraft/Spezialist (spezielles Fach- bzw. Expertenwissen ist für Ihre Arbeit
                            notwendig; z.B. Programmierer(in), Jurist(in) etc.)

4. WELCHE ROLLE SPIELT BEI IHREN ABAP-MITARBEITERN DIE TEAMARBEIT?
   - ○ Sie arbeiten alle im Team.
   - ○ Manche arbeiten im Team.
   - ○ Sie arbeiten nicht im Team.

5. WIE KOORDINIEREN SIE DIE ARBEITSPLÄTZE UNTEREINANDER? (SIE KÖNNEN MEHRERE KREUZE MACHEN.)
   - ○ Ich gebe meine Anweisungen jedem Mitarbeiter persönlich.
   - ○ Meine Mitarbeiter haben konkrete Regeln an die sie sich halten müssen.
   - ○ Ich strukturiere und plane die Aufgaben meiner Mitarbeiter für einen bestimmten Zeitraum im voraus.
   - ○ Meine Mitarbeiter stimmen sich selbst mit ihren Kollegen ab.

6. WIE FINDEN SIE ES, DAß IN IHREM UNTERNEHMEN DIE MÖGLICHKEIT EINES ABAPS BESTEHT?
   - ○ sehr gut
   - ○ gut
   - ○ neutral
   - ○ weniger gut
   - ○ nicht gut

7. BITTE BEWERTEN SIE IHRE ERFAHRUNGEN BEZÜGLICH DER ABAPS IN DEM SIE EINE SCHULNOTE ANKREUZEN.

1 (sehr gut)	2 (gut)	3 (befriedigend)	4 (ausreichend)	5 (schlecht)	6 (sehr schlecht)

8. BITTE SCHREIBEN SIE DIE FÜR SIE ALS FÜHRUNGSKRAFT ENTSCHEIDENDEN VORTEILE VON ABAPS AUF. NENNEN SIE DABEI BITTE DEN WICHTIGSTEN VORTEIL AN ERSTER STELLE. _____

9. BITTE SCHREIBEN SIE NUN DIE FÜR SIE ALS FÜHRUNGSKRAFT ENTSCHEIDENDEN NACHTEILE VON ABAPS AUF. NENNEN SIE DABEI BITTE DEN WICHTIGSTEN NACHTEIL AN ERSTER STELLE.

10. DIE ENTSCHEIDUNG ABAPS IN MEINER ABTEILUNG EINZUFÜHREN
    ○ ist auf meine Initiative hin getroffen worden.
    ○ ist auf mein Einverständnis gestoßen.
    ○ ist zunächst nicht auf mein volles Einverständnis gestoßen.
    ○ ist gegen meinen Willen getroffen worden.

11. BEI DER EINFÜHRUNG VON ABAPS IN MEINER ABTEILUNG
    ○ gab es keine Probleme.
    ○ gab es anfängliche Probleme.
    ○ sind Probleme entstanden, die noch immer bestehen.

12. FALLS ES PROBLEME GAB ODER GIBT, WELCHE PROBLEME SIND DIES VOR ALLEM?

13. WIE SEHEN SIE DEN EINFLUß DER ABAPS AUF FOLGENDE ASPEKTE IN IHREM UNTERNEHMEN? BITTE ÜBERLEGEN SIE BEI JEDEM ASPEKT ERNEUT IN WELCHER RUBRIK SIE IHR KREUZ MACHEN MÖCHTEN.

	Wird durch AbAp verbessert	Wird durch AbAp nicht verändert	Wird durch AbAp verschlechtert
Unternehmensimage			
Betriebsklima			
Kunden-/ Serviceorientierung			
Umweltschutzorientierung			
wirtschaftlicher Erfolg des Untern.			
Erfolg gegenüber den Mitbewerbern			
Mitarbeitermotivation			
Mitarbeitereffizienz/-produktivität			
Verhältnis zu Ihren Mitarbeitern			
Ihre Mitarbeiterführung			
Mitarbeiteridentifikation mit dem Unt.			
berufl. Entwicklungsmöglichkeiten der Mitarbeiter			

14. WIE SEHEN SIE FOLGENDE ASPEKTE DER ABAPS?

	1 sehr gut	2 gut	3 befriedigend	4 mäßig	5 schlecht	6 sehr schlecht
Erreichbarkeit der AbAp-Mitarbeiter						
Ihre Vorbereitung auf AbAps						
Ihr Vorgesetzten-AbAp-Mitarbeiter Verhältnis						
Qualität Ihrer Führung von AbAp-Mitarbeitern						

Anhang 239

15. DENKEN SIE JETZT EINMAL AN IHRE ABAP-MITARBEITER. WAS GLAUBEN SIE WIE ABAP VON DIESEN HINSICHTLICH FOLGENDER ASPEKTE UND RAHMENBEDINGUNGEN GESEHEN WIRD?

	1 sehr gut	2 gut	3 befriedigend	4 mäßig	5 schlecht	6 sehr schlecht
Arbeitsbedingungen zu Hause						
Arbeitsbedingungen im Büro						
Mitarbeiterschulung hinsichtlich AbAp						
Selbständigkeit d. AbAp-Mitarbeiter						
Schwierigkeitsgrad der außerbetrieblichen Arbeit						
Abwechslungsreichtum der außerbetrieblichen Arbeit						
Verantwortungsumfang der außerbetrieblichen Arbeit						
Kompetenzumfang der außerbetrieblichen Arbeit						

16. VERSETZEN SIE SICH JETZT EINMAL IN DIE LAGE IHRER IBAP-MITARBEITER. WIE BEURTEILEN DIESE MITARBEITER FOLGENDE PUNKTE?

	1 sehr gut	2 gut	3 befriedigend	4 mäßig	5 schlecht	6 sehr schlecht
AbAp allgemein						
IbAp im Verhältnis zu AbAp						
Kommunikation mit AbAp-Kollegen						
sozialer Kontakt zu AbAp-Kollegen						

17. GIBT ES IHRER MEINUNG NACH SPANNUNGEN ZWISCHEN DIESEN IBAP- UND DEN ABAP-KOLLEGEN?

○ Ja   Welche/Warum? _____

_____

_____

_____

○ Nein

18. Aus anderen Befragungen habe ich gelernt, daß es durchaus Unterschiede im Führungsverhalten gegenüber AbAp- und IbAp-Mitarbeitern gibt. Bitte beurteilen Sie möglichst objektiv, ob auch Sie in Ihrem Verhalten zwischen AbAp- und IbAp-Mitarbeitern unterscheiden.

Ich beurteile mein(e)..... ↓ ↗	..... gegenüber AbAp-Mitarbeitern		
	...besser als ggü. IbAp-Mitarbeitern	...genauso wie ggü. IbAp-Mitarbeitern	...schlechter als ggü. IbAp-Mitarbeitern
Klarheit der Anweisungen			
Lob/Kritik - Feedbackverhalten			
Entscheidungsfreudigkeit			
Informationsweitergabe			
Vertrauen in Mitarbeiterleistung			
gerechte Aufgabenverteilung			
Regelmäßigkeit der Mitarbeiterkommunikation			
Planung der berufl. Entwicklungsmöglichkeiten der Mitarbeiter			
Kontrollmöglichkeiten			
Organisation von Teambesprechungen			
Organisation der Teamarbeit			

19. Was glauben Sie wie sich Ihr Verhalten durch AbAp verändert hat? (Bitte machen Sie in der letzten Spalte ein zusätzliches Kreuz wenn Sie meinen, daß die Mitarbeiter hier eine Veränderung wünschen.)

	Wird durch AbAp verbessert	Wird durch AbAp nicht verändert	Wird durch AbAp verschlechtert	Mitarbeiter wünschen (weitere) Veränderung
Kollegialität				
Kooperativität				
Strenge (Wird durch AbAp verbessert bedeutet: Sie sind weniger streng geworden)				
Fachkompetenz				
Gerechtigkeit/ Fairneß				
Zuverlässigkeit				
Objektivität				

Anhang

20. WIE ORGANISIEREN SIE DIE ARBEIT IHRER ABAP-MITARBEITER?
    ○ Ich teile die Arbeit je nach Anfall zu.
    ○ Ich erwarte, daß mich meine Mitarbeiter darüber informieren welche Arbeit sie zu Hause erledigen werden.
    ○ Meine Mitarbeiter haben bei ihrer Arbeit stets ein klar definiertes Ziel, das sie in einer bestimmten Zeit absprachegemäß erreichen.
    ○ _____

21. WIE ORGANISIEREN SIE ABTEILUNGS- BZW. TEAMBESPRECHUNGEN?
    ○ Immer an einem Wochentag an dem kein Mitarbeiter am AbAp arbeitet.
    ○ Durch flexible Absprachen, bei Bedarf muß ein AbAp-Mitarbeiter ins Büro kommen, um an Besprechung teilzunehmen.
    ○ Ein Mitarbeiter, der gerade am AbAp arbeitet, kann durch ein Telefonkonferenzsystem in die Sitzung einbezogen werden, ohne dafür ins Büro kommen zu müssen.
    ○ Eine Besprechung findet gegebenenfalls auch ohne einen Mitarbeiter statt, der gerade am AbAp arbeitet.

22. DER AUSWAHL DER FÜR EINEN ABAP GEEIGNETEN MITARBEITER
    ○ kommt eine sehr große Bedeutung hinsichtlich des Erfolgs des AbAps zu. Deshalb halte ich diese Auswahl für eine meiner wichtigsten Aufgaben.
    ○ kommt keine Bedeutung zu. Die Mitarbeiter können selbst entscheiden, ob sie einen AbAp möchten oder nicht.

23. WIE WERDEN IHRER MEINUNG NACH ABAP-MITARBEITER IN IHREM UNTERNEHMEN GESEHEN? (SIE KÖNNEN MEHRERE KREUZE MACHEN.)
    ○ modern
    ○ bequem
    ○ familienorientiert
    ○ umweltbewußt
    ○ isoliert
    ○ flexibel
    ○ einsatzbereit
    ○ karriereorientiert
    ○ _____

24. WELCHER ASPEKT IST IHRER MEINUNG WESENTLICH IM HINBLICK AUF DAS MITARBEITERINTERESSE AN ABAPS? (SIE KÖNNEN MEHRERE KREUZE MACHEN.)
    - ○ Vereinbarkeit von Beruf und Familie
    - ○ Einsparung der Pendelzeiten
    - ○ ungestörteres/konzentrierteres Arbeiten
    - ○ angenehmere Umgebung
    - ○ _____

25. KÖNNTEN SIE SICH VORSTELLEN, DAß DIE ABAP-MITARBEITER EINEN TARIFVERTRAG WÜNSCHEN, DER NÄHER AUF DEN ABAP EINGEHT?
    - ○ Nein
    - ○ Ja. Inwiefern? _____
      _____
      _____

26. ARBEITEN SIE SELBST AUCH AN EINEM ABAP?
    - ○ Ja. Ich arbeite im Schnitt _____ Tage pro Woche zu Hause.
    - ○ Manchmal, aber sehr unregelmäßig.
    - ○ Nein. Würden Sie gerne einen AbAp haben?   ○ Nein.
      ○ Ja. _____ Tag(e) pro Woche.

27. WIRD IHRER MEINUNG NACH DIE BEDEUTUNG VON ABAPS IN DER ZUKUNFT
    - ○ steigen?
    - ○ langsam steigen?
    - ○ gleichbleiben?
    - ○ langsam abnehmen?
    - ○ abnehmen?

28. WIE STELLT SICH AUßERBETRIEBLICHE ARBEIT FÜR SIE ZUSAMMENFASSEND DAR?
    - ○ Es überwiegen die Vorteile.
    - ○ Es überwiegen eher die Vorteile.
    - ○ Vor- und Nachteile gleichen sich aus.
    - ○ Es überwiegen eher die Nachteile.
    - ○ Es überwiegen die Nachteile.

Anhang

29. WELCHE VERBESSERUNGSVORSCHLÄGE BZW. ANMERKUNGEN HÄTTEN SIE BEZÜGLICH AUßERBETRIEBLICHER ARBEIT IN IHREM UNTERNEHMEN?

_____
_____
_____
_____
_____
_____

30. WIE ALT SIND SIE?   ○ <20 Jahre
    ○ 20-30 Jahre
    ○ >30-40 Jahre
    ○ >40-50 Jahre
    ○ >50-60 Jahre
    ○ >60 Jahre

31. IHR GESCHLECHT?   ○ Männlich   ○ Weiblich

Vielen Dank für die Beantwortung dieses Fragebogens!

Literaturverzeichnis

Adams, J. (1965): Inequity in social change, in: Berkowitz, L. [Hrsg.]: Advances in experimental social psychology, Vol. 2, S.267-299, New York, London 1965.

Albach, H. (1983): Kommunikationstechnologie und Unternehmensorganisation - Chancen für mittelständische Betriebe in der Informationsgesellschaft, in: ifm-Materialien Nr.12 (1983).

Albach, H.; Gabelin, T. (1983): Mitarbeiterführung, in: Albach, H.; Busse von Colbe, W.; Sabelm H.; Vaubel, L. [Hrsg.]: Universitätsseminar der Wirtschaft, Schriften für Führungskräfte, Band 9, Wiesbaden 1983.

Bacon, D. (1989): Look Who's Working At Home, in: Nation's Business, Vol.10 (1989), S. 20-31.

Bahl-Benker, A. (1984): Elektronische Heimarbeit - die schöne neue Arbeitswelt?, in: Schütt, B.(Hrsg.): Neue Technologien und Arbeitswelt, Köln 1984.

Ballerstedt, E. et al. (1982): Studie über Auswahl, Eignung und Auswirkungen von informationstechnisch ausgestalteten Heimarbeitsplätzen, Bonn 1982.

Bamberg, G. (1996): Statistik, 9. Aufl., München 1996.

Barnard, C. (1938): The Functions of the Executive, Cabridge (Mass.) 1938.

Becker, C. (1997): Ungenutzte Chance: Tele-Büro in der Wohnung, in: Handelsblatt vom 3.2.1997, S.25.

Becker, F. (1994): Grundlagen betrieblicher Leistungsbeurteilung. Leistungsverständnis und -prinzip, Beurteilungsproblematik und Verfahrensprobleme, 2. Aufl., Stuttgart 1994.

Becker, J. (1995): Den Austausch von Wissen fördern, in: Gablers Magazin, H.3 (1995), S.16-19.

Becker, R. (1980): Der Wandel in der organisatorischen Gestaltung beim Einsatz von Informationstechnologien. Von der zentralen Datenverarbeitung zum Distributed Data Processing, Frankfurt am Main 1980.

Bellmann, K. (1989): Kostenoptimale Arbeitsteilung im Büro. Der Einfluß neuer Informations- und Kommunikationstechnik auf Organisation und Kosten der Büroarbeit, Berlin 1989.

Berkowitz, L.; Walster E. (Hrsg.) (1976): Equity Theory: Towards a general theory of social interaction, in: Advances in experimental social psychology, Vol.9 (1976).

Bernardino, A. (1996): Telecommuting: modeling the employer's and the employee's decision-making process, USA 1996.

Berth, R. (1995): Nachholbedarf Personalentwicklung, in: Gablers Magazin, H.11-12 (1995), S.37-39.

Berthel, J. (1979): Personal-Management, Stuttgart 1979.

Betts, M. (1991): "Telework" hubs sprout in suburban America, in: Computerworld, H.7 (1991),S.23-26.

Bieding, F.; Scholz, K. (1971): Personalführungssysteme, Methoden und Auswirkungen, Köln 1971.

Bieri, L.; Dürrenberg, G.; Jaeger, C. (1985): Elektronische Heimarbeit und berufliches Kontaktsystem, in: Berichte und Skripte des Geographischen Instituts ETH Zürich, Nr.19 (1985).

Blake, M. (1994): Teleworking in the nineties: A look at current views, in: Managing Information, Vol.4 (1994), S. 24-26.

Bleymüller, J. (1996): Statistik für Wirtschaftswisssenschaftler, 10. Aufl., München 1996.

Böndel, B.; Peters, R. (1995): Schlechter Witz, in: Wirtschaftswoche vom 23.2.1995.

Böning, U. (1995): Ohne Kommunikation ist alles nichts, in: Gablers Magazin, H.10 (1995), S.21-24.

Borstel, S. von (1997): Wie Bonn das Teleworking unterstützt, in: Handelsblatt vom 3.2.1997, S.26.

Brettreich-Teichmann, W. (1996): Auf und Ab von Projekten rund um virtuelle Arbeitsplätze, in: Office Management, H.1-2 (1996), S.81.

Brettreich-Teichmann, W.; Abele, K. (1995): Zentren für virtuelle Arbeitsplätze im ländlichen Raum, in: Office Mangement, H.12 (1995), S. 44-46.

Brocklehurst, M. (1989): Combining a Career with Childcare, in: Women in Management, Vol.4 (1989), S. 5-11.

Brockmann, M. (1997): Frankreich: Das virtuelle Büro, in: Impulse vom 1.11.1997.

Büge, H. (1990): Erfahrungen und Überlegungen zur leistungs- und anforderungsbezogenen Entlohnung, in: Leistung und Lohn, H.229/231 (1990), S.34-40.

Buijsman, L.; Mulder, F. (1995): The virtual office concept, in: MBA-Abschlußarbeit an der Nijenrode University, Breukelen (NL) 1995.

Bullinger, H.-J.; Fröschle, H.-P.; Klein, B. (1987): Telearbeit: Schaffung dezentraler Arbeitsplätze unter Einsatz von Teletex, Hallbergmoos 1987.

Bumiller, J.; Stupperich, M. (1996): Flexible Art der Arbeitsgestaltung, in: Office Management, H.9 (1996), S.19-21.

Bundesministerium für Bildung, Wissenschaft, Forschung und Technologie; Deutsche Telekom AG (Hrsg.) (1997): Telearbeit im Mittelstand - Förderrichtlinien, Bonn 1997.

Bundesministerium für Wirtschaft (Hrsg.) (1996): Telearbeit - Chancen für neue Arbeitsformen, mehr Beschäftigung, flexible Arbeitszeiten, Bonn 1996.

Bundesminsterium für Wirtschaft, Referat Öffentlichkeitsarbeit (Hrsg.) (1996): Info 2000 - Deutschlands Weg in die Informationsgesellschaft, Bonn 1996.

Büssing, A.; Aumann, S. (1996): Telearbeit und Arbeitszeitgestaltung, in: WSI Mitteilungen, H.7 (1996), S.450-459.

Büssing, A.; Aumann, S. (1997): Die Organisation von Telearbeit, in: zfbf 49 (1/1997), S. 67-82.

Campbell, J.; Pritchard, R. (1976): Motivation Theory in Industrial and Organizational Psychology, in: Dunnette, M. [Hrsg.]: Handbook of Industrial and Organizational Psychology, S.63-130, Chicago 1976.

Cartwright, D.; Zander, A. (1968): Leadership and Performance of Group Functions: Introduction, in: Cartwright, D.; Zander, A. [Hrsg.]: Group Dynamics, Research and Theory, S.301-317, New York, Evanston, London 1968.

Champy, J. (1996): The front line decide, in: Computerworld, Vol.11 (1996), S.76.

Coase, R. (1937): The nature of the firm, in: Economica Vol. 4 (1937), S.386-405.

Commission of the European Community (Hrsg.) (1992): Review of Current Experiences and Perspectives for Teleworking, o.O. 1992.

Consortium Benchmarking Study (Hrsg.) (1996): Knowledge Management, Texas (USA) 1996.

Cuendet, G. (1995): Motivierung zur Arbeit - als Ziel transformationaler Führung, in: Wunderer, R. [Hrsg.]: BWL als Management- und Führungslehre, S.373-394, 3. Aufl., Stuttgart 1995.

Dax, P.; Kirrmann, M. (1993): Außerbetriebliche Arbeitsstätten bei der IBM, in: Die Bank, H.4 (1993), S. 207-210.

Delhees, K. (1995): Führungstheorien - Eigenschaftstheorie, in: Kieser, A.; Reber, G.; Wunderer, R. [Hrsg.]: Handwörterbuch der Führung, S.897-906, 2. Aufl., Stuttgart 1995.

DeMarco, A. (1996): The virtual workplace needs new leadership, in: Facilities Design & Management, Vol.6 (1996), S. 25.

Denbigh, A, (1994): UK Telecottages: Or The Rise Of The Electronic Village Hall, in: Managing Information, H.4 (1994), S.34-37.

Deutsch, C. (1997): Die Experten streiten sich: Entlastung oder Belastung?, in: Office Mangement, H.3 (1997), S. 36-37.

Diebold Group Inc. (Hrsg.) (1981): Office Work in the Home: Scenarios and Prospects for the 80's, New York 1981.

Dietel, B.; Müller-Bader, P. (1984): Elemente einer Theorie der Führung, in: Heinen, E. [Hrsg.]: Betriebswirtschaftliche Führungslehre, 2. Aufl., Wiesbaden 1984.

Drucker, P. (1988): The Coming of the New Organization, in: Harvard Business Review, No.1/2 (1988), S.45-53.

Drumm, H.-J. (1989): Personalwirtschaftslehre, Heidelberg, New York, London, Paris, Tokyo 1989.

Durkin, T. (1995): IBM Offers System for Virtual Office Management, in: Telecommunting Review, Vol.12 (1995), No.11, S.11-13.

Eisenmann, J.; Goebel, Ch. (1995): Führen durch Führungsverzicht, in: Gablers Magazin, H.5 (19995), S.37-39.

Europäische Kommission (Hrsg.) (1996): Leben und Arbeiten in der Informationsgesellschaft: im Vordergrund der Mensch, in: Europäische Kommission [Hrsg.]: Bulletin der Europäischen Union, Beilage 3 (1996).

Evans, M. (1995): Führungstheorie - Weg-Ziel-Theorie, in: Kieser, A.; Reber, G.; Wunderer, R. [Hrsg.]: Handwörterbuch der Führung, S.1075-1092, 2. Aufl., Stuttgart 1995.

Ewert, D. (1996): Trend zur Telearbeit, in: Die Bank, H.12 (1996), S.750-752.

Fayol, H. (1929): Allgemeine und industrielle Verwaltung, München, Berlin 1929.

Felstead; A., Jewson, N. (1995): Working at home: estimates from the 1991 Census, in: Employment Gazette, Vol.3 (1995), S. 95-99.

Fiedler, F.; Mai-Dalton, R. (1995): Führungstheorien - Kontingenztheorie, in: Kieser, A.; Reber, G.; Wunderer, R. [Hrsg.]: Handwörterbuch der Führung, S.940-953, 2. Aufl., Stuttgart 1995.

Fili, W. (1995): Arbeit an der langen Leine, in: Die Tageszeitung (Hamburg) vom 8.11.1995.

FIND, SVP (Hrsg.) (1997): 1997 American Internet User Survey, in: Bericht einer New Yorker Forschungs- und Beratungsgesellschaft, veröffentlicht am 4.7.1997 im Internet: http://www.att.com/Telecommute_America.

Fink, D.; Meyer, N. (1996): Phasenansatz zur Einführung einer Konzeption, in: Office Management, H.9 (1996), S.14-18.

Fischer, U. (1991): Tele-Heimarbeit und Schutz der Arbeitskraft, München und Merig 1991.

Fischer, U. (1992): Betriebliche Möglichkeiten der sozialen Gestaltung von Telearbeit, in: Infotech, H.2 (1992), S. 4-9.

Fleishman, E. (1953): The Description of Supervisory Behavior, in: Personnel Psychology, H.37 (1953), S.1-6.

Förster, G.; Apenburg, E. (1996): Konzepte und Strategien zur Einführung von Telearbeit, in: Office Management, H.9 (1996), S.28-30.

Frank, H. (1996): Perspektiven der Telearbeit in Deutschland, in: Bulletin, Aktuelle Wirtschafts- und Währungsfragen, DB Research vom 25.3.1996, S.17-22.

Frenzel, U. (1986): Neue Techniken verändern die Arbeitsorganisation, in: IBM-Nachrichten, H. 286 (1986), S. 15-19.

Frese, E. (1987): Unternehmungsführung, Landsberg am Lech 1987.

Gabele, E.; Liebel, H.; Oechsler, W. (1982): Führungsgrundsätze und Führungsmodelle, Bamberg 1982.

Gbezo, B. (1995): Telearbeit: Revolution am Arbeitsplatz, in: Die Welt der Arbeit, H.14 (1995), S. 4-7.

Gebert, D.; Ulrich, J. (1991): Benötigen Theorie und Praxis ein verändertes Verständnis von Führung?, in: Die Betriebswirtschaft, Nr.51 (1991), H.6, S. 749-761.

Geiger, G. (1995): Die Vorbildrolle der Führungskraft, in: Gablers Magazin, H.5 (1995), S.14-18.

George, J.; Jones, G. (1996): Organizational Behavior, Reading (Mass.), Menlo Park (California), New York (u.a.) 1996.

Gerhäuser, H.; Kreilkamp, P. (1995): Dienstleistungen unabhängig vom Standort, in: Office Management, H.12 (1995), S. 39-43.

Gitter, W. (1985): Arbeits- und sozialrechtliche Auswirkungen der Beschäftigung an Heimcomputern, in: Gitter, W.; Herrmann, H.; Lohmar, U. (Hrsg.): Telearbeit, Köln 1985.

Glaser, W.; Glaser, M. (1995): Telearbeit in der Praxis: psychologische Erfahrungen mit Außerbetrieblichen Arbeitsstätten bei der IBM Deutschland GmbH, Berlin 1995.

Gloger, S. (1994): Das Telefon kann das Büro noch rationeller machen, in: Blick durch die Wirtschaft vom 14.2.1994, S.2.

Godehardt, B. (1994): Telearbeit - Rahmenbedingungen und Potentiale, Opladen 1994.

Goldmann, M.; Richter, G. (1991): Beruf und Familie: Endlich vereinbar? Teleheimarbeit von Frauen, Dortmund 1991.

Gottschall, K.; Mickler, O.; Neubert, J. (1984): Auswirkungen technisch-organisatorischer Veränderungen auf Routinetätigkeiten in den Verwaltungen der Privatwirtschaft, Göttingen 1984.

Grau, W. (1996): Erfahrungen bei der Einführung und in der Praxis, in: Office Management, H.1-2 (1996), S.82-86.

Gray, M. (1994): BT's Inverness Teleworking Experiment, in: Managing Information, H.4 (1994), S.39-43.

Grimm, B. (1995): Kommunikation ist alles, in: Gablers Magazin, H.10 (1995), S.16-20.

Gundlach, W. (1995): Was gute Führung ausmacht, in: Gablers Magazin, H.2 (1995), S.46-48.

Guserl, R. (1973): Das Harzburger Modell, Ideen und Wirklichkeit, Wiesbaden 1973.

Hall, D.; Nougaim, W. (1968): An Examination of Maslow's Hierarchy in an Organizational Setting, in: Organizational Behavior and Human Performance, 1968, S.12-35.

Hamel, G.; Prahalad, C. (1990): The Core Competence of the Corporation, in: Havard Business Review, Vol.68, March 1990.

Hamel, G; Prahalad, C. (1989): Strategic Intent - aber jetzt gegen die Japaner, in: Harvardmanager, H.4 (1989), S.90-102.

Hamel, G; Prahalad, C. (1991): Nur Kernkompetenzen sichern das Überleben, in: Harvardmanager, H.2 (1991), S. 66-78.

Hansmann, H. (1996): Interkontinentale Telearbeit, in: Office Management, H.9 (1996), S.31-33.

Harms, J. (1995): Deutschlands Weg in die Informationsgesellschaft: Status quo und vorrangige Handlungsfelder, in: Fachverband für Informationstechnik im VDMA und ZVEI, Pressegespräch in Frankfurt a.M. vom 4.10.1995.

Harms, J. (1996): Telearbeit in Reinkultur wird keinen Aufschwung erleben, in: Office Management, H.9 (1996), S.26.

Heckhausen, H. (1989): Motivation und Handeln, 2. Aufl., Berlin, Heidelberg, New York, London, Paris (u.a.) 1989.

Heilmann, W. (1987): Teleprogrammierung. Die Organisation der dezentralen Software-Produktion, Wiesbaden 1987.

Heller, M. (1995): "Telearbeit ist die Rückkehr in eine fast handwerkliche Welt", in: Frankfurter Allgemeine Zeitung vom 11.12.1995, S. 13.

Heller, M. (1996): Telearbeit - Die anspruchsgruppenorientierte Betrachtung einer flexiblen Beschäftigungsform, St.Gallen 1996.

Hentze, J. (1991): Personalwirtschaftslehre 2, 5. Aufl., Bern 1991.

Herzberg, F. (1959): The Motivation To Work, 2. Aufl., New York, London, Sydney 1959.

Hetzel, H. (1991): "Telewerken" ja, aber der Plausch im Büro muß bleiben, in: Die Welt vom 22.7.1991, S. 24.

Hiller, J. (1996): Der Wandel im Bürobereich, in: Office Management, H.11 (1996), S. 12-13.

Hillman, J. (1993): Telelifestyles and the flexicity, in: European Foundation for the Improvement of Living and Working Conditions [Hrsg.]: The Impact of th Electronic City, S. 10-22, Dublin 1993.

Hoch, D.; Schirra, W. (1993): Entwicklung der Informationstechnologie - Management des Wandels in einer Zeit des Paradigmenwechsels, in: Scheer, A. [Hrsg.]: Handbuch Informationsmanagement - Aufgaben - Konzepte - Praxislösungen, S. 3-47, Wiesbaden 1993.

Hoffmann, F. (1976): Entwicklung der Organisationsforschung, 3. Aufl., Wiesbaden 1976.

Höfler, N.; Lange, M. (1996): So arbeiten wir morgen, in: Stern, H.5 (1996), S. 28-38.

Höhn, R., Böhme, G. (1971): Stellenbeschreibung und Führungsanweisung, Bad Harzburg 1971.

Höhn, R.; Böhme, G. (1970): Führungsbrevier der Wirtschaft, 7. Aufl., Bad Harzburg 1970.

Hönicke, I. (1994): Das Büro im Wohnzimmer, in: Süddeutsche Zeitung vom 16.4.1994, S. 19.

Hoose, A. (1994): Telearbeit - Instrument zur Flexibilisierung und Deregulierung, in: Arbeit und Sozialpolitik, H.11-12 (1994), S. 53-58.

Hoose, A. (1995): Telearbeit - Gegenwärtige Verbreitung und Zukunftschancen in Deutschland, in: Office Management, H.12 (1995), S.58-60.

Hoose, A. (1996): Telearbeit - Arbeitsform der Zukunft versus Arbeitslosigkeit, in: WiSt, H.3 (1996), S.142-143.

Hormann, J. (1995): Ein neues Selbstverständnis, in: Gablers Magazin, H.11-12 (1995), S.24-27.

Houghton, J. (1996): Leadership, in: Corporate Transformation Conference vom 11.4.1996.

Hub, H. (1990): Unternehmensführung, 3. Aufl., Wiesbaden 1990.

Huber, J. (1987): Telearbeit - Ein Zukunftsbild als Politikum, Opladen 1987.

Hume, D. (1995): Reward Management: Employee Perfomace, Motivation and Pay, Oxford (UK), Cambridge (USA) 1995.

Huws, U. (1984): The new homeworkers. New technology and the changing location of white-collar work, Nottingham 1984.

Huws, U. (1994): Teleworking in Britain, in: Employment Gazette, Vol.2 (1994), S.51-59.

Huws, U.; Korte, W.; Robinson, S. (1990): Telework - Towards the Elusive Office, Chichester 1990.

Imeyer, A. (1996): Telearbeit. Chancen und Risiken., Diplomarbeit an der Wissenschaftlichen Hochschule für Unternehmensführung, Otto-Beisheim-Hochschule, Koblenz 1996.

Jaeger, C.; Bieri, L. (1989): Satellitenbüros: eine soziotechnische Innovation, Zürich 1989.

Jago, A. (1995): Führungstheorien - Vroom/Yetton Modell, in: Kieser, A.; Reber, G.; Wunderer, R. [Hrsg.]: Handwörterbuch der Führung, S.1058-1075, 2. Aufl., Stuttgart 1995.

Kappel, H. (1993): Organisieren, führen, entlöhnen - mit modernen Instrumenten, Zürich 1993.

Keil, M. (1997): Mehr Motivation durch Tele-Arbeitsplätze, in: Die Welt vom 17.4.1997, S.10.

Kieser, A. (1985): Veränderungen der Organisationslandschaft. Neue Techniken lösen magisches Dreieck der Organisation auf, in: Zeitschrift für Führung und Organisation, H. 5/6 (1985), S. 171-175.

Kieser, A.; Kubicek, H. (1992): Organisation, Berlin 1992.

Kirsch, W. (1976): Die Betriebswirtschaftslehre als Führungslehre, München 1976.

Klinge, C. (1996): Quantitative Potentiale der Telearbeit, in: Office Management, H.9 (1996), S.34-35.

Klotz, U. (1997): Die Bremser sitzen im mittleren Management, in: Office Management, H.3 (1997), S. 14-15.

Knebel, H. (1981): Stand der Leistungsbeurteilung und Leistungszulagen in der Bundesrepublik Deutschland, Frankfurt am Main 1981.

Königes, H. (1997): Schwedens Telearbeiter leisten Pionierarbeit, in: Computerwoche vom 10. Oktober 1997.

Königes, H. (1997a): Zahl der Telearbeiter höher als erwartet, in: Computerwoche vom 26. September 1997.

Königes, H.; Renkes, V. (1996): Telearbeit - Rexrodt erwartet Milliarden-Investition, in: Computerwoche vom 29. November 1996.

Kordey, N.; Korte, W. (1995): Telearbeit in Europa, in: Office Management, H.10 (1995), S.73-78.

Korte, W.; Robinson, S. (1988): Telearbeit als organisatorische Alternative, in: Office Management, H.12 (1988), S. 18-26.

Kosiol, E. (1962): Leistungsgerechte Entlohnung, Wiesbaden 1962.

Kreibich, R. et al. (1990): Zukunft der Telearbeit. Empirische Untersuchung zur Dezentralisierung und Flexibilisierung von Angestelltentätigkeiten mit Hilfe neuer Informations- und Kommunikationstechnologien, Eschborn 1990.

Kristoffy, A. (1994): Found in Space: The Satellite Office, in: Managing Information, H.4 (1994), S.31-32.

Kubicek, H. (1988): "Einsiedelei" und "Satellitenbüros", in: Deutscher Gewerkschaftsbund (Hrsg.): Telearbeit - elektronische Einsiedelei oder neue Form der persönlichen Entfaltung?, Hamburg 1988.

Kugelmass, J. (1995): Telecommuting: a manager's guide to flexible work arrangements, New York 1995.

Kupka, I. (1984): Algorithmische Metakommunikation, in: Schauber, H.; Tauber, M. [Hrsg.]: Psychologie der Computerbenutzung, S.5-20, Wien 1984.

Kurz, M.; Kuhn, T. (1995): Arbeitsplatzflexibilisierung - Außerbetriebliche Arbeitsstätten bei der IBM Deutschland GmbH, in: Wunderer, R.; Kuhn, T. [Hrsg.]: Innovative Personal Mangement, S.244-262, Neuwied, Kriftel, Berlin 1995.

La Plante, A. (1995): Telecommuting: Round Two; Voluntary no more, in: Forbes ASAP vom 9.10.1995, S.133-138.

Langlet, R. (1993): Le télétravail, une solution pour les zones rurales, in: Décision Micro, H.3 (1993), No.117.

Lattmann, C. (1974): Die Humanisierung der Arbeit und die Demokratisierung der Unternehmung - Ziele, Wege und Grenzen - Eine Schau auf mögliche Ansätze zur Lösung der Mitbestimmungsprobleme in der Schweiz, in: Institut für Betriebswirtschaft an der Hochschule St. Gallen [Hrsg.]: Führung und Organisation der Unternehmung, Band 22, Bern, Stuttgart 1974.

Lattmann, C. (1982): Die verhaltenswissenschaftlichen Grundlagen der Führung des Mitarbeiters, Bern 1982.

Lattmann, C. (1994): Die Leistungsbeurteilung als Führungsmittel, 2. Aufl., Heidelberg 1994.

Lawler, E.; Suttle, J. (1972): A Causal Correlation Test of the Need Hierachy Concept, in: Organizational Behavior and Human Performance, 1972, S.265-287.

Lenk, T. (1989): Telearbeit - Möglichkeiten und Grenzen einer telekommunikativen Dezentralisierung von betrieblichen Arbeitsplätzen, Berlin 1989.

Lewin, K.; Lippitt, R.; White, R. (1939): Patterns of Agressive Behavior in Experimentally Created "Social Climates", in: Journal of Social Psychology, H.10 (1939), S.271-299.

Likert, R. (1972): Neue Formen der Unternehmensführung, Bern 1972.

Linnenkohl, K. (1996): Tele-Computing. Ein Modell für selbstbestimmte und flexible Arbeitszeit., in: Betriebs-Berater, H.1 (1996), S.51-53.

Locke, E. (1968): Toward a theory of task motivation and incentives, in: Organizational Behavior and Human Performance, H.3 (1968), S.157-189.

Locke, E. (1981): Goal Setting and Task Performance: 1969-1980, in: PsychBull, H.90 (1981), S.125-152.

Macharzina, K. (1995): Unternehmensführung: das internationale Managementwissen, 2. Aufl., Wiesbaden 1995.

Maciejewski, P. (1987): Telearbeit - ein neues Berufsfeld der Zukunft, Heidelberg 1987.

Mahfood, P. (1992): Home Work, USA 1992.

Malden, T. (1995): Arbeitsplatz im Wohnzimmer. Chancen und Risiken von Telearbeit, in: Gateway, H.9 (1995), S.96-101.

Malies, Ch. (1997): Zweifel an Umweltvorteilen von Telearbeit, in: Die Presse vom 17. März 1997, S.8.

Malik, F. (1995): Vertrauen als Basis der Unternehmenskultur, in: St. Galler Management Letter, März 1995, S. 1-4, Management Zentrum St. Gallen.

Manella, J. (1995): Teamarbeit: Themen kommen und gehen und kommen wieder, in: St.Galler Management Letter, Mai 1995, S.1-4, Management Zentrum St.Gallen.

Maslow, A. (1954): Motivation and Personality, New York 1954.

Mayo, E. (1945): The Social Problems of an Industrial Civilization, Boston (Mass.) 1945.

Mc Quarrie, F. (1994): Telecommuting: Who Really Benefits?, in: Business Horizons,, Vol.37 (1994), No.6, S.79-83.

McConkey, D. (1975): Mbo for nonprofit organizations, New York 1975.

McGregor, D. (1960): The Human Side of Enterprise, New York, Toronto, London 1960.

Milgrom, P.; Roberts, J. (1992): Economics, Organisazation and Management, 2. Aufl., New Jersey, London, Sydney, Toronto, Mexico (u.a.) 1992.

Minning, C. (1991): Einfluss der computergestützten Informations- und Kommunikationstechnologie auf das menschliche Informationsverhalten, Bern 1991.

Mitzka, W. (1970): Trübners Deutsches Wörterbuch, Berlin 1979.

Mokhtarian, P.; Sato, K. (1994): A Comparison of the Policy, Social, and Cultural Contexts for Telecommuting in Japan and the United States, in: Social science computer review, Vol.12 (1994), No.4, S.641-659.

Müller, M. (1974): Leistungsbewertung von Führungskräften: Entwicklung und Anwendung eines neuen Modells, Bern 1974.

Müller, S. (1997): Selbst der Chef verlegt sein Büro nach Hause, in: Handelsblatt vom 30.9.1997, S.8.

Nerdinger, F. (1995): Motivation und Handeln in Organisationen, Stuttgart, Berlin, Köln 1995.

Neuberger, O. (1974): Theorien der Arbeitszufriedenheit, Stuttgart 1974.

Neuberger, O. (1976): Führungsverhalten und Führungserfolg, Berlin 1976.

Neuberger, O. (1984): Führung. Ideologie-Struktur-Verhalten, Stuttgart 1984.

Nilles et al. (1976): The Telecommunications-Transportation Tradeoff: Options for tomorrow, New York, London, Sydney, Toronto 1976.

(1994): Die Isolationsfalle am Heimarbeitsplatz schnappt nicht zu, in: Karriere Supplement von Wirtschaftswoche und Handelsblatt vom 22.7.1994, S. 26.

(1994a): Kommt die Arbeit zum Mitarbeiter?, in: Personalwirtschaft, H.10 (1994), S.33-38.

(1995): Hohes Potential in der EU, in: Markt & Technik, Wochenzeitung für Elektronik, H.6 (1995), Nr.25.

(1995a): Viele Chancen durch Telearbeit, in: Süddeutsche Zeitung vom 14.7.1995, S. 12.

(1996): How to: benefit from teleworking, in: People Mangement, Vol.3 (1996), S. 34-35.

(1997): Neues Förderprogramm für Telearbeit, in: Frankfurter Allgemeine Zeitung vom 11.3.1997, S.17.

(1997a): Alternierende Telearbeit als Zukunftsmodell bewährt, in: Office Management, H.3 (1997), S. 20-24.

(1997b): Schwedisches Konzept, in: Lebensmittel Zeitung vom 21.2.1997, S.73.

(1997c): Österreich: Die Erdölindustrie schloß ersten KV für Telearbeit ab, in: Der Standard vom 6. Mai 1997, S.19.

(1997d): Die Telearbeit ist in Österreich bisher nur gering verbreitet., in: Der Standard vom 5.11.1997, S.11.

(1997e): Psychologische und soziale Faktoren, in: Handelszeitung vom 21.11.1997, S.9.

(1997f): Ein neues Arbeitsmodell bei DEC, in: Neue Züricher Zeitung vom 1.7.1997, S.15.

(1997g): Fraunhofer-Gutachten für Blüm-Ministerium , in: Lebensmittel Zeitung vom 10.10.1997, S.132.

(1997h): IBM-Vertrieb wird von privaten Schreibtischen aus organisiert, in: Horizont vom 17. Juli 1997, S.38.

(1997i): Mittelstand will Telearbeit nutzen, in: Lebensmittel Zeitung vom 5.91997, S.79.

(1997j): Regionale Projekte in Deutschland, in: Neue Züricher Zeitung vom 23.9.1997.

(1997k): Österreich: Woche der Telearbeit, in: Die Presse vom 20.10.1997.

(1997l): Pc-Heimarbeit - Keine Entlastung der Umwelt - Allzeit Bereit, in: Der Spiegel vom 25. Januar 1997, S.150f.

(1997m): Schöne neue Welt?, in: Mittelständische Wirtschaft, H.2 (1997), S.26-28.

(1997n): Deutschland: Kein Mittel gegen Beschäftigungskrise, in: Süddeutsche Zeitung, 20.8.1997, S.37.

Odiorne, G. (1967): Management by Objectives. Führung durch Vorgabe von Zielen, München 1967.

Odiorne, G. (1971): Management mit Zielvorgabe: Management by Objectives, München 1971.

Odiorne, G. (1984): Führungshandbuch zur Steigerung von Umsatz und Gewinn, Landsberg am Lech 1984

OECD (Hrsg.) (1989): Information Technology and New Groth Opportunities, in: Organisation for Economic Co-Operation and Development [Hrsg.]: Paris 1989.

Olson, M. (1981): Remote Office Work - Implications for Individuals and Organizations, in: Working Paper, New York University, Center for research on information systems 1981.

Oracle Corporation (1996): Geschäftsbericht, Redwood Shores, Kalifornien (USA) 1996.

Oracle Corporation (1998): Oracle at a glance, in: Homepage der Oracle Corporation im Internet (http://www.oracle.com) 1998.

Paasche, J. (1977): Einfluß neuer Arbeitsstrukturen auf den Arbeitswert, in: REFA-Nachrichten, H.5 (1977), S.294-297.

Paasche, J. (1978): Zeitgemäße Entlohnungssysteme, Essen 1978.

Pauke, M. (1997): Computerpresse, in: Werben und Verkaufen, 10.1.1997.

Peschanel, D. (1994): Bald kommen die Tele-Arbeitnehmer, in: Blick durch die Wirtschaft vom 21.4.1994, S.2.

Peters, G. (1988): Ablauforganisation und Informationstechnologie im Büro. Konzeptionelle Überlegungen und empirisch-explorative Studie, Köln 1988.

Petrik, C. (1996): Telearbeit erfordert Umdenken, in: Gateway, H.6 (1996), S.12.

Pfeiffer, P. (1987): Anwendungsgebiete und Auswirkungen neuer Informations- und Kommunikations-Technologien: Ergebnisse einer explorativen Studie, in: Arbeitspapier Nr.2/87 der Professur für Betriebswirtschaftslehre II, Justus-Liebig-Universität Gießen, Gießen 1987.

Picot, A. (1982): Transaktionskostenansatz in der Organisationstheorie, in: Die Betriebswirtschaft, H.42 (1982), S.267-284.

Picot, A., Reichwald, R. (1994): Auflösung der Unternehmung? Vom Einfluß der IuK-Technik auf Organisationsstrukturen und Kooperationsformen, in: Zeitschrift für Betriebswirtschaft, H.5. (1994), S.547-570.

Picot, A.; Reichwald, R. (1987): Bürokommunikation - Leitsätze für den Anwender, München 1987.

Plumeier, W. (1995): Vom Arbeiten zum Zusammenarbeiten, in: Gablers Magazin, H.5 (1995), S.24-27.

Post, H. (1997): Kids und Job, kein Widerspruch, in: Computer & Co., H.2 (1997), S.12-13.

Preissner-Nolte, A. (1991): Jeder mit jedem, in: Manager Magazin, H.6 (1991), S.184-191.

Prokesch, S. (1997): Unleashing the Power of Learning: An Interview with British Petroleum's John Browne, in: Harvard Business Review, September-October 1997, S.147-168.

Raia, A. (1974): Managing by objectives, Glenview (Brighton) 1974.

Raidt, F. (1981): Leistungsbeurteilung für Angestellt mit Zielvereinbarungen bei der Vereinten Versicherungsgruppe, in: Knebel, H. [Hrsg.]: Stand der Leistungsbeurteilung und Leistungszulagen in der Bundes Republik Deutschland, S.86-106, Frankfurt am Main 1981.

Reber, G. (1970): Vom patriarchalisch-autoritären zum bürokratisch-autoritären Führungsstil? Kritische Bemerkungen zu einem neuen Buch zum "Bad Harzburger Modell", in: Zeitschrift für Betriebswirtschaft, 1970, S.633-638.

Rexrodt, G. (1997): Eine Herausforderung für Wirtschaft und Gesellschaft, in: Office Management, H.3 (1997), S. 10-11.

Richter, M. (1985): Personalführung im Betrieb, München, Wien 1985.

Ritterrath, S. (1995): Die Arbeit wird zu Hause erledigt, in: Handelsblatt vom 11.10.1995.

Literaturverzeichnis

Roland Berger & Partner (Hrsg.) (1995): Strategische Bedeutung der Telearbeit für die Wettbewerbsfähigkeit von Unternehmen - Studie -, Frankfurt 1995.

Rosenstiel, L. von (1975): Die motivaitonalen Grundlagen des Verhaltens in Organisationen- Leistung und Zufriedenheit, Berlin 1975

Rosenstiel, L. von (1987): Grundlagen der Organisationspsychologie: Basiswissen und Anwendungshinweise, 2 Aufl., Stuttgart 1987.

Roßbach, P.; Lerch, C.; Styppa, R. (1996): Einsatzmöglichkeiten für Telearbeit in Kreditinstituten, in: Sparkasse, H.7 (113.Jahrgang) (1996), S.310-312.

Rühli, E. (1996): Unternehmensführung und Unternehmenspolitik, in: Band 1, Bern, Stuttgart, Wien 1996.

Sandvoss, J. (1989): Fernarbeit. Formen und Potentiale dezentralisierter Arbeit im Lichte qualifikations- und regionalpolitischer Aspekte, Frankfurt am Main 1989.

Schade, O. (1996): Das Multimedia-Zeitalter ist angebrochen, in: Office Management, H.9 (1996), S.27.

Schaefer, S. (1977): The Motivation Process, Cambridge (Mass.) 1977.

Schanz, G. (1978): Verhalten in Wirtschaftsorganisationen, München 1978.

Schanz, G. (1994): Organisationsgestaltung, 2. Aufl., München 1994.

Schein, E. (1974): Das Bild des Menschen aus der Sicht des Management, in: Grochla, E. [Hrsg.]: Management, S.69-91., Düsseldorf, Wien 1974.

Schindel, V.; Wenger E. (1984): Führungsmodelle, in: Heinen, E. [Hrsg.]: Betriebswirtschaftliche Führungslehre, 2. Aufl., Wiesbaden 1984.

Schmidt, A. (1997): Telearbeit als Chance für ländliche Regionen , in: Neue Züricher Zeitung vom 23.9.1997, S.7.

Schmidt, W. (1997): Besser Datenautobahn als zweimal täglich im Stau, in: Office Mangement, H.3 (1997), S. 31-33.

Schneider, U. (1990): Kulturbewußtes Informationsmanagement. Ein organisationstheoretischer Gestaltungsrahmen für die Infrastruktur betrieblicher Informationsprozesse, München und Wien 1990.

Scholz, G.; Stobbe, C. (1994): Telearbeit - Erfahrungen und Empfehlungen, in: Versicherungswirtschaft, H.20 (1994), S.13-17.

Schreyögg, G.; Braun, W. (1976): Zu den Grundsätzen der "Führung im Mitarbeiterverhältnis" - Eine Analyse des Harzburger Modells, in: Wirtschaftswissenschaftliches Studium, 1976, S.56-61.

Schröter, W. (1996): Telearbeit und Telekooperation- Veränderungen in Arbeitswelt und Betrieb, in: HMD, Theorie und Praxis der Wirtschaftsinformatik, H.3 (1996), S.54-62.

Schultetus, W. (1996): Ergebnisorientierte Entgeltsysteme, in: Bullinger, H.-J.; Warnecke, H. [Hrsg.]: Neue Organisationsformen im Unternehmen: ein Handbuch für das moderne Management, S.901-912, Berlin, Heidelberg, New York, London , Paris (u.a.) 1996.

Schwalb, U. (1995): Neue Herausforderung für die Führung, in: Gablers Magazin, H.6-7 (1995), S.56-61.

Schwohnke, A.; Wicke, H.-G. (1986): Teleheimarbeit als neue Rationalisierungstrategie, Köln 1986.

Seßler, H. (1995): Denken Sie sich erfolgreich, in: Gablers Magazin, H.11-12 (1995), S.53-54.

Sichau, I. (1997): Zwei Kollegen teilen sich einen Schreibtisch, in: Horizont vom 17.7.1997, S.38.

Simon, H. (1947): Administrative Behaviour, New York 1947.

Skelton, S.; Lynch, T. (1995): Teleworking - A Glimpse of the Future, in: British Telecom [Hrsg.]: British Telecommunications plc, H.7 (1995).

Stadelmann, M. (1996): Informationstechnologie als Hilfsmittel der Führung in KMU, Bern, Stuttgart, Wien 1996.

Stadlbauer, W.; Richter, M. (1995): Was Mitarbeiter motiviert, in: Gablers Magazin, H.2 (1995), S. 32-35.

Staehle, W. (1994): Management: eine verhaltenswissenschaftliche Perspektive, 7. Aufl., München 1994.

Steinle, C. (1978): Führung - Grundlagen, Prozesse und Modelle der Führung in der Unternehmung, Stuttgart 1978.

Steinle, C.; Bruch, H.; Unruhe, A. (1995): Grenzenlose Unternehmen - virtuelle Realität der Unternehmenspraxis?, in: io Management Zeitschrift, H.12 (1995), S. 27-29.

Stelmaszyk, W. (1981): Führungsansätze, Bad Honnef 1981.

Stogdill, M. (1948): Personal Factors Asociated with Leadership: A Survey of the Literature, in: Journal of Psychology, Nr.25 (1948), S.35-71.

Stogdill, R. (1974): Handbook of leadership, New York 1974.

Stroebe, R.; Stroebe, G. (1996): Führungsstile - Management by Objectives und situatives Führen, in: Bienert, W.; Crisand, E. [Hrsg.]: Arbeitshefte Führungspsychologie, Band 3, 5. Aufl., Heidelberg 1996.

Stürze, M. (1997): Telearbeit schafft auch auf dem Land neue Jobs, in: Computerwoche vom 7.3.1997.

Stürze, M. (1997a): Schweden: Hohe Mitarbeiterakzeptanz bei Teleworking-Projekt, in: Computerwoche vom 21.2.1997.

Stürze, M. (1997b): Interesse an Telearbeit bei Dienstleistern, in: Computerwoche vom 1.8.1997.

Szyperski, N. et al. (1982): Bürosysteme in der Entwicklung - Studien zur Typologie und Gestaltung von Büroarbeitsplätzen, Braunschweig, Wiesbaden 1982.

TA Telearbeit GmbH (Hrsg.) (1996): Telearbeit, Telekooperation, Teleteaching - Studie zu Akzeptanz, Bedarf, Nachfrage und Qualifizierung, Geilenkirchen 1996.

Taylor, F. (1911): The Principles of Scientific Management, Wiederabdruck als: Taylor, F. (1947), Scientific Management, New York, London 1947.

Taylor, F. (1977): Die Grundsätze wissenschaftlicher Betriebsführung. (The Principles of Scienfific Management.), in: Volpert, W. und Vahlenkamp, R. [Hrsg.] Weinheim, Basel 1977.

Thibaut, J.; Kelley, H. (1959): The Social Psychology of Groups, New York 1959.

Thomae, H. (1965): Zur allgemeinen Charakteristik des Motivationsgeschehens, in: Thomae, H. [Hrsg.]: Motivation. Handbuch der Psychologie, Band 3, S.45-122, Göttingen 1965.

Toffler, A. (1989): Die Zukunftschance (Originalausgabe USA: The Third Wave), München 1989.

Vieser, S. (1998): Telearbeit - verpaßte Chance, in: Connect, H.5 (1998), S. 16-18.

Vogt, G. (1997): Bürokosten sparen - Interview mit Clark Elliott, in: Handelszeitung vom 21. August 1997, S.12.

Vroom, V. (1995): Work and Motivation, San Francisco 1995.

Vroom, V.; Jago, A. (1991): Flexible Führungsentscheidungen, Stuttgart 1991.

Vroom, V.; Yetton, P. (1973): Leadership and Decision-Making, Pittsburgh 1973.

Wahba, M.; Bridwell, L. (1976): Maslow Reconsidered - A Review of Research on the Need Hierarchy Theory, in: Organizational Behavior and Human Performance, 1976, S.212-240.

Wedde, P. (1994): Telearbeit: Handbuch für Arbeitnehmer, Betriebsräte und Anwender, Köln 1994.

Weinert, A. (1981): Lehrbuch der Organisationspsychologie, Menschliches Verhalten in Organisationen, München, Wien, Baltimore 1981.

Weißenbach, H.; Lampe, N.; Späker, G. (1997): Telearbeit - Veränderte ökonomische Rahmenbedingungen, alte und neue Bedürfnisse von ArbeitnehmerInnen, Marburg 1997.

Weißkopf, K.; Korte, W.; Nikutta, R. (1996): Telearbeit in einem Versicherungsunternehmen, in: Office Management, H.9 (1996), S.22-25.

Welter, G. (1988): Technisierung von Information und Kommunikation in Organisationen. Eine kritische Analyse der Entwicklung und des Einsatzes informations- und kommunikationstechnischer Systeme, Spardorf 1988.

Wild, J. (1971): Management-Konzeption und Unternehmungsverfassung, in: Schmidt, R.-B. [Hrsg.]: Probleme der Unternehmungsverfassung. Gedanken zum 70. Geburtstag von Martin Lohmann, S.57-95, Tübingen 1971.

Wild, J. (1973): MbO als Führungsmodell für die öffentliche Verwaltung., in: Die Verwaltung, H.6 (1973), S.283-316.

Wilhelm, G. (1997): Multimedia dreht das Jobkarussel, in: Computer & Co, H.5 (1997), S.10-14.

Williams, J. (1992): Focus on European Communications - commuting to the front room - British Telecom leads in teleworking, in: The Times vom 7.10.1992.

Wilson, A. (1991): Teleworking - Flexibility for a Few, Brighton 1991.

Witte, E. (1977): Organisatorische Wirkung neuer Kommunikationssysteme. Eine Problemanalyse, in: Zeitschrift für Organisation, H.7 (1977), S.361-367.

Wöhe, G. (1990): Einführung in die Allgemeine Betriebswirtschaftslehre, 17. Aufl., München 1990.

Wunderer, R. (1997): Führung und Zusammenarbeit - Beiträge zu einer unternehmerischen Führungslehre, 2. Aufl., Stuttgart 1997.

Wunderer, R.; Grunwald, W. (1980): Führungslehre, in: Band 1, Grundlagen der Führung, Berlin, New York 1980.

Zentralverband Elektrotechnik- und Elektroindustrie e.V. (ZVEI); Verband Deutscher Maschinen- und Anlagenbau e.V. (VDMA) (Hrsg.) (1995): Informationsgesellschaft – Herausforderungen für Politik, Wirtschaft und Gesellschaft, Frankfurt a.M. 1995.

Zürn, P. (1995): Kompetenz zur Führung, in: Gablers Magazin, H.11-12 (1995), S.28-32.

Deutscher Universitäts Verlag
GABLER · VIEWEG · WESTDEUTSCHER VERLAG

Aus unserem Programm

Dietmar H. Fink
Virtuelle Unternehmensstrukturen
Strategische Wettbewerbsvorteile durch Telearbeit und Telekooperation
1998. XXIV, 335 Seiten, 144 Abb., Broschur DM 118,-/ ÖS 861,-/ SFr 105,-
GABLER EDITION WISSENSCHAFT
ISBN 3-8244-6733-X
Im Zentrum der Untersuchung steht die Frage nach der Nutzung virtueller Strukturansätze in der betrieblichen Praxis und ihre Eignung für den Aufbau strategischer Wettbewerbsvorteile.

Harriet Macke
Arbeitszeitgestaltung in den neuen Bundesländern
1999. XVIII, 404 Seiten, 19 Abb., 54 Tab.,
Broschur DM 128,-/ ÖS 934,-/ SFr 114,-
GABLER EDITION WISSENSCHAFT
ISBN 3-8244-6882-4
In einer umfassenden empirischen Studie in Ostdeutschland weist die Autorin nach, dass die Chance ostdeutscher Unternehmen, Teilzeitarbeit als Anreiz zu gestalten, nicht genutzt wird.

Evelyn Schröer/Katrin Huhn
Zeit- und Telearbeit
Flexible Beschäftigungsformen und ihre Bedeutung für den Mittelstand
1998. XX, 268 Seiten, 27 Abb., 44 Tab., Broschur DM 98,-/ ÖS 715,-/ SFr 89,-
"Schriften zur Mittelstandsforschung", hrsg. vom
Institut für Mittelstandsforschung (IFM), Bonn, Band 79 NF
GABLER EDITION WISSENSCHAFT
ISBN 3-8244-6795-X
Auf der Basis einer empirischen Untersuchung präsentieren die Autorinnen die Flexibilisierungspotentiale von Zeit- und Telearbeit. Sie analysieren, welche Möglichkeiten zur Flexibilisierung sich vor allem kleinen und mittleren Unternehmen bieten.

Die Bücher erhalten Sie in Ihrer Buchhandlung!
Unser Verlagsverzeichnis können Sie anfordern bei:

Deutscher Universitäts-Verlag
Postfach 30 09 44
51338 Leverkusen